JN313178

# スポーツビジネス特論

岸川 善光〔編著〕
KISHIKAWA Zenko

学文社

**執筆者** ＜横浜市立大学大学院　特論タスクフォース＞
岸川善光　横浜市立大学大学院国際マネジメント研究科教授（第1・2・3・10章）
申　海華　横浜市立大学大学院国際マネジメント研究科（第4・5・6・7・8章）
郭　貞君　横浜市立大学大学院国際マネジメント研究科（第9章）

**執筆協力者** ＜横浜市立大学国際総合科学部　岸川ゼミ＞
竹田奈央，笠原春樹（第1章）／石田文子，小尾勇太（第2章）／中谷香織，三島衣理＝小宮千波，山手美穂（第3章）／阿部匠悟（第4章）／上野山光貴，高橋真緒＝山手美穂（第5章）／稗田涼子（第9章）／三島衣理＝松岡恭平＝小宮千波＝日原萌実＝野中小百合（第10章）

# はじめに

　21世紀初頭の現在，企業を取り巻く環境は，高度情報社会の進展，地球環境問題の深刻化，グローバル化の進展など，歴史上でも稀な激変期に遭遇している。環境の激変に伴って，ビジネスもマネジメント（経営管理）も激変していることはいうまでもない。

　本書は，このような環境の激変に対応するために企画された「特論シリーズ」の第5巻として刊行される。ちなみに，「特論シリーズ」のテーマとして，エコビジネス，アグリビジネス，コンテンツビジネス，サービス・ビジネス，スポーツビジネスの5つを選択した。選択した理由は，従来のビジネス論，マネジメント（経営管理）理論では，この5つのテーマについてうまく説明することができないと思われるからである。これら5つのテーマには，①無形財の重視，②今後の成長ビジネス，③社会性の追求など，いくつかの共通項がある。

　本書で取り上げるスポーツビジネスは，従来，スポーツをビジネスと捉える観点に乏しいせいか，約73兆円規模の余暇市場において，スポーツビジネス市場の規模は約4兆円に過ぎない。しかし，コンテンツビジネス，コミュニティビジネス，ライセンスビジネスなど，スポーツビジネスは，他のビジネス分野との相互作用を伴いながら，次第に多様化に向けて進展しつつある。そういう意味で，今後，わが国の経済活動を支える重要な産業・ビジネスとして期待されている。

　本書は，大学（経営学部，商学部，経済学部，工学部等）における「スポーツビジネス論」，大学院における「スポーツビジネス特論」等の教科書・参考書として活用されることを意図している。また，スポーツビジネスに関係のある実務家が，自らの実務を体系的に整理する際の自己啓発書として活用されることも十分に考慮されている。

　本書は，3つの特徴をもっている。第一の特徴は，スポーツビジネス論に関連する内外の先行研究をほぼ網羅して，論点のもれを極力防止したことである。そして，体系的な総論（第1章～第3章）に基づいて，スポーツビジネスの各論（第4章～第9章）として重要なテーマを6つ選定した。第10章は，まだ独立した章のテーマにはなりにくいものの，それに次ぐ重要なテーマを5つ選択し，今日的課題としてまとめた。これらの総論，各論について，各章10枚，合計100枚の図表を用いて，視覚イメージを重視しつつ，文章による説明と併せて理解するという立体的な記述スタイルを採用した。記述内容は基本項目に絞

り込んだため，応用項目・発展項目についてさらに研究したい人は，巻末の詳細な参考文献を参照して頂きたい。

　第二の特徴は，スポーツビジネスに関する「理論と実践の融合」を目指して，理論については，ビジネス論，マネジメント（経営管理）の先端的な研究成果を選択しつつスポーツビジネスに援用し，実践については，スポーツビジネスに関する現実的な動向に常に言及するなど，類書と比較して明確な特徴を有している。また，「理論と実践の融合」を目指して，各論（第4章～第9章）の第5節において，簡潔なケーススタディを行った。理論がどのように実践に応用されるのか，逆に，実践から理論がどのように産出されるのか，ケーススタディによって，融合の瞬間をあるいは体感できるかも知れない。

　第三の特徴は，スポーツビジネスについて，伝統的なビジネス論，マネジメント（経営管理）論に加えて，①無形財の重視にいかに対応するか，②今後の成長ビジネスとしていかに具現化するか，③社会性の追求が本当に利益を生むかなど，現実のソリューション（問題解決）について言及したことである。今後のビジネス論，マネジメント（経営管理）論は，ソリューション（問題解決）にいかに貢献するかが第一義になるべきである。よい理論とは，ソリューション（問題解決）においてパワフルでなければならない。そのためには，今後スポーツビジネス論の幅と深さがより求められるであろう。

　上述した3つの特徴は，実は編著者のキャリアに起因する。編著者はシンクタンク（日本総合研究所等）において，四半世紀にわたる経営コンサルタント活動の一環として，スポーツビジネスに関連するソリューションの支援に数多く従事してきた。その後，大学および大学院でスポーツビジネスに関する授業や討議の場を経験する中で，理論と実践のバランスのとれた教科書・参考書の必要性を痛感したのが本書を刊行する動機となった。

　本書は，横浜市立大学大学院の特論タスクフォースのメンバーによる毎週の討議から生まれた。より正確にいえば，特論タスクフォースのメンバーによる毎週の討議の前に，学部ゼミ生（執筆協力者）による300冊を超える先行文献の要約，ケースの収集，草稿の作成という作業があり，これら全員の協働によって本書は生まれた。協働メンバーにこの場を借りて感謝したい。

　最後に，学文社田中千津子社長には，「特論シリーズ」の構想・企画段階から参加してくださり，多大なご尽力を頂いた。「最初の読者」でもあるプロの編集スタッフのコメントは，執筆メンバーにとって極めて有益であった。記して格段の謝意を表したい。

　2012年1月

岸川　善光

## ── ◆ 目　　次 ◆ ──

### 【第1章】　スポーツビジネスの意義　　1

**第1節　スポーツビジネスの定義** ……………………………………2
- ①　先行研究の概略レビュー　2
- ②　スポーツビジネスの対象　3
- ③　本書におけるスポーツビジネスの定義　5

**第2節　スポーツビジネスの必要性** …………………………………6
- ①　社会変化とスポーツ　6
- ②　市民生活の変容とスポーツ　8
- ③　スポーツビジネスの使命と目的　9

**第3節　一般ビジネスとスポーツビジネスとの違い** ……………11
- ①　プロダクトの生成過程　11
- ②　ステークホルダーの複雑性と多様性　13
- ③　文化的側面と産業的側面──スポーツの公共性　15

**第4節　スポーツビジネスの特性** …………………………………16
- ①　スポーツの社会的・経済的インパクト　16
- ②　収入形態の多様性　17
- ③　ロングラン興行としての特殊性　19

**第5節　スポーツビジネスにおける諸問題** ………………………20
- ①　国際政治とスポーツ　20
- ②　経済環境とスポーツ　21
- ③　現代社会とスポーツ　23

## 【第2章】 スポーツビジネス論の生成と発展　27

### 第1節　古代スポーツの生成 …………………………28
① 先史時代から古代エジプトにかけてのスポーツ　28
② 古代ギリシアと古代ローマにおけるスポーツ　29
③ 古代オリンピック　31

### 第2節　農業社会から工業社会におけるスポーツ …………32
① 中世スポーツ　32
② 近代スポーツ　34
③ スポーツと教育　35

### 第3節　現代社会におけるスポーツ …………………37
① スポーツの情報化　37
② スポーツ政策　38
③ スポーツの経済的インパクト　40

### 第4節　国際的スポーツイベント …………………41
① スポーツイベントが地域に与える影響　41
② スポーツイベントが国家に与える影響　43
③ スポーツと政治　44

### 第5節　スポーツビジネス論に向けた発展 …………46
① スポーツの役割の変遷　46
② 日本のスポーツビジネスの歴史　48
③ スポーツビジネス論の生成と発展　49

# 【第3章】 スポーツビジネスの体系　　53

## 第1節　スポーツビジネスの範囲　……………………………54
① 見るスポーツ　54
② するスポーツ　55
③ 支えるスポーツ　57

## 第2節　スポーツビジネスの領域　……………………………58
① スポーツ産業の伝統的領域　58
② 複合領域　59
③ ICT関連産業　61

## 第3節　スポーツビジネスの需要　……………………………62
① スポーツ実施状況　63
② スポーツを行う理由　63
③ 選択的消費財　65

## 第4節　スポーツビジネスにおけるステークホルダー　………66
① スポーツビジネスにおける選手　66
② スポーツビジネスにおける消費者　68
③ スポーツビジネスにおける指導者　70

## 第5節　スポーツビジネスにおける支援体制　………………71
① 政府の支援体制　71
② 地域の支援体制　72
③ スポーツ振興のための財源問題　74

## 【第4章】 スポーツ運営団体・リーグのマネジメント　79

### 第1節　スポーツ運営団体 ……………………………………80
① スポーツ運営団体の意義　80
② スポーツ運営団体の構造と取組み　81
③ イベントの経済効果　83

### 第2節　スポーツリーグ ……………………………………85
① スポーツリーグの意義　85
② リーグ運営のタイプ　86
③ スポーツリーグの運営　87

### 第3節　スポーツ運営団体・リーグのマネジメント ……………89
① 競技力の向上と戦力の均衡　89
② 経営資源の管理　91
③ スポーツの普及と地域の活性化　92

### 第4節　わが国におけるスポーツリーグ ……………………94
① プロ野球　94
② Ｊリーグ　95
③ 大相撲　97

### 第5節　NFLのケーススタディ ……………………………98
① ケース　98
② 問題点　100
③ 課題　102

# 【第5章】 スポーツビジネスの経営戦略　105

## 第1節　スポーツビジネスの競争戦略 …………………… 106
① 競争戦略の役割と競合相手　106
② 直接的観戦における競争戦略　108
③ 間接的観戦における競争戦略　109

## 第2節　スポーツビジネスのドメイン戦略 …………………… 111
① ドメインの役割　111
② ドメインの再定義　112
③ 場のマネジメント　114

## 第3節　スポーツビジネスのブランド戦略 …………………… 115
① ブランドの役割　115
② スポーツ組織のブランド・エクイティ　116
③ ブランド戦略　118

## 第4節　スポーツ組織の機能別戦略 …………………… 120
① 財務戦略　120
② プロモーション戦略　122
③ グローバル戦略　124

## 第5節　Ｊリーグ浦和レッズのケーススタディ …………………… 125
① ケース　125
② 問題点　127
③ 課題　128

## 【第6章】 スポーツビジネスの組織と管理　131

### 第1節　スポーツビジネスの組織設計 …………………………… 132
① スポーツ組織とは　132
② スポーツビジネスの組織構造　133
③ スポーツ組織の文化　135

### 第2節　スポーツ組織の管理 ………………………………………… 137
① 経営管理とは　137
② スポーツ組織の資源管理　138
③ リスク管理　140

### 第3節　ステークホルダーの戦略的活用 ………………………… 141
① ステークホルダーとの適切な関係　141
② スポーツ組織の周辺　143
③ 地域社会・メディア・他のスポーツの内部化　145

### 第4節　スポーツビジネスの意思決定 …………………………… 147
① 意思決定のプロセス　147
② スポーツ組織の意思決定と評価　148
③ ガバナンス　150

### 第5節　千葉ロッテマリーンズのケーススタディ …………… 151
① ケース　151
② 問題点　152
③ 課　題　153

# 【第7章】 スポーツビジネスにおける人的資源管理　157

## 第1節　スポーツ組織と人的資源管理　158
① 人的資源管理の役割　158
② スポーツ組織の人的資源　159
③ 選手のモティベーションの低下要因　160

## 第2節　スポーツ・リーダーシップ・マネジメント　162
① リーダーシップとスポーツ組織　162
② リーダーシップの実証研究　163
③ 適切なリーダーシップ　165

## 第3節　スポーツ・モティベーション・マネジメント　167
① モティベーションの役割　167
② ボランティアスタッフのモティベーション・マネジメント　169
③ 国際試合参加の動機　170

## 第4節　選手に対するモティベーション・マネジメント　172
① 目標管理による動機づけ　172
② 業績評価による動機づけ　173
③ スポーツ集団内の関係性　175

## 第5節　ニューヨーク・ヤンキースのケーススタディ　176
① ケース　176
② 問題点　178
③ 課題　179

## 【第8章】 スポーツ・マーケティング　183

### 第1節　スポーツ・マーケティングの意義　184
① スポーツ・マーケティングとは　184
② スポーツ・マーケティングの発展　185
③ スポーツ・マーケティングの構造　187

### 第2節　マーケティング・マネジメント　188
① マーケティング・マネジメントの意義　188
② STP分析　190
③ マーケティング・ミックス　192

### 第3節　顧客の創造　193
① 顧客の意義　193
② 消費者心理　195
③ 顧客志向　196

### 第4節　顧客維持　197
① CRMの基本概念　197
② 関係性マーケティング　199
③ 関係性マーケティングとマネジリアル・マーケティング　200

### 第5節　ナイキのケーススタディ　202
① ケース　202
② 問題点　203
③ 課題　205

## 【第9章】 多様化するスポーツビジネス　209

### 第1節　スポーツビジネスの多様化　……………………………… 210
① 「スポーツ」に含まれる領域　210
② スポーツビジネスの多様化　211
③ スポーツビジネスの例――製品　213

### 第2節　コンテンツビジネスとしてのスポーツ　………………… 214
① コンテンツビジネスの重要性　214
② コンテンツビジネスの展開――メディア　216
③ コンテンツビジネスの展開――コンテンツ　218

### 第3節　コミュニティビジネスとしてのスポーツ　……………… 219
① コミュニティビジネスの必要性　219
② 期待されるスポーツビジネスの効果　220
③ 収入構造の変化　221

### 第4節　ライセンスビジネスとしてのスポーツ　………………… 223
① ライセンス管理の必要性　223
② 知的財産の種類　224
③ 日本におけるライセンス市場　226

### 第5節　楽天のケーススタディ　…………………………………… 228
① ケース　228
② 問題点　230
③ 課題　231

## 【第10章】 スポーツビジネス論の今日的課題　235

### 第1節　スポーツビジネス教育 ……………………………… 236
① 統一した学問体系の確立　236
② 高等教育機関の拡充　237
③ セカンドキャリア問題　239

### 第2節　スポーツビジネスにおけるCSR ………………… 241
① 企業の社会的責任とスポーツビジネス　241
② ドーピング問題　242
③ 八百長問題　244

### 第3節　スポーツビジネスをめぐる国際環境の比較 ……… 245
① 米国におけるスポーツビジネス環境　245
② 欧州におけるスポーツビジネス環境　247
③ わが国におけるスポーツビジネス　248

### 第4節　わが国のスポーツ振興へ向けて ………………… 250
① スポーツ経営学の国際比較　250
② 五輪・W杯誘致活動へ向けて　252
③ 21世紀のスポーツのあり方　253

### 第5節　21世紀型スポーツビジネスモデル ……………… 254
① ブランド化　254
② スポーツによるコミュニティの再生　256
③ スポーツビジネスの可能性　257

**参考文献** ……………………………………………………… 261
**索　引** ………………………………………………………… 279

## ◆ 図表目次 ◆

図表1−1　余暇市場，国民総支出，民間最終消費支出の推移　4
図表1−2　スポーツビジネスの領域　5
図表1−3　可処分所得・実収入の推移（月平均額）　8
図表1−4　スポーツ実施率・市場規模の推移　9
図表1−5　一般メーカーとプロリーグの生産過程　12
図表1−6　一般企業とクラブチームのステークホルダー　14
図表1−7　スポーツの社会的・経済的効果　17
図表1−8　特異な財務構造　18
図表1−9　経済成長率の推移と企業スポーツの休・廃部数推移　22
図表1−10　経済環境（景気変動）の脅威　23

図表2−1　古代スポーツの特徴　30
図表2−2　古代オリンピックと現代オリンピックの違い　31
図表2−3　中世ヨーロッパにおける階級別スポーツ　33
図表2−4　近代スポーツの流れ　35
図表2−5　スポーツ観戦状況　37
図表2−6　わが国のGDSP（2003年度推計値）　40
図表2−7　スポーツイベントが地域に与える影響　42
図表2−8　スポーツイベントのメリットとデメリット　44
図表2−9　スポーツの役割の変遷　47
図表2−10　日本のスポーツビジネスの歴史　48

図表3−1　するスポーツを日常的に行う人の国際比較　56
図表3−2　スポーツ・ボランティア実施率　58
図表3−3　スポーツ産業の伝統的領域　60
図表3−4　スポーツイベント（ワールドカップ）の情報化　61

| | | |
|---|---|---|
| 図表3－5 | 定期的な運動・スポーツ実施率の年次推移 | 63 |
| 図表3－6 | 最も大切に思っているスポーツ種目の実施理由 | 64 |
| 図表3－7 | クラブのトリプルミッション | 67 |
| 図表3－8 | スポーツ消費者の分類 | 69 |
| 図表3－9 | 戦後の地域スポーツ | 73 |
| 図表3－10 | 体育・スポーツ関係予算（当初予算ベース） | 75 |

| | | |
|---|---|---|
| 図表4－1 | スポーツイベントの分類 | 81 |
| 図表4－2 | スポーツ運営団体の分析枠組み | 82 |
| 図表4－3 | リーグ運営のタイプ | 87 |
| 図表4－4 | スポーツリーグを取り巻くステークホルダー | 88 |
| 図表4－5 | 競技力の向上および戦力の均衡 | 90 |
| 図表4－6 | スポーツリーグの経営資源 | 92 |
| 図表4－7 | Ｊリーグの組織 | 96 |
| 図表4－8 | 協会と部屋の権限の配分 | 97 |
| 図表4－9 | 米国4大メジャーリーグにおける労使紛争 | 100 |
| 図表4－10 | NFLが抱える問題点と解決策のフローチャート | 102 |

| | | |
|---|---|---|
| 図表5－1 | 経済価値の発展 | 107 |
| 図表5－2 | 入場者数と滞在時間の関係 | 108 |
| 図表5－3 | 事業定義のための3次元モデル | 112 |
| 図表5－4 | 物理的定義と機能的定義 | 113 |
| 図表5－5 | ブランド・エクイティ | 117 |
| 図表5－6 | ブランド価値の生成（NFLの例） | 119 |
| 図表5－7 | 一般的なスポーツビジネス事業のコスト構造 | 121 |
| 図表5－8 | 1勝当たりの年俸コスト比較（2001年度） | 122 |
| 図表5－9 | 浦和レッズとＪ1全クラブの収益・入場者数 | 127 |
| 図表5－10 | 浦和レッズが抱える問題点と解決策のフローチャート | 128 |

| 図表6－1 | スポーツ組織の構造（機能別組織） 134 |
| 図表6－2 | 組織における文化 136 |
| 図表6－3 | 管理職能の展開 138 |
| 図表6－4 | リスク管理のフレームワーク 141 |
| 図表6－5 | ステークホルダー評価マトリックス 142 |
| 図表6－6 | ステークホルダーとの関係 143 |
| 図表6－7 | 意思決定過程 148 |
| 図表6－8 | ステークホルダーによる期待と監視 150 |
| 図表6－9 | かつての千葉ロッテマリーンズの組織図と解決策のフローチャート 153 |
| 図表6－10 | 千葉ロッテマリーンズ新組織図 154 |

| 図表7－1 | スポーツ組織内部の人的資源関係図 159 |
| 図表7－2 | スポーツ選手の不安と外部からの期待とのギャップ 161 |
| 図表7－3 | PM式リーダーシップ図とスポーツ組織におけるPM機能 165 |
| 図表7－4 | 状況適合リーダーシップにおけるリーダーのスタイル 166 |
| 図表7－5 | モティベーションの段階 168 |
| 図表7－6 | 鹿島アントラーズのボランティア登録者数 170 |
| 図表7－7 | 一般的な評価者の誤り 174 |
| 図表7－8 | 集団凝集性における概念的枠組み 176 |
| 図表7－9 | メジャーリーガー＆スポーツチームの年俸のランキング 177 |
| 図表7－10 | ヤンキースが抱える問題点と解決策のフローチャート 180 |

| 図表8－1 | スポーツ・マーケティングの領域 185 |
| 図表8－2 | throughとofの座標軸 188 |
| 図表8－3 | スポーツ・マーケティング・マネジメント・モデル 190 |
| 図表8－4 | スポーツ市場 191 |
| 図表8－5 | 消費者行動のフローチャート 195 |
| 図表8－6 | 販売志向と顧客志向の比較 196 |

| | | |
|---|---|---|
| 図表8－7 | マネジリアル・マーケティングと関係性マーケティング | 200 |
| 図表8－8 | ワン・トゥ・ワン・マーケティングにおける転換点 | 201 |
| 図表8－9 | ナイキのアイデンティティ | 204 |
| 図表8－10 | ナイキが抱える問題点と解決策のフローチャート | 206 |

| | | |
|---|---|---|
| 図表9－1 | 「スポーツ＋」に含まれている様々な領域 | 210 |
| 図表9－2 | スポーツ産業セグメント・モデル | 214 |
| 図表9－3 | メディア展開のウィンドウイングモデル | 217 |
| 図表9－4 | オリジナルゲーム事業と二次使用権 | 218 |
| 図表9－5 | 期待されるスポーツビジネスの効果 | 221 |
| 図表9－6 | 北京市におけるオリンピックの社会・経済的効果直接収益 | 223 |
| 図表9－7 | JOC加盟団体所属選手/役員の肖像の商業的利用の分類 | 225 |
| 図表9－8 | 放映権の流れ | 226 |
| 図表9－9 | 全国ネットテレビ放送におけるイーグルス露出（2007年1月～4月） | 229 |
| 図表9－10 | 楽天プロスポーツが抱える問題点と解決策のフローチャート | 232 |

| | | |
|---|---|---|
| 図表10－1 | 日本・米国の大学におけるカリキュラム比較 | 238 |
| 図表10－2 | プロ野球選手・Jリーグ選手引退後の進路 | 240 |
| 図表10－3 | 戦略的CSRの基本コンセプト | 241 |
| 図表10－4 | オリンピックドーピング検査数・陽性率推移 | 243 |
| 図表10－5 | 国内外におけるプロリーグ収入ランキング | 247 |
| 図表10－6 | 国力とオリンピックメダル数 | 248 |
| 図表10－7 | スポーツ経営学研究の国際比較 | 250 |
| 図表10－8 | スポーツにおける変化 | 254 |
| 図表10－9 | 総合型地域スポーツクラブ | 256 |
| 図表10－10 | スポーツビジネスの特性 | 258 |

# 第1章
# スポーツビジネスの意義

　本章では，スポーツビジネスの意義について考察する。従来，わが国においては，スポーツをビジネスと捉える観点が乏しかった。本章では，以下の5つの観点から，スポーツビジネスの意義について理解を深める。

　第一に，スポーツビジネスの定義について考察する。まず，先行研究のレビューを行う。次に，スポーツビジネスの対象について理解する。そして，本書におけるスポーツビジネスの定義を導出する。

　第二に，スポーツビジネスの必要性について考察する。まず，社会変化とスポーツとの関係性について理解する。次に，市民生活の変容とスポーツとの関係性について理解を深める。さらに，スポーツの使命と目的について言及する。

　第三に，一般ビジネスとスポーツビジネスとの違いについて考察する。まず，スポーツビジネスにおけるプロダクトの生成過程について理解する。次に，ステークホルダーの複雑性と多様性について理解を深める。さらに，スポーツの文化的側面と産業的側面について言及する。

　第四に，スポーツビジネスの特性について考察する。まず，スポーツの社会的・経済的インパクトについて理解を深める。次に，スポーツビジネスの収入形態の多様性について言及する。さらに，興行の観点からスポーツビジネスの特殊性について考察する。

　第五に，スポーツビジネスにおける諸問題について考察する。まず，国際政治とスポーツとの関係性について理解を深める。次に，経済環境とスポーツとの関係性について言及する。さらに，現代社会におけるスポーツについて考察し，スポーツビジネスを学ぶための起点とする。

## 第1節　スポーツビジネスの定義

### ❶　先行研究の概略レビュー

　従来，わが国では，スポーツをビジネスと捉える観点が乏しかった。スポーツビジネスについての研究は日が浅く，その実践的な手法を示した専門書もまだ非常に少ない。しかし，スポーツの存続・発展のためには，ビジネスの視点を導入することが必須である。

　まず，スポーツビジネスに関する先行研究の中からいくつかを選択し，スポーツビジネスの定義について，簡潔なレビューを行う。

　種子田穣[2002]は，スポーツビジネスを「成熟し，複雑化した社会の中で，スポーツがその純粋性を保ち続けると同時に，より広く社会一般に解放され，人々から受け入れられ続けるシステムづくりとその運用」であると定義している[1]。

　山下秋二＝原田宗彦編[2005]は，スポーツビジネスを「スポーツ活動を効果的に生産し，それを担う組織の経済的基盤を確保すること」であると定義している[2]。また，スポーツ組織のトップが負う責任体制に着目し，「スポーツビジネスとは，環境条件にうまく対応して，収益性を導き出す働きであり，基本的にはトップマネジメントの戦略である」と述べている[3]。

　同様に，山下秋二＝中西純司＝畑攻＝冨田幸博編[2006]によれば，スポーツビジネスを「スポーツ活動の生産と販売を目的に諸資源の展開を図ること（スポーツ活動を生み出す組織の活動）」と定義している[4]。さらに，スポーツサービスとして，①物的サービス，②システム的サービス，③人的サービスを含めている[5]。

① 物的サービス：組織が管理する運動のための物的条件を，人々の娯楽や健康づくりに利用できるようにする。
② システム的サービス：運動プログラムの作成，会員制度の実施などによっ

て，ユーザーの便宜を図る。
③　人的サービス：スポーツスタッフの手を通じて，直接ユーザーの娯楽や健康づくりの世話をする。

　スポーツサービスは，単なるスポーツ活動のインフラだけではなく，スポーツ消費者と一緒になって，実際のスポーツ活動を生産する。

　広瀬一郎[2005]は，スポーツマネジメントについて，「入場料収入をとってスポーツを見せる組織が，成果を得るための方法論[6]」と定義し，スポーツビジネスには公共性が伴わなければならないことを指摘した。

　上述したように，先行研究におけるスポーツビジネスの定義は，非常に多様性および多義性を有している。先行研究における定義をみると，スポーツビジネスには，収益性の追求とともに，社会性・公共性の追求や，スポーツの純粋性の保持といった複数の経営目標があるといえる。

## ❷　スポーツビジネスの対象

　スポーツビジネスについて理解するためには，スポーツ市場の規模を知り，スポーツビジネスの対象領域を明確化することが必要不可欠である。

　図表1－1に示されるように，スポーツ市場は，4兆円規模の市場である。約70兆円規模の余暇市場において，スポーツ部門の占める割合は，圧倒的に少ないことがわかる[7]。依然としてわが国におけるスポーツ市場は小さいため，マーケットそのものをいかに拡大するかという潜在的成長力を視野に入れたビジネスを考えることが必要となる[8]。

　スポーツビジネスの対象領域は，非常に多岐にわたる。スポーツビジネスは，施設，ホテルやリゾート，公共・民間のフィットネスやラケットクラブ，商品販売，そして大学や企業，プロスポーツなど，無数のスポーツ関連領域を含んでいる[9]。

　種子田[2002]は，スポーツビジネスの対象として，プロスポーツにはじまり，スポーツ用品を製造するリーボックやナイキのようなメーカーや，運動をするためのフィットネスクラブ，資金や用具などを提供するスポンサー，専門の代理店，選手から様々なことを受託するマネジャー業やエージェント業などをあ

図表1－1　余暇市場，国民総支出，民間最終消費支出の推移

(単位：億円，％)

| | 平成17年 | 平成18年 | 平成19年 | 平成20年 | 平成21年 | 伸び率 (％) 20/19 | 伸び率 (％) 21/20 |
|---|---|---|---|---|---|---|---|
| スポーツ部門 | 42,160 | 42,320 | 42,440 | 41,650 | 40,660 | -1.9 | -2.4 |
| 趣味・創作部門 | 111,540 | 110,220 | 107,750 | 106,910 | 102,420 | -0.8 | -4.2 |
| 娯楽部門 | 541,130 | 532,540 | 488,680 | 474,050 | 458,040 | -3.0 | -3.4 |
| 観光・行楽部門 | 106,390 | 106,660 | 107,080 | 104,250 | 94,400 | -2.6 | -9.4 |
| 余暇市場 | 801,220 | 791,740 | 745,950 | 726,860 | 695,520 | -2.6 | -4.3 |
| 対国民総支出 | 16.0 | 15.6 | 14.5 | 14.4 | 14.7 | -0.6 | 1.9 |
| 対民間最終消費支出 | 28.0 | 27.3 | 25.5 | 24.9 | 24.6 | -2.3 | -1.2 |
| 国民総支出（名目） | 5,017,344 | 5,073,648 | 5,155,204 | 5,051,129 | 4,741,689 | -2.0 | -6.1 |
| 民間最終消費支出（名目） | 2,859,356 | 2,895,936 | 2,925,232 | 2,917,507 | 2,826,235 | -0.3 | -3.1 |

(出所)　日本生産性本部[2010]49頁。

げている[10]。

　図表1－2に示されるように，スポーツビジネスの領域は，非常に複合的である[11]。スポーツビジネスは，他の産業のビジネス領域を含むため，他の産業と競合関係にある。広瀬[2005]は，プロスポーツにおける競合相手は，他チームや他のスポーツリーグではなく，パチンコやテレビゲームなどの，娯楽，サービスを扱う他の産業である，と述べている[12]。

　図表1－2の中心にある「見るスポーツ産業」とは，プロスポーツを指している。プロスポーツビジネスは，他の全ての領域が重なったビジネス領域である。見るスポーツであるプロスポーツが，今日のスポーツの牽引役となっているといえよう。

　渡辺保[2004]は，スポーツ産業は，「第一次産業から製造業等の第二次産業および第三次産業にまたがる横断型産業であり，それぞれの特質を有したスポーツに関しての財貨またはサービスを生産し提供する集合体である。また，それは営利活動，非営利活動も含める」と述べている[13]。すなわち，ボランティアなどを含めた「支えるスポーツ産業」も，スポーツビジネスの重要な領

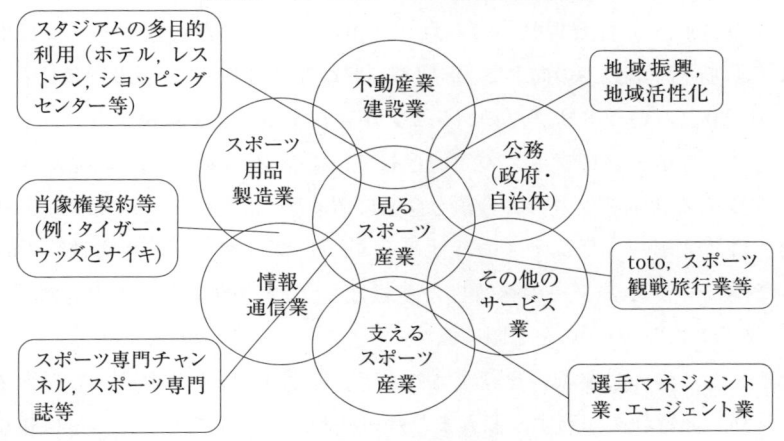

## 図表1-2　スポーツビジネスの領域

- スタジアムの多目的利用（ホテル、レストラン、ショッピングセンター等）
- 肖像権契約等（例：タイガー・ウッズとナイキ）
- スポーツ専門チャンネル、スポーツ専門誌等
- 地域振興、地域活性化
- toto、スポーツ観戦旅行業等
- 選手マネジメント業・エージェント業

（中央の円群）
- 不動産業・建設業
- スポーツ用品製造業
- 見るスポーツ産業
- 公務（政府・自治体）
- 情報通信業
- その他のサービス業
- 支えるスポーツ産業

（出所）『東洋経済、2010.05.15』34頁に基づいて筆者が一部修正。

域である。

近年のスポーツビジネスは、ICT（情報通信技術）（以下、ICT）の発達によって、コンテンツビジネスの領域も含みつつある。また、まちおこしなどの地域活性効果によるコミュニティビジネスとの関わりも注目されている。さらに、知的財産権の問題など、権利ビジネスとの関係性も重要であり、スポーツビジネスの対象領域はますます拡大している。

## ❸　本書におけるスポーツビジネスの定義

スポーツビジネスの定義を行う前に、ビジネスとは何かを明確にしておく必要がある。全国大学・短期大学実務教育協会編[1999]によれば、ビジネスとは、「営利・非営利を問わず、個人または各々の組織共同体が、事業目的を実現するために、ヒト・モノ・カネ・情報などの諸資源を活用して、価値を創出するための協働行為の総称」である[14]。

本章では、スポーツビジネスの定義にあたり、下記の3つの必要条件を設定する。第一に、スポーツビジネスの目的として、①スポーツ財に基づいた健全な収益構造の確立、②提供するスポーツによるクオリティ・オブ・ライフ

の向上，③ ビジネス活動によるスポーツの普及，④ 収益とスポーツ存続のバランスの追求，⑤ 社会貢献，の5点を念頭に置く。また，スポーツビジネスには，① 勝利（競技力の向上），② 収益（収益性の向上），③ 普及（競技者・観戦者の増加），というトリプルミッションが存在することを重視する。

第二に，スポーツビジネスの領域として，① するスポーツ，② 見るスポーツ，③ 支えるスポーツ，の3分類を念頭に置く。

第三に，スポーツビジネスの特性として，① プロダクトの生成過程の特殊性，② ステークホルダーの複雑性と多様性，③ 経済的側面と文化的側面（スポーツの公共性），の3点を念頭に置く。

上述した3つの必要条件を踏まえた上で，本書では，「スポーツビジネスとは，営利・非営利を問わず，個人または組織が，ヒト・モノ・カネ・情報などの経営資源を活用して，スポーツ財という価値を創出し提供するための協働行為の総称」と定義して議論をすすめることにする。

この定義にみられるように，スポーツビジネスは，利潤の追求を目的とする営利ビジネスと，社会に貢献する使命（ミッション）の達成を目標とする非営利ビジネスの二面性を備えている。また，スポーツビジネスの必要条件として，上述したように，① 勝利（競技力の向上），② 収益（収益性の向上），③ 普及（競技者・観戦者の増加），というトリプルミッションを同時並行的に達成しなければならない。そして，この3つのトリプルミッションの前提として，「何を目指すのか」という理念が中心にないと上手くいかない[15]。

## 第2節　スポーツビジネスの必要性

### ❶　社会変化とスポーツ

従来，スポーツは，大衆化（量的拡大）と高度化（質的向上）という2つの異なるベクトルに沿って発展してきた。高度経済成長に伴ってスポーツ人口は

増大し，スポーツの大衆化現象を引き起こした。そして，スポーツの大衆化とは別に，あるいはそれと並行して，スポーツの高度化が進み，プロスポーツの社会的重要性がますます高まってきている[16]。

SSF 笹川スポーツ財団[1996]は，社会環境の変化として，① 低成長・成熟化経済期への移行，② 少子・高齢化社会の到来，③ 産業構造の変化，④ 高度情報社会の到来，⑤ 国際化の進展，などをあげている[17]。

① 低成長・成熟化経済期への移行：スポーツをはじめとするレジャー活動において，これまでの「金銭消費型」から「時間享受型」の活動が重視され，日常生活の身近な場でのスポーツ活動が盛んになる。

② 少子・高齢化社会の到来：青少年の健全なる育成のみならず，健康増進の手段，あるいは生きがいなど，楽しみながら行えるという特性を有するスポーツは，少子・高齢化社会においてその果たす役割がより重要となる[18]。さらに，老人医療費の抑制効果も期待できる。

③ 産業構造の変化：スポーツに関わる道具，ウェアなどの身近な物の製造・販売から，競技場などのスポーツ関連施設をはじめとした，健康づくりとしてのスポーツの重要性の増大，あるいはスポーツイベントの需要拡大などによって，地域スポーツクラブ関連産業，健康器具関連産業，スポーツイベントの開催・運営に関わる産業など，幅広い産業に展開し，その規模も拡大傾向にある[19]。

④ 高度情報社会の到来：高度情報社会の到来により，スポーツイベントは，リアルタイムで映像が伝達されるようになり，国際的スポーツイベントが数多く開催されるようになった。

⑤ 国際化の進展：世界規模での情報通信や交通手段などの利便性が格段に向上し，世界のボーダーレス化や国際交流がよりいっそう進展している。このような状況を背景に，国際的なイベントは世界のいたるところで開催が可能になった。

社会環境の変化とそれに伴うマスメディアや ICT の進展によって，スポーツイベントに「参加」して楽しむだけでなく，スポーツを「見て」楽しむなど，スポーツの大衆化と高度化，すなわち，スポーツの量的拡大と質的向上の2つ

が同時に求められているといえよう。

## ❷ 市民生活の変容とスポーツ

　市民生活の変容の内，①可処分所得・実収入の増大，②クオリティ・オブ・ライフの追求，③健康志向の高まり，の3つに焦点を当てて考察する。

　従来，スポーツ産業は，余暇市場であると位置づけられてきた。一般に，余暇市場は，可処分所得・実収入と相関関係にあり，その影響を大きく受ける市場特性がある。日本人の可処分所得・実収入は，第二次世界大戦後の高度経済成長とともに増加してきた。図表1－3に示されるように，1970年から1990年にかけて，日本人の可処分所得・実収入は，飛躍的に増加した。逆に，2000年から2008年にかけて，可処分所得・実収入は減少している。

　スポーツの市場規模をみると，図表1－4に示されるように，1979年のスポーツ市場規模は，1兆4,924億円であった。しかし，1991年のスポーツ市場規模は，5兆7,380億円と，約4倍にまで拡大している。さらに，図表1－4に示されるように，スポーツの実施率は，1957年から1979年にかけて飛躍的に増大している。逆に，可処分所得・実収入が減少している2000年から2008年にかけては，スポーツの市場規模も，スポーツ実施率も，減少ないし横ばいの状態にある。

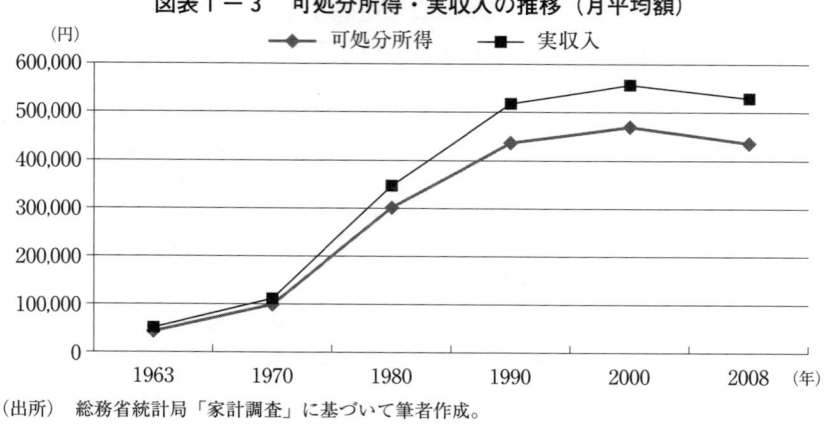

図表1－3　可処分所得・実収入の推移（月平均額）

（出所）　総務省統計局「家計調査」に基づいて筆者作成。

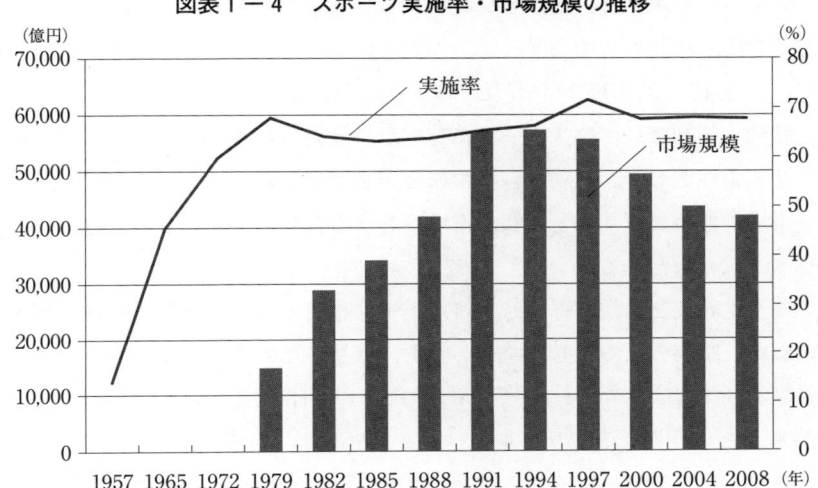

図表1-4　スポーツ実施率・市場規模の推移

（出所）内閣府「スポーツに関する世論調査」，日本生産性本部［2009］，余暇開発センター［1985］に基づいて筆者作成。

　上述したように，他の余暇市場と同様に，スポーツ市場の規模は，可処分所得・実収入の増大と密接に関わっている。すなわち，可処分所得・実収入が増大すると，人々は，クオリティ・オブ・ライフを追求するようになる。生活が豊かになるにつれ，人々が余暇を楽しむ余裕をもち始め，スポーツを行う人も増加し，市場規模も拡大した。

　わが国においては，経済成長を成し遂げた1970年代後半から，人々が健康を重視し始め，健康のためにスポーツを行う人々が増加し始めた[20]。健康志向の高まりとともに，スポーツの実施率，市場規模が拡大することは周知の事実である。可処分所得・実収入および健康志向と，スポーツの実施率，市場規模の拡大との間には，一定の相関関係があるといえよう。

## ❸　スポーツビジネスの使命と目的

　利潤の最大化は，ビジネスにおける最大の目的の1つである。しかし，先述したように，スポーツビジネスには，利潤の最大化以外にも，様々な使命・目的が存在する。以下，スポーツビジネスの使命・目的に関する先行研究の中か

ら，いくつかを選択し，簡潔なレビューを行うこととする。

平田竹男＝中村好男編[2005]は，スポーツビジネスのトリプルミッションとして，① 勝利，② 市場，③ 普及，の3点をあげている[21]。
① 勝利：勝利は，プロスポーツに特有かつ最大の目的である。ゲームを成立させる条件として，勝利を目指すことが必要である。
② 市場：他のビジネスと同様，市場における営利追求，収益力の追求も重要なミッションとなる。
③ 普及：普及とは，裾野に対するスポーツ普及のことである。裾野の掘り起こしが，勝利のためにも，マーケット，収益のためにも重要である。

谷塚哲[2008]は，スポーツビジネスの使命・目的として，① 興行，② 普及，③ 育成，という異なるトリプルミッションをあげている[22]。
① 興行：プロスポーツである以上，試合を見に来てもらいその入場料収入を得ることは全世界的に共通の事業であり，これがプロスポーツの主たる目的である。
② 普及：試合に足を運んでもらうためには，広くその競技を知ってもらう必要がある。特に，子供たちに知ってもらうことは，将来的に競技人口が増え，その競技の裾野が広がることにつながる。
③ 育成：世界に通用する選手を育てることが，クラブを強くし，クラブの人気を左右する，ひいてはクラブの発展，日本スポーツ界の発展につながることになる。

スポーツビジネスの目的は，「利益の追求」だけではない。本来の目的は，トリプルミッションをバランスよく，それも3つを同時に達成することが不可欠である。また他にも，スポーツビジネスには様々な目的・使命がある。

広瀬一郎[2000]は，スポーツの機能として，① 公共心の育成，② 高齢者医療費の軽減，③ 犯罪防止，④ 経済効果，⑤ 地域振興，の5つをあげ，スポーツは個人と社会とをつなぐ装置であると述べている[23]。

内海和雄[2004]は，プロスポーツの役割として，① 文化開発・普及，② 経済効果・地域活性化，③ 知名度の上昇，④ 道徳的効果，⑤ 住民への地域アイデンティティ，の5つをあげている[24]。

また，佐伯年詩雄[2006a]は，スポーツは競争の社会秩序をモデル化し，能力と業績，努力と献身の価値を流布するため，企業の存在を正当化し，商品のイメージアップを図る役割を担っていることを指摘した[25]。

　上述したように，スポーツビジネスの目的と使命は，「利益の追求」だけでなく，社会的に果たす役割も極めて大きいといえる。

## 第3節　一般ビジネスとスポーツビジネスとの違い

### ❶　プロダクトの生成過程

　スポーツビジネスにおいて，最も重要な商品は「試合（ゲーム）」である。種子田穣[2007]によれば，顧客の経験価値を高めることは，イベント性，演出などのエンターテインメント的要素からなるソフトウェア，居心地の良い設備などのハードウェアなども重要な役割を果たす。それらはプロスポーツビジネスの拡張領域であり，試合こそがプロスポーツビジネスにとってのコアな商品である[26]。

　商品の生産者は，リーグやチームなどの組織であるが，スポーツビジネスは他のビジネスと異なり，単一のチームではゲームの生産を行うことができない。通常の産業であれば，究極の目標であるはずの「市場での一人勝ち」がスポーツビジネスでは全く意味をもたない[27]。

　種子田[2007]は，プロスポーツビジネスにとって魅力に溢れるコアとなる商品とは，「勝敗の予想のつかない白熱した試合」であり，それを実現するためには，チーム間の財政力格差によって生ずる戦力格差を抑制する「一定のルールに基づく自由競争」が必要であり，そのルールを作る役割はリーグで担うべきであると指摘している[28]。プロスポーツビジネスにおけるチームは，ゲーム内において競争しつつも，共存共栄の関係にある。

　スポーツビジネスのコアとなる商品である試合は，① 無形性，② 主観性，

**図表1－5　一般メーカーとプロリーグの生産過程**

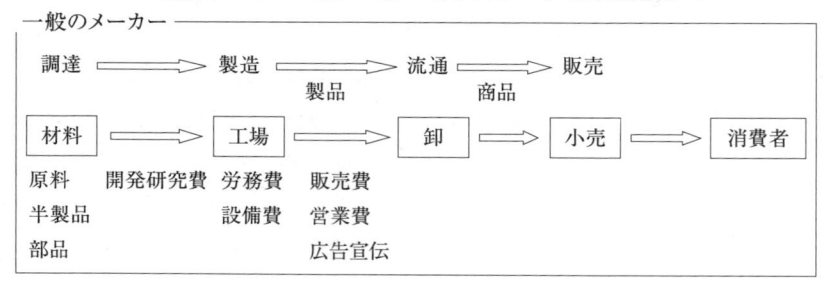

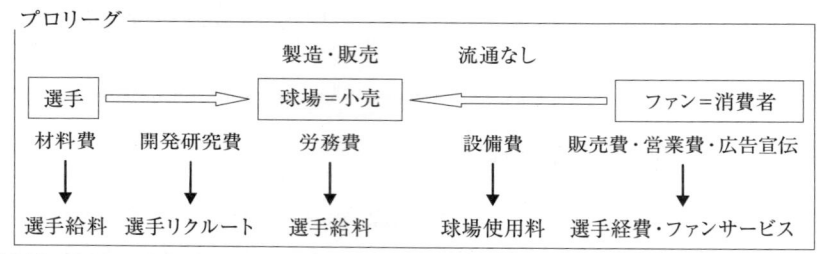

一般のメーカー

調達 ⇒ 製造 ⇒ 流通 ⇒ 販売
　　　　　　製品　　　商品

材料 ⇒ 工場 ⇒ 卸 ⇒ 小売 ⇒ 消費者

原料　　開発研究費　労務費　販売費
半製品　　　　　　　設備費　営業費
部品　　　　　　　　　　　　広告宣伝

プロリーグ

　　　　　　製造・販売　　流通なし

選手 ⇒ 球場＝小売 ⇐ ファン＝消費者

材料費　開発研究費　労務費　設備費　販売費・営業費・広告宣伝
　↓　　　　↓　　　　↓　　　↓　　　　↓
選手給料　選手リクルート　選手給料　球場使用料　選手経費・ファンサービス

（出所）　大坪正則[2007]59頁。

③同時性（一過性），④不可逆性，⑤非一貫性，⑥非予測性，などの特徴を有している。これらの特徴は，サービスビジネスの特性であり，スポーツビジネスがサービスビジネスの側面を有していることがわかる。サービスビジネスの特徴を有しているがゆえに，スポーツは楽しいともいえる。

　種子田[2002]は，プロスポーツは，ディズニーランドと同じくエンターテインメント産業に属している。米国でのプロボクシング・タイトルマッチはラスベガスで行われる。ショーとして開催されるということは，観客を楽しませることによって収入を得るビジネスであることを意味する[29]。この事例からも，スポーツビジネスはサービスビジネスの一環であるといえよう。

　図表1－5に示されるように，一般のメーカーとプロリーグとの生産過程を比較すると，その違いは歴然としている。スポーツ業界における生産過程では，原料・半製品・部品の調達はほとんどなく，選手の獲得が必要不可欠となる。

　スポーツビジネスの具体的活動は，それぞれのスポーツサービスの実施に向けて，諸資源を結びつけるところからはじまる。スポーツ組織は，これらス

ポーツサービスを消費者に販売し，その後，スポーツ消費者と一緒になって，実際のスポーツ活動を生産するのである[30]。

## ❷ ステークホルダーの複雑性と多様性

一般的なビジネスにおける主なステークホルダーとしては，①株主，②従業員，③消費者，④取引業者，⑤金融機関，⑥政府，⑦地域住民，などがあげられる[31]。

広瀬[2005]は，スポーツビジネスにおけるステークホルダーを，①所有者（株主／親会社），②競技関係者（IF/NF・リーグ・他チーム・監督・選手），③ファン，④メディア，⑤ビジネス（スポンサー・MD・物販），⑥その他（自治体・施設），の6つに分類している[32]。

同様に，武藤泰明[2006]は，①株主，②経営者，③従業員，④選手，⑤外国人選手，⑥監督，⑦コーチ等チームスタッフ，⑧サポーター，⑨顧客，⑩スポンサー，⑪地方自治体，⑫リーグ機構，⑬リーグに加盟する他のクラブチーム，⑭ジュニア・ユース選手，⑮ジュニア・ユース選手の保護者，⑯外部協力者（チームドクター等），に分類している[33]。

図表1－6に示されるように，一般企業とクラブチームとのステークホルダーを比較すると，スポーツビジネスにおけるステークホルダーは，多様かつ複雑であることが一見してわかる。

以下，スポーツビジネスに特有のステークホルダーについて概観する。

① 企業：スポーツビジネスの場合，企業がチームを保持している場合が多い。また，親会社から資金などを提供してもらっているケースも多くある。
② リーグ機構：競技主催団体である。先述したように，リーグ機構が戦力均衡の役割を担うことにより，質の高いゲームを提供できる。
③ ファン・サポーター：ファンやサポーターは，顧客であるのはもちろん，ゲームの質を高める機能の役割を有している。ファンやサポーターが多ければ多いほど，ゲームは盛り上がる。そして選手のモティベーションやパフォーマンスは向上する。
④ 他のチーム：他のチームは，単なる競合相手ではなく，同じゲームの生産

者としても重要なビジネスパートナーである。
⑤ 競技関係者：競技関係者とは，選手・監督など，ゲームを生産する中心となる人々である。選手や監督は，クラブチームにとって取引の相手であり，雇用者ではない[34]。
⑥ 地方自治体：スポーツビジネスは地域と非常に密接なかかわりがあり，自治体と協力することにより，地域における優位性をもつことができる。
⑦ 施設：ホームグラウンドやスタジアムなど，施設はクラブチームにとって必須のものであり，施設関係者との関係性の構築が重要となる。
⑧ スポンサー：スポンサーは，対価を支払って自社名や商品名を掲示する，あるいは，クラブチームの名称や商標・意匠を自社の広告宣伝物に掲示することによって，広告効果という成果を得ることを目的とする[35]。
⑨ メディア：第三者であるメディアが伝える情報には，客観性が加わり，それが公共性となる。ステークホルダーの複雑性・多様性はメディアバリューに起因する。
⑩ ジュニア・ユース：クラブチームは，地域スポーツ振興への貢献，あるいは若手選手を早期に発掘・育成・確保するべく，プロチームとしての収入の一部を，ジュニア・ユースの育成費用に振り向けている。

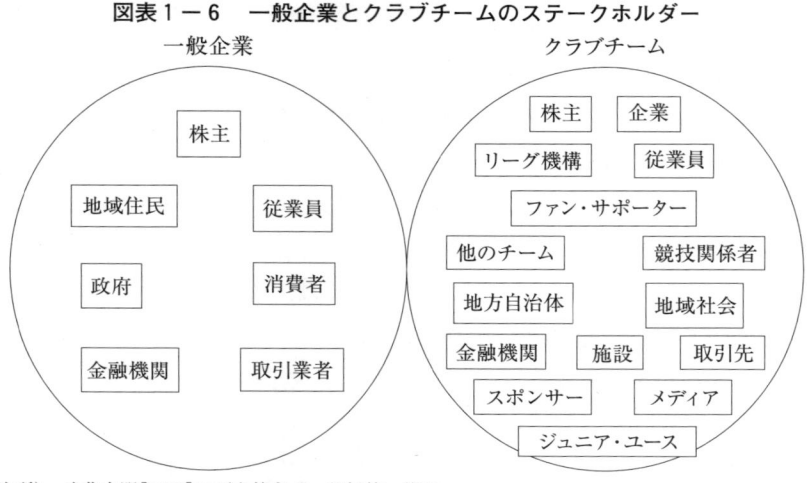

図表1－6　一般企業とクラブチームのステークホルダー

一般企業：株主，地域住民，従業員，政府，消費者，金融機関，取引業者

クラブチーム：株主，企業，リーグ機構，従業員，ファン・サポーター，他のチーム，競技関係者，地方自治体，地域社会，金融機関，施設，取引先，スポンサー，メディア，ジュニア・ユース

（出所）　武藤泰明［2006］37頁を筆者が一部加筆・修正。

スポーツビジネスの存続・発展のためには，これらの複雑性と多様性を有するステークホルダーとの関係性の構築が必須課題となる。

## ❸ 文化的側面と産業的側面——スポーツの公共性

スポーツは文化であり，文化としての高い公共性を有している。さらに，ビジネスである以上，産業的・経済的側面も重要である。スポーツビジネスにおいては，文化的側面と産業的側面のバランスを保つことが非常に重要となる。文化的側面と産業的側面の双方をもつ共同生産物として「試合」が存在する。

広瀬一郎編[2009]は，スポーツが「公共的」で「文化的」な財であると位置づける理由として，①日本人のほとんどは，スポーツとの出会いが学校教育の場であること，②スポーツの生産の場，つまり競技場の多くが税金で建造されていること，③多くの競技の日本代表チームは，日の丸を背負って外国と戦っていること，の3点をあげている[36]。

人々はスポーツの観戦・参加を通じて，楽しさの追求，健康および体力の保持・増進，人間関係の構築，自己表現など様々な価値を求めている。大鋸順[1999]によれば，スポーツ文化のレベルは，①創造，②価値，③本質，の3つに区分できる[37]。

① 創造：参加・観戦を通じて，楽しさや喜びが現象として創造される。
② 価値：創造された楽しさや喜びが多くの人々に共通した喜びとなる。
③ 本質：現象から生じる表面的な楽しさだけでなく，現象の背景にある思考や行為が，人間の生き方・あり方（本質）を通じ，生きる喜びや勇気を生みだす。

スポーツビジネスは，利潤の追求を目標とする営利ビジネスと，時には公共性を追求する使命（ミッション）の達成を目標とする非営利ビジネスの二面性を備えている[38]。スポーツビジネスにおいては，利益を追求しつつも，常に公共性を保つことが不可欠である。すなわち，スポーツビジネスでは，文化的側面と産業的側面のバランスが重要であり，バランスを保つために営利ビジネスと非営利ビジネスの二面性をもつことになる。

## 第4節　スポーツビジネスの特性

### ❶　スポーツの社会的・経済的インパクト

　スポーツビジネスに期待される社会的・経済的効果は，非常に多岐にわたる。山下＝原田編［2005］は，スポーツイベントを誘致・開催することや，プロスポーツクラブ球団を所有することによって，地域にもたらす社会的・経済的インパクトとして，①社会資本の蓄積，②消費の誘導，③地域連帯感の向上，④都市イメージの向上，の4点をあげている[39]。

① 社会資本の蓄積：スポーツイベントの開催に伴う社会資本としてのスポーツ施設や道路・公園・鉄道などの関連施設の整備。

② 消費の誘導：イベント開催時に，域外からの来訪者の消費によって生じる新たな経済的インパクト。

③ 地域連帯感の向上：スポーツイベントの開催に伴って生じる地域住民の連帯感。

④ 都市イメージの向上：スポーツイベントの開催や，プロスポーツの本拠地であることから生まれる情報発信によって向上する都市イメージ。

　さらに，原田宗彦編［1995］によれば，スポーツイベントの動員は，スポーツのもつ健康・明るさ・爽やかさ等のイメージを自治体や企業が求め，メディアがシンプルなイメージとして取り上げることによって，社会的・心理的効果を広め，そしてイベント実施による生産・産業誘発による経済効果を生むというプロセスがその基盤であるという[40]。

　図表1－7に示されるように，スポーツが社会的・経済的に及ぼすインパクトは，非常に大きく，多岐にわたる。堀繁＝木田悟＝薄井充裕編［2007］は，スポーツを核とした地域活性化の効果として，経済的効果よりも社会的効果を強調しており，スポーツイベントにおける効果についても述べている[41]。

　スポーツイベント開催におけるインフラとして整備された道路，鉄道，施設

図表1－7　スポーツの社会的・経済的効果

| 社会的効果 | 地域コミュニティ形成効果 | 地域住民の連携，住民・企業・行政の連携，住民側の連帯感の高揚，地域住民組織の形成など。 |
|---|---|---|
| | 地域アイデンティティ形成効果 | 住民の地域に対する帰属意識の高揚，スポーツの地域におけるシンボル化，情報発信による知名度・イメージの高まりなど。 |
| | 他地域との交流促進効果 | 国内の他地域や海外との交流の促進効果。 |
| | 人材育成効果 | スポーツ競技者，スポーツ指導者，ボランティア，地域活動のリーダーなどの人材育成効果。 |
| 経済的効果 | 施設・基盤・都市環境などの整備効果 | スポーツ施設および周辺の公園，施設までのアクセス道路・交通機関，町並みの景観などの整備効果。さらに，これによる経済的効果。 |
| | 経済・産業振興効果 | スポーツをシンボル化したキャラクターグッズや観光土産品の製造・販売，来訪者の増加による既存観光産業の振興効果。<br>スポーツの普及によるスポーツ用品などの製造・販売促進。<br>イベント等の入場料収入や飲食などの直接的な経済効果や雇用促進効果。 |

（出所）　国土庁・㈶日本システム開発研究所[1995]（堀繁＝木田悟＝薄井充裕編[2007]127頁，所収）

は，その後の国民生活の向上，すなわち社会的効果に資するので，経済あるいは産業のインフラとして機能してきた。すなわち，社会的効果と経済的効果を，別個のものとして捉えるのではなく，一体と捉えることができる。

今後のスポーツイベント開催による効果の発揮には，社会的効果と経済的効果を一体と考えた施策展開と，それらを連携させ，かつ活用した地域活性化に向けた具体的施策の実行が不可欠である[42]。

## ❷　収入形態の多様性

スポーツ組織における収入は，入場料，広告料，スポンサー収入，放映権料，物品販売，移籍金，補助金など非常に多様である。

武藤[2006]によれば，クラブチームには，① 顧客にチケットを販売する，② スポンサーから広告料を得る，という2つの大きな収入源がある。また，

クラブチームの特徴は，物品の販売，スクール収入，後援会費，さらには選手を移籍で出すことも重要な収入の機会となり，事業規模の割には収入の類型が多い[43]。

図表1－8に示されるように，スポーツビジネスにおける収入形態は，入場料（チケット）に依存するスポーツビジネスを例にとると，確実度の低い収入源によって，固定費比率の高い支出を賄っているという特異な財務構造である[44]。要するに，収入のほとんどが，その日の天気，その時のチームの状況，あるいは世の中の経済状況の好不況次第で左右されるため，確実性が低く，収入の変動性が大きい。ところが，支出は，契約した以上は法律上支払わなければいけないので，固定費比率が高い[45]。すなわち，支出の先行性が高いという特徴を有している。

したがって，収入面は，スポーツ競技の成果の不確実性を反映して不確実性が高い一方で，コスト面では，固定費事業の性格が強く，確実性が高い[46]。

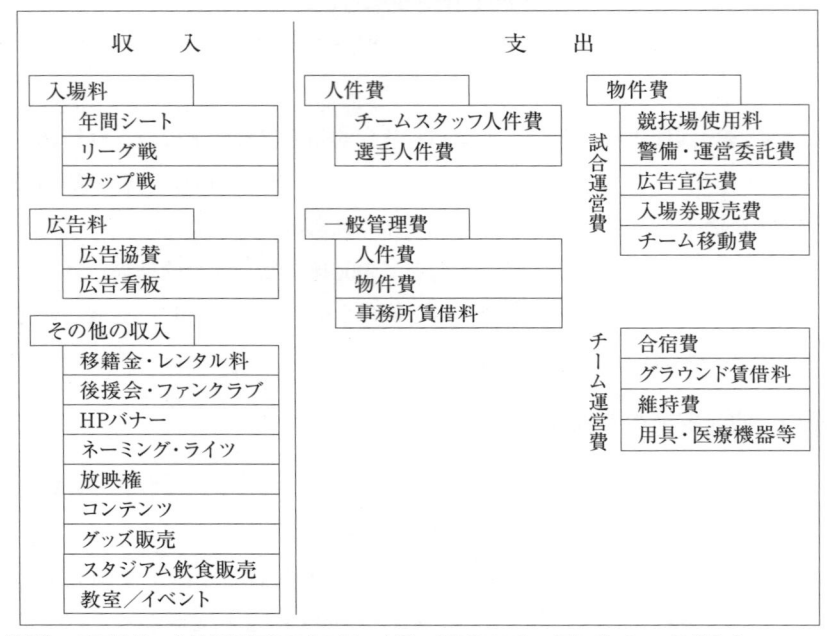

**図表1－8　特異な財務構造**

| 収　入 | 支　出 | |
|---|---|---|
| 入場料<br>　年間シート<br>　リーグ戦<br>　カップ戦<br>広告料<br>　広告協賛<br>　広告看板<br>その他の収入<br>　移籍金・レンタル料<br>　後援会・ファンクラブ<br>　HPバナー<br>　ネーミング・ライツ<br>　放映権<br>　コンテンツ<br>　グッズ販売<br>　スタジアム飲食販売<br>　教室／イベント | 人件費<br>　チームスタッフ人件費<br>　選手人件費<br><br>一般管理費<br>　人件費<br>　物件費<br>　事務所賃借料 | 物件費<br>　競技場使用料　　　　　　試<br>　警備・運営委託費　　　　合<br>　広告宣伝費　　　　　　　運<br>　入場券販売費　　　　　　営<br>　チーム移動費　　　　　　費<br><br>　合宿費　　　　　　チ<br>　グラウンド賃借料　ー<br>　維持費　　　　　　ム運<br>　用具・医療機器等　営費 |

（出所）　平田竹男＝中村好男編［2004］47頁，広瀬一郎編［2009］323頁に基づいて筆者作成。

ここにスポーツビジネスは，他の産業に比べて収益が安定しないという特性がある。したがって，いかに安定的な収益を上げるかが重要となる。

「収益」＝「収入」－「コスト」であるので，収益を安定させるためには，何よりもまず収入を安定させる必要がある[47]。試合は，本質的に勝敗が予測不能で不安定な要因である。換言すれば，興行としてのリスクをいかに低くするかがポイントである。個々のチームは，「負け続けても収入が減らない」工夫をし，安定した「集客」を確保することによって，顧客をリピーターにすることが極めて重要である[48]。

## ❸　ロングラン興行としての特殊性

スポーツビジネスは，興行としての特徴を保持している。しかし，スポーツビジネスは，他の興行とは異なり，ロングラン興行としての特殊性がある。映画などの興行は，興行がスタートしたと同時に興行としてのピークに到達する。しかし，スポーツの場合は，トーナメントやリーグ形式で興行がスタートするため，決勝戦，すなわち興行の終盤にピークを迎えることとなる。先述したように，スポーツビジネスにおいて，収益をあげることができるようになる時期が遅く，支出が収入に先行するという特徴は，興行の終盤にピークに到達するという特性に由来している。

興行には，リスクが高いという特性がある。特に，スポーツビジネスは，チームの勝敗が商品価値に直結しやすいので，いかに勝敗に左右されずにビジネスとして成立するかと同時に，こうしたリスクをうまく分散し，リーグを構成する各チームで負担することも重要である[49]。すなわち，リスクシェアが非常に重要となる。いかにリスクを分散し，安定的な収益を上げることができるかが，スポーツビジネスにおいて極めて重要である。

## 第5節　スポーツビジネスにおける諸問題

### ❶　国際政治とスポーツ

　スポーツの大衆化・高度化，さらにはメディアの発達によって，スポーツにおけるグローバル化が著しく進展してきた。

　従来，政治とスポーツは，一切関係性を有しないことが正しいとされてきた。しかし，実際には，政治とスポーツとは切り離せない関係にある。丸山富雄編[2000]によれば，スポーツと政治の関係には，どちらの目標を達成するための行為であるかという面からみると，① スポーツが主体的にその振興や支持，援助のために政治に働きかける場合と，② 政治がその目的のためにスポーツを利用する場合，の2つの側面がある[50]。具体的には，① 政治的宣伝（プロパガンダ）の手段，② ナショナリズムの手段，の2つがあげられる。

　1936年のベルリンオリンピックにおいて，ドイツ帝国としての拡大を目論んでいた国家の国威発揚と，イデオロギーや社会階級によって分裂しつつあった国民を1つにまとめようとして，ヒトラーがスポーツを利用した[51]。

　近年では，スポーツにおけるグローバル化の進行に伴って，一国における政治に留まらず，国際政治とスポーツとの関係性もますます大きくなってきている。具体的な例としては，1969年，サッカーの試合でエルサルバドルに敗れたホンジュラスが国交断絶を宣言し，隣国同士で戦闘状態に入ったことがあげられる。エルサルバドルとホンジュラスは，19世紀から国境紛争を続けてきたことが根底にあり，サッカーの試合が直接の契機となってサッカー戦争に突入した[52]。

　友添秀則＝近藤良享[2000]は，クーベルタン（Coubertin, P. D.）[1896]が再興した近代オリンピックは，国際主義と平和主義に代表されるオリンピズムの理想主義とは裏腹に，二度の世界戦争をはらみながら，そのときどきの国際政治を映しだす鏡であり続けたと述べている[53]。このように，政治とスポーツと

の間には密接な関係性がみられる。近年では，特に，国際政治とスポーツとの関係性が非常に大きくなってきている。

また，清川正二［1987］によれば，オリンピック大会は，IOCの独占的所有物であり，その主催者はIOCだけであって，他のものはなり得ない。そして主催者側であるIOCは，オリンピック大会を定期的（4年に一度）に確実に開催する責任があると述べている[54]。世界大会の開催によりスポーツの国際化とグローバル化が著しく進んでおり，政治とスポーツの関係性が改めて問われている。

## ❷ 経済環境とスポーツ

図表1－9に示されるように，経済成長率とは，実質GDPの対前年度増減率のことであり，経済規模がどれだけ伸びたかを示している。従来，日本におけるスポーツの発展は，企業スポーツが牽引してきた。しかし，バブル経済の崩壊前後から，名門企業スポーツチームを抱える企業が，経営のスリム化を図るために，スポーツ事業からの撤退を表明し，企業スポーツチームの休部や廃部が相次いでいる。

歴史的に見ても，企業スポーツは復活と降盛があった。1945年の敗戦とともに，日本のスポーツは復活した。職場スポーツは新たな米国流のレクリエーション思想の基に「職場体育」として再生され，企業スポーツでは，早くも1946年に都市対抗野球が再開された。

その後，職場スポーツが職域における民主的交流のシンボルとして奨励され発展し，それを背景に新たな企業チームも編成され，伝統の企業チームの復活にともなって実業団スポーツが活況を呈したのである。企業スポーツは企業のプライドを賭けた競争の場となり，学生スポーツを圧倒的に凌駕する力と人気を得たのである[55]。しかしながら，バブル崩壊以後，数々の名門企業がスポーツからの撤退を表明した。図表1－10に示されるように，経済環境（景気変動）は，スポーツ産業にとって非常に大きな脅威となった。

景気の低迷は，人々の嗜好品の購入をはじめとして，レジャー消費支出や「する」スポーツの回数を減少させ，スポーツ産業全体を連動させた形で低迷

図表1-9　経済成長率の推移と企業スポーツの休・廃部数推移

（注）　株式会社スポーツデザイン研究所調べ
（出所）　内閣府統計局，杉山茂＝岡崎満義＝上柿和生編[2009]77頁。

させている[56)]。つまり，スポーツ産業は，経済環境（景気変動）に影響されやすい産業であるといえる。換言すれば，スポーツビジネスは，不確実性が高く，リスクが大きいビジネスであるといえる。

　バブル崩壊後は，各地域とも経済開発や経済振興の決定打を欠いた状態が続いている。その中でスポーツを手掛かりにした地域経済振興が注目される。高度経済成長期を通じて日本の地域コミュニティは衰退したため，今日では人々は人間らしい「ゆとり」，「ふれあい」，「いやし」のある生活を求めるようにな

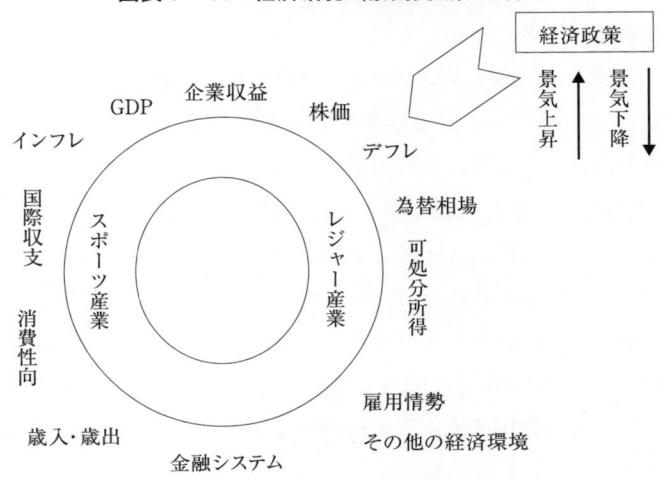

**図表1−10 経済環境（景気変動）の脅威**

```
                              ┌─────┐
                              │経済政策│
                              └─────┘
         GDP  企業収益          景 景
                              気 気
    インフレ      株価         上 下
                 デフレ       昇 降
  国                         
  際   スポーツ   レジャー  為替相場
  収    産業      産業     可処分所得
  支
  消費性向
                           雇用情勢
    歳入・歳出              その他の経済環境
            金融システム
```

（出所）渡辺保[2004]168頁。

り，スポーツのもつ魅力に再び注目が集まり始めている[57]。

## ❸ 現代社会とスポーツ

「スポーツは社会の縮図である」という言葉があるように，スポーツは，現代社会そのものを表しているといっても過言ではない。

黄順姫編[2003]によれば，オリンピックやワールドカップは，社会を映しだす鏡であり，われわれは，その鏡を通して社会のありさまをみつめ，社会を把握することができる。ワールドカップの社会学的分析は，サッカー大会そのものだけでなく，それを氷山の一角とみなして，水面下に潜在している社会をも解明することである，と述べている[58]。

現代社会の特徴として一般に，① 都市化・産業化等による自然環境の破壊，② 生活の機械化等による身体的運動不足の蔓延，③ 合理化・効率化等による精神的ストレスの増大，それらを総合した健康不安の増大と偏在化，などがあげられる[59]。このように，健康問題がよく取り上げられる現代社会において，スポーツに期待される役割は非常に大きい。

しかし，薬物の濫用，麻薬，ステロイド，暴力，ギャング，人種的差別問題，

ギャンブルや賄賂，NCAA規則の違反，契約破りのような社会病理など，スポーツの暗い側面も多く存在する[60]。

　例えば，東西ドイツのベルリンの壁の崩壊前から，藤井政則[1998]によれば西側への亡命選手やコーチによるドーピング暴露が盛んに報道されるようになった。その内容は，13歳からの国家的ドーピングの強制やドーピング禍による異常出産，100人以上にも及ぶとされる薬物使用による死亡等々である[61]。スポーツも，社会の変化に伴って，柔軟に変化していくことが求められている。

　谷口源太郎[2009]によれば，「スポーツにおいても，人間の尊厳を認め合い，尊重し合えるような平和な社会づくりへの貢献に世界的な期待がかけられている。日本のスポーツ活動においても，自国中心の国家主義を根本から改め，国際主義に基づく海外諸国の人々との協働や連帯に力を注ぐ必要がある」[62]。スポーツの社会に与える影響は極めて大きいといえる。

**注)**
1) 種子田穣[2002]6頁。
2) 山下秋二＝原田宗彦編[2005]30頁。
3) 同上書[2005]30頁。
4) 山下秋二＝中西純司＝畑攻＝冨田幸博編[2006]23頁。
5) 山下秋二＝畑攻＝冨田幸博編[2000]25頁。
6) 広瀬一郎[2005]34頁。
7) 日本生産性本部[2010]49頁
8) 広瀬一郎[2000]100頁。
9) Parkhouse, B. L.[1991]訳書14頁。
10) 種子田[2002]16頁。
11) 『東洋経済，2010.05.15』34頁を筆者が一部加筆。
12) 広瀬[2005]6頁援用。
13) 渡辺保[2004]41頁。
14) 全国大学・短期大学実務教育協会編[1999]21頁。
15) 平田竹男＝中村好男編[2009]11頁。
16) 菊幸一＝清水諭＝仲澤眞＝松村和則編[2006]108頁。
17) SSF笹川スポーツ財団[1996]16-20頁。
18) 堀繁＝木田悟＝薄井充裕編[2007]50-51頁。
19) 同上書[2007]52頁。
20) 菊＝清水＝仲澤＝松村編[2006]91頁。

第 1 章　スポーツビジネスの意義

21）平田竹男＝中村好男編［2005］13-17頁。
22）谷塚哲［2008］216頁。
23）広瀬［2000］234-241頁。
24）内海和雄［2004］15-17頁。
25）佐伯年詩雄［2006a］47頁を一部修正。
26）種子田穣［2007］14頁。
27）広瀬一郎編［2009］42頁。
28）種子田［2007］128頁。
29）種子田［2002］14頁。
30）山下＝中西＝畑＝冨田編［2006］25頁。
31）岸川善光［1999］16頁。
32）広瀬［2005］46頁。
33）武藤泰明［2006］38頁。
34）同上書42頁。
35）同上書52頁。
36）広瀬編［2009］82頁。
37）大鋸順［1999］16-18頁。
38）原田宗彦＝小笠原悦子編［2008］134頁。
39）山下＝原田編［2005］58-59頁。
40）原田宗彦編［1995］66頁。
41）堀＝木田＝薄井編［2007］127頁。
42）同上書129頁。
43）武藤［2006］74-75頁を一部修正。
44）平田竹男＝中村好男編［2004］48頁。
45）同上書49頁。
46）広瀬編［2009］60頁。
47）広瀬一郎編［2006］15-16頁。
48）同上書。
49）広瀬［2005］20頁。
50）丸山富雄編［2000］54頁。
51）水野和英［2001］80-85頁援用。
52）同上書174頁。
53）友添秀則＝近藤良享［2000］203-204頁。
54）清川正二［1987］11頁。
55）佐伯年詩雄［2004］33-34頁。
56）渡辺［2004］167頁。
57）同志社スポーツ政策フォーラム［2001］163頁。
58）黄順姫［2003］ⅱ-ⅲ頁。

59）菊＝清水＝仲澤＝松村編［2006］104頁。
60）Parkhouse, B. L. ［1991］訳書275頁。
61）藤井政則［1998］12-13頁。
62）谷口源太郎［2009］15頁。

# 第 2 章
# スポーツビジネス論の生成と発展

　本章では，スポーツビジネス論の生成と発展過程について考察する。具体的には，時系列的にスポーツの生成と発展段階を追うことにより，スポーツが内包する文化的な側面などを捉えつつ，現在，スポーツビジネスが非常に重要な分野になっていることを理解する。

　第一に，古代スポーツの生成について考察する。まず，先史時代から古代にかけてのスポーツについて理解する。次に，古代文明におけるスポーツの役割について言及する。さらに，古代オリンピックの機能について理解を深める。

　第二に，中近世時代のスポーツについて考察する。まず，中世スポーツについて身分制度との関係性に焦点をあてて，理解を深める。次に，近代スポーツの大衆化について言及する。さらに，スポーツと教育の関連について概観する。

　第三に，現代社会におけるスポーツについて考察する。まず，現代のスポーツの特徴としてあげられるスポーツの情報化に焦点をあてて，理解を深める。次に，政府によるスポーツ政策について理解する。さらに，スポーツの経済的なインパクトについて言及する。

　第四に，国際的なスポーツイベントについて考察する。まず，スポーツイベントが地域に与える影響について理解する。次に，国家に与える影響について理解を深める。さらに，現代におけるスポーツと政策の関係性について言及する。

　第五に，スポーツビジネス論に向けた発展について考察する。まず，スポーツの役割の変遷について理解を深める。次に，日本のスポーツビジネスの歴史について言及する。さらに，社会的な関わりを基に，スポーツビジネス論の生成と発展について理解する。

## 第1節　古代スポーツの生成

### ❶　先史時代から古代エジプトにかけてのスポーツ

　未開時代にも，すでにスポーツイベントやダンスは存在していた。未開時代におけるダンスは，漠然とした状況を真似る「身振り言語」の機能をもっており，コミュニケーションの手段として用いられていた[1]。これらのスポーツの起源としては，①労働起源論，②遊戯起源論，③宗教起源論，の3種類の学説が存在する[2]。しかし，まだ統一された見解は存在しない。

　スポーツが行われた理由は，①狩猟に向けたトレーニング，②余暇を楽しむための娯楽，③神に捧げる儀式，のいずれかである。これらのスポーツは，狩猟・採集といった生活時間外に行われていた。しかし，未開時代において，狩猟と採集にかかる時間が明確にされていないことから，人々がどれほどの余暇をもっていたのか，またどれほどスポーツを行っていたのかは不明である。

　未開時代の余暇について，稲垣正浩＝谷釜了正編[1995]は，「経済生態学の研究から，未開社会における成人男女の狩猟と採集に費やす時間は，1日平均3時間であった。残りの時間は，余暇としてスポーツを楽しんだ。この時代には，すでに動物を使ったスポーツとモータースポーツを除くすべての種類のスポーツが存在した」と述べている[3]。

　日本体育学会監修[2006]によれば，先史時代は，「初めの豊かな社会といわれるように，人々は多くの生産・生活以外の時間をもっており，その時間のなかで，様々なスポーツ（ボールゲーム，格闘技スポーツ，走・跳・投スポーツ，空・水・雪のスポーツなど）を開発し楽しんでいた」と指摘している[4]。

　未開時代において，スポーツは，日常生活の中でも大きな割合を占めていた。古代に入ると各地で特色のある文明が生まれた。古代文明では，先史時代の宗教性や呪術性を色濃くとどめながら，スポーツが文化として独立した。

　古代エジプト文明は，スポーツにおける①宗教的側面，②娯楽的側面を残

しつつ，③政治的側面という新たな側面を創出した。政治的側面の例として，王の威厳や威光を，スポーツを介して民衆に伝えていたことがあげられる。

また，エジプトでは，水泳や狩猟などのスポーツが娯楽としてすでに存在した。水泳は，ナイル河とその支流を利用して盛んに行われた。貴族の間でも人気があり，最盛期には各家庭にプールが設置されていた。狩猟は王や貴族の間で人気があった[5]。狩猟は，先史時代のように生きる糧を得るための行為ではなく，古代以降は娯楽として楽しまれた。

古代エジプトは，外敵に有利な立地であった。そのため，他の古代文明と比較して，軍事的な身体訓練は，重要視されていなかった。古代ギリシア文明や古代ローマ文明に見られるような，軍事教育の一環としてのスポーツは，あまり存在していなかったと推察される。

上述したように，未開時代のスポーツは，余暇を過ごすために開発されたものであった。古代エジプトの時代になると，食料の貯蔵が可能となり，生活の糧を得るための狩猟が必要ではなくなり，トレーニングとしてのスポーツは行われなくなった。さらに，新たに政治的な目的がスポーツに付与された。

## ❷ 古代ギリシアと古代ローマにおけるスポーツ

古代には，様々な文明が栄えていた。文明ごとに，スポーツの形態も様々であった。古代ギリシアでは，近代オリンピックの種目や，世界中のいたるところで親しまれている近代スポーツの原点となるスポーツが盛んであった[6]。例えば，古代ギリシアで発生したスポーツ競技会の種目を概観すると，①レスリングやボクシングなどの戦闘行為を基にしたスポーツ，②競走などの狩猟行動を基にしたスポーツ，③槍投げなどの戦闘行為・狩猟行動の両方を基にしたスポーツ，があげられる[7]。

古代ギリシアにおけるスポーツの種目は，ほとんどが国家・部族間における戦争や狩猟に直結したものであった。なぜならば，古代ギリシア文明は，スポーツを軍事的訓練として考えていたからである。

その後，紀元前6世紀から5世紀まで，都市国家（ポリス）が形成されるようになった。そこで，軍事訓練としてのスポーツを継続したスパルタと，軍事

**図表2－1　古代スポーツの特徴**

|  | スポーツの方針 | 特徴 |
|---|---|---|
| 古代エジプト | 知育重視 | 貴族のスポーツが存在 |
| 古代ギリシア | 軍事訓練（スパルタ）<br>教育・宗教的（アテネ） | 都市国家ごとのスポーツ文化 |
| 古代ローマ | 軍事訓練＋娯楽 | 巨大闘技場の開発 |

（出所）　筆者作成。

訓練から教育・宗教としてスポーツを転換させたアテネについて概観する。

スパルタでは，7歳から30歳までは軍隊での訓練を強制された。さらに，佐竹弘靖[2009]によれば，スパルタでは，軍事訓練に加えて，① 槍投げ，② レスリング，③ 走競技，④ 水泳，などの身体鍛練種目の練習を強制された[8]。その成果として，紀元前720年に行われた競技会では，スパルタが81種目中40種目以上を独占したと記録されている。

アテネでは，① 文武両道，② 自然の美と肉体の美しさの調和，という教育目標や生き方の理想像が存在した[9]。そのため，足の速さや格闘技の強さには，軍事訓練というよりも，教育的，宗教的な意味合いがあった。

上述したように，古代ギリシア文明では，ポリスごとに異なるスポーツ文化が形成された。アテネのように，スポーツに軍事訓練の他にも意味をもたせることにより，スポーツは，多様性を帯びた文化の一部に変化した。

古代ローマ文明では，スパルタと同様に，スポーツは，軍事教育の一環として行われていた。古代ローマ文明において，有名な建造物として，コロッセウムのような巨大円形闘技場があげられる。巨大円形競技場で行われる剣闘士同士の試合や，猛獣対人間のような試合は，娯楽のショースポーツとして民衆に提供された。

しかし，円形闘技場には，市民に対する娯楽の提供の他に，① 戦闘の準備，② 皇帝の威光を示す，③ 政治的対話の場のような政治的意図が存在した[10]。

このように，古代文明では，スパルタの軍事訓練や，アテネの教育・宗教の一部として普及したスポーツのように，地域ごとに異なるスポーツ文化が発展した。そして古代ローマのように，都市を統治する支配層は，スポーツを都市

経営の道具として利用していた。

## ❸ 古代オリンピック

　古代ギリシア文明の中で成立した古代オリンピックは，主神であるゼウスを称えるために，オリンピアの聖地で4年ごとに開催された祭典競技大会である。紀元前776年から1,169年間続いたとされている。

　古代オリンピックが1,000年以上も続いた理由として，オリンピックがゼウス神に捧げるための祭典であったことがあげられる。さらに，古代における祭典・神事といった宗教的な側面を保ちつつ，各国交流の場など文化面へ向けての発展や，優勝者に対する賞などにみられるように，世俗化していったことが大きな要因である[11]。

　初期の古代オリンピックは，宗教的側面が強く，1日だけの祭典であった。

**図表2－2　古代オリンピックと現代オリンピックの違い**

|  | 古代オリンピック（最盛時） | 現代オリンピック（2004年） |
| --- | --- | --- |
| 日数 | 5日間 | 17日間 |
| 開催年 | 前776～後393年 | 1896年～ |
| 開催回数 | 293回 | 28回（2004年） |
| 競技種目数 | 走，投，五種競技，格闘技，戦車競走，競馬など23種目 | 陸上競技，水泳，サッカーなど28競技301種目 |
| 参加地域 | ヘレニズム世界（ヨーロッパ，中近東，アフリカ北部） | 全世界で202ヶ国地域 |
| 主競技場の観客数 | 約4万人 | 約7.5万人 |
| 主催 | 都市国家エリス | 国際オリンピック委員会と開催都市組織委員会 |
| 女性 | 参加不可 | 第2回から参加，半数に近づく |
| 場所 | オリンピアの競技場 | 都市の持ち回り |
| 優勝者に対する賞 | 野生のオリーブの葉冠 | 金メダル |
| 理念 | ゼウス神のための祭典<br>善にして美しい人間を理想 | 平和と友好の祭典（オリンピズム）<br>スポーツマンシップを理想 |
| アスリートの規則 | アスリートは裸体<br>選手の出身地の変更を禁止 | ドーピングの禁止<br>八百長の禁止 |

（出所）　田口貞善編［2007］93頁。

しかし、中期になると参加国数が増加し、5日間の大競技会となった。オリンピックの前後1ヵ月は、全ての戦争は中止となり、競技の優勝者には、オリーブの冠が授けられ、さらに優勝者は、自身の像を神域に残すことが許された。

末期では、多くの国において、オリンピック優勝者に報奨金を支給することが立法化された。古代オリンピックにおいて、すでに賞金という概念が存在していたのである。しかし、賞金が発生したことにより、勝利至上主義が横行し、優勝者には、巨額の報酬が約束されるようになった。生活の糧として競技に挑戦する選手が現れ始めた。同時に、審判を買収する選手や、八百長問題が発生した[12]。

佐竹［2009］は、古代オリンピックの役割として、①開催前後3ヵ月の戦争休止による旅の安全の確保、②古代オリンピック開催の集客による市場の活性、③地方の特産品を交換する交易の場としての働き、④情報の交換、をあげている[13]。つまり、古代オリンピックは、近代オリンピックと同様に、①経済的、②勝利至上主義、③世俗的、という側面をもったことがわかる。また近代オリンピックとは異なり、①宗教的、②休戦の約束、③情報交換の場、の側面も併せもっていることがわかる。

上述したように、古代オリンピックは、経済的に見ても非常に優れた役割を担っていた。しかし、世俗化したことにより、報奨金を目当てとした不正の横行などによる腐敗が進んでしまった。

# 第2節　農業社会から工業社会におけるスポーツ

## ❶　中世スポーツ

中世において、政治的特権をもっていた貴族などの上層階級と、身分に自由のない生産者（農民）などの下層階級といった二元的な社会構造が明確になってきた[14]。中世の社会は封建的身分制度であったため、スポーツにも身分的

に制限されている競技が数多く存在した。

例えば，図表2-3に示されるように，中世ヨーロッパでは，①貴族，②市民，③農民，という3つの階層に分かれて，異なるスポーツが行われた。貴族の中で，騎士という身分が成立したのは12世紀である。騎士は，幼少期から厳しい教育を施された。11世紀後半のフランスで競技方法が成立した馬上槍試合には，試合の他にも騎士あるいは従者による槍的突き，槍投げ，跳躍，徒競争などが実施され，夜には宴会と舞踏会が開催された[15]。

中世ヨーロッパの都市の中で生活する人の多くは市民である。市民の中でも，①市民権をもつもの，②もたないもの，といった格差が存在した。特に，市民の中でも上流階級に属する者たちを都市貴族と呼んだ。都市貴族は，馬上槍試合や競馬など，貴族的な生活を模倣した。他方，市民の中でも階級の低い職人の徒弟や奉行人は，剣術，フットボール，九柱戯（今日におけるボーリングの起源），などを楽しんだ[16]。

農民の身分が成立したのは12世紀である。貴族が裕福な生活を送っていたのに対して，農民は，厳しい生活を余儀なくされていた。しかし，祝日には，徒競走，石投げ，跳躍，競馬，格闘，水泳，スケートなど様々なスポーツを楽しんだ。九柱戯やフットボールは，農民たちがもっとも愛好したスポーツであ

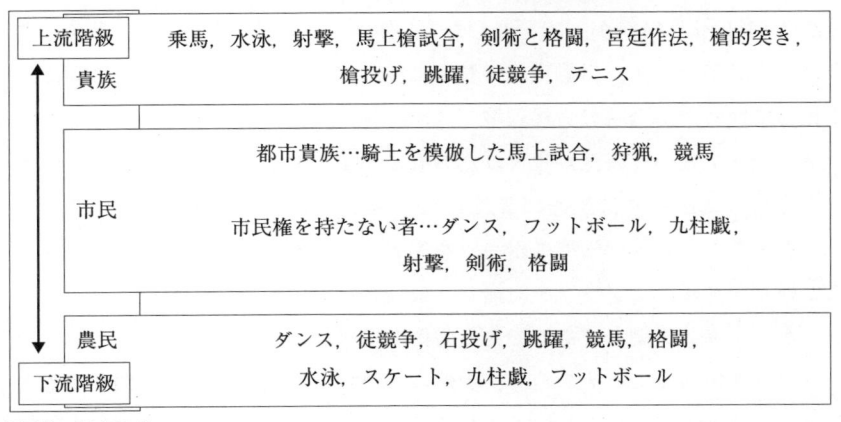

**図表2-3 中世ヨーロッパにおける階級別スポーツ**

| 階級 | | スポーツ |
|---|---|---|
| 上流階級 | 貴族 | 乗馬，水泳，射撃，馬上槍試合，剣術と格闘，宮廷作法，槍的突き，槍投げ，跳躍，徒競争，テニス |
| | 市民 | 都市貴族…騎士を模倣した馬上試合，狩猟，競馬 |
| | | 市民権を持たない者…ダンス，フットボール，九柱戯，射撃，剣術，格闘 |
| 下流階級 | 農民 | ダンス，徒競争，石投げ，跳躍，競馬，格闘，水泳，スケート，九柱戯，フットボール |

（出所）筆者作成。

る[17]。図表2-3に示されるように，上流階級の人々は，動物を扱うような金銭的負担の大きい競技を楽しみ，下流階級の人々は，大掛かりな設備や道具を必要としない競技を楽しんでいることが明らかである。

中世では，封建制度のため身分・階級によって異なるスポーツが盛んであった。しかし，全ての人が同じスポーツを楽しむことができなかったために，中世では，スポーツの大衆化，多様化が遅れた。

## ❷ 近代スポーツ

近代スポーツは，英国で誕生し，その後世界各国に普及した。換言すれば，近代スポーツの源流は，英国にあるといえよう。内海和雄[2009]は，その理由として，「英国は，他国よりも封建制の統治が緩く，市民に多様な経験をする機会があったため」と指摘している[18]。

中世の封建貴族たちの鷹狩り，鹿狩りなどは，都市部では行えないスポーツであった。英国では，産業革命に際してブルジョワジー[19]と呼ばれる階級の支配が強まり，都市部に住むブルジョワジーに適応したスポーツが創出された。こうして生まれた都市部で楽しめる近代スポーツの多くは，世界各国に伝播し，現代でも楽しまれているスポーツの源流となった。

ブルジョワジーによって，スポーツは，伝統的民族スポーツのもっていた農村的な側面（土着性，土俗性，祝祭性）を排除し，近代都市的な側面（産業化，規格化，秩序化）に向かって発展したといわれる[20]。図表2-4に示されるように，産業革命以後，労働環境の整備に伴って，スポーツは合理化に向かって変化していった。当時の労働環境とスポーツが密接に関わっていたためである。

アマチュアという概念が生まれたのもこの頃である。ブルジョワジーの出現によって，スポーツは急速に普及した。ブルジョワジーの子供たちは，パブリック・スクールや大学でスポーツを楽しみ，やがて卒業して全国に散り，そこで様々なスポーツクラブを組織し，競技会を開催した[21]。

しかし，肉体労働者であるである労働者階級は，日常の労働がスポーツのトレーニングにもなる。そのため，労働者が競技会に出ると上位を独占するようになった。内海[2009]によれば，労働者階級が競技会の上位を独占する事態を

図表2-4　近代スポーツの流れ

| 産業革命 | ⇒ | 英国の特徴 | ⇒ | ブルジョワジーの出現 | ⇒ | 近代スポーツの誕生 |
|---|---|---|---|---|---|---|
| ・労働力の確保<br>・織物機械の発明，改良<br>・交通，運輸，機関の発達<br>・急激に都市化，工業化が進展 | ⇒ | ・緩い封建制度<br>・資本主義化<br>・社会の活発化に対応する文化の必要性<br>・社会不安の除去のための地域統合策 | ⇒ | ・伝統的民族スポーツのもっていた農村的な側面（土着性，土俗性，祝祭性）を排除。<br>↓<br>・近代都市的な側面（産業化，規格化，秩序化）に向かって発展。 | ⇒ | ・近代スポーツが誕生<br>↓<br>全国的に伝播<br>↓<br>競技会の発足<br>・アマチュアリズムの台頭<br>↓<br>・真の大衆化には課題 |

（出所）　筆者作成。

快く思わなかったブルジョワジーは，労働者階級を競技会から排除する方策として，アマチュア規定を確立した[22]。

しかし，労働者階級を排除しようとしたこの運動により，近代のスポーツは真の大衆化を果たせなかった。近代において，スポーツがスポーツビジネスに発展しなかったのは，中世と同様に，差別が存在していたからである。

## ❸　スポーツと教育

近代スポーツの歴史で重要な人物として，1828年から1842年にかけて英国のパブリック・スクール・ラグビー校の校長を務めたアーノルド（Arnold, T.）があげられる[23]。

英国において，19世紀以前のスポーツは，子供らの気晴らしや暇つぶし程度のもので，現在のように，教師が介在する教育としての意味はなく，上級生を中心とする自主的な活動であった[24]。ルールも確立されておらず，①暴力的な試合によって致命傷を負う事件が発生する，②上級生から下級生に対するいじめの場となる，といった問題が発生していた[25]。当時のフットボールのルールでは，禁止事項として「致命傷を負わせるために靴の先に鉄や鋲を仕込むことは禁止」ということが書かれており，相手を蹴ることはルールの範囲で許可されていた。

上述したように，当時，学生にとって「暴力的な娯楽」であったスポーツを，

アーノルドは，ルールの整備を中心に，①フェアプレー精神，②ルールの遵守の徹底，を行うことによって道徳教育に利用した。道徳教育にスポーツを利用することにより，新たな秩序と感動に満ちた学校生活を実現させようとしたのである[26]。

パブリック・スクールにおいて，アーノルドのようにスポーツを教育の手段として利用することが有効な手段だと考えられるようになるのは，アーノルドの次の世代にあたる1850年頃から1960年代にかけてのことである[27]。この時代になると，スポーツの組織ないし企画は，学生の自治に任され，学生に対する援助も活発になった[28]。このように，近代におけるスポーツは，暴力的側面が排除されて，より現代的なスポーツへ向けて発展していった。

1970年には，同じく英国のロース（Roth, M.）が，体操を初等学校のカリキュラムに組み込むべきであると提唱した。さらに，ロースは，体操を「読み」，「書き」，「算術」のスリー・アールズと呼ばれる教育と同等の位置づけにすべきであると主張した。

ロースの主張の目的は，情操教育としての体育ではなく，初等学校において，用具を必要としない運動をカリキュラムに組み込むことにより，①人々の中に身体的な力を増加させること，②脊柱の湾曲をはじめとする病気の減少，③子供や青少年の死亡率の減少，といった多くの健康上の利点を体操によって子供たちに提供する目的があった[29]。

さらに，アーノルドの教育に感化を受けた人物として，フランスのクーベルタン（Coubertin, P. D.）があげられる。クーベルタンは，人類の世界平和のためにスポーツを役立てることを考え，1894年に国際オリンピック委員会（IOC）を創立し，世界教育運動を意図してオリンピック競技会を1896年に創始した人物である[30]。

## 第3節　現代社会におけるスポーツ

### ❶ スポーツの情報化

　本項では，メディアがスポーツに与えた影響について考察する。スポーツは，世界中で親しまれている。その中でも，テレビを中心としたメディアを介する「メディアスポーツ」の普及は，スポーツの大衆化に一役買ったといえよう[31]。

　現在，日本では，ほとんどの家庭にテレビが設置されており，自宅からニュース，バラエティ，スポーツなど，個々人の趣向に合わせた番組が提供されている。そのため，スポーツは急速に広まり，大衆娯楽として位置づけられるようになった。図表2－5に示されるように，テレビでのスポーツ観戦率は，どの年齢層を見ても9割を超えている[32]。一方，実際に球場に赴いて試合を観戦する（ライブでのスポーツ観戦）人の割合は，テレビでのスポーツの観戦率を大きく下回っている。現代では，テレビでスポーツを観戦する方が，実際に球場に足を運んで観戦するよりも，人気があることがわかる。

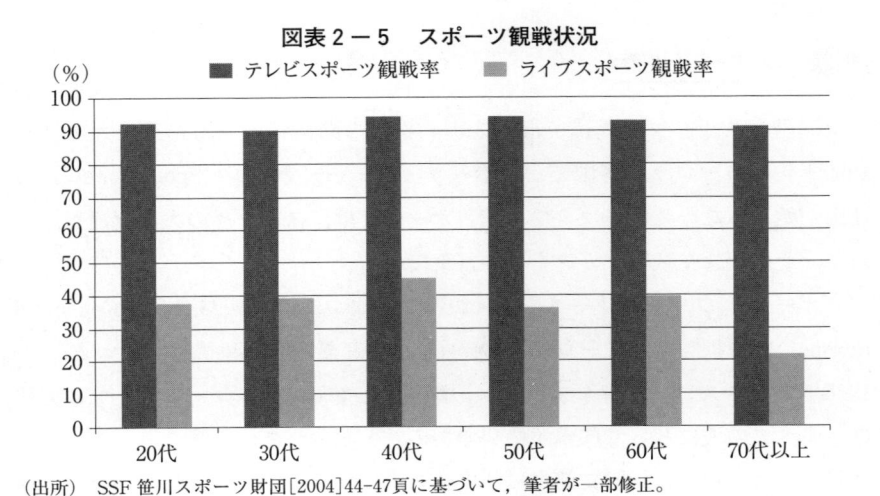

図表2－5　スポーツ観戦状況

（出所）　SSF笹川スポーツ財団［2004］44-47頁に基づいて，筆者が一部修正。

財団法人日本プロスポーツ協会に加盟するプロスポーツ団体において，2004年の観客動員数は，およそ8,388万人であった[33]。観客動員数は，5年前と比較した場合，Jリーグが97.8％増加し，他方，大相撲は26.6％減少した。

　上述したように，観客動員数が減少し，テレビでのスポーツ観戦率が上昇したことは，多くの企業にとって新たな広告形態が出現したことを意味する。新たな広告は，企業からみれば，スポーツのもつ良いイメージを利用して，不特定多数の観戦者に対し，企業名を広めることができる。そのため，スポンサー活動は，多くの企業間で活発化し，放送権料の高騰をまねく一因となった。

　例えば，Jリーグでは，1997年の放送権料が20億5,600万円であったのに対し，2004年では49億7,800万円まで高騰している[34]。それに伴い，スポーツの収入源は，テレビ登場以前と比較して，入場料収入中心から放送権料収入中心に転化した。

　プロスポーツを提供する企業は，スポーツの観客動員数が，メディアによる視聴者数より圧倒的に少ないことを意識して，テレビの前の観客をスタジアムに誘う手段を検討する必要がある。重要なことは，スタジアムの動員数を増やすことで，テレビでの観戦率を減少させるようなトレードオフの関係にならないように，テレビでのスポーツ観戦率とライブでのスポーツ観戦率の両立を図ることである。

## ❷　スポーツ政策

　上流階級スポーツと農民・市民スポーツとの間に存在する格差に対して，1960年代のヨーロッパ各国で，スポーツ・フォー・オール（Sports for All）の運動が始まった。スポーツ・フォー・オールとは，スポーツの大衆化運動，または，その理念やスローガンをさす言葉である。

　スポーツ・フォー・オール運動は，1972年にヨーロッパ会議（Council of Europe）が採択した「ヨーロッパSports for All憲章」に象徴されている[35]。1978年のユネスコ「体育・スポーツ国際憲章」には，「体育・スポーツの実践は，すべての人にとって基本的権利である」と記されている[36]。

　日本では，1984年，旧文部省に「生涯スポーツ課」が設置された。設置以前

は，各自治体の社会体育係や，スポーツ振興係などが地域のスポーツを支えていた。「生涯スポーツ課」が設置された後は，生涯スポーツという大きな理念の下で，スポーツ政策が実施されるようになった。

日本のスポーツ政策は，経済や社会の変化に対応して実施されてきた。2000年には，「スポーツ振興基本計画」が発表され，① スポーツの振興を通じた子どもの体力の向上方策，② 生涯スポーツ社会の実現に向けた，地域におけるスポーツ環境の整備充実方策，③ 国際競技力の総合的向上方策，という3つの方策の実践を強調した[37]。

他にも，政府は，① 障害者スポーツ支援基金の創設（1998），② スポーツ振興投票法の成立（1998），③ サッカー・ワールドカップ大会の日韓共同開催（2002），などを実施した。これらは，今まで社会的弱者としての扱いを受けてきた女性・障害者・高齢者・低所得者・病人を対象としたスポーツや，スポーツによる異文化交流を目指した政策である[38]。

スポーツによる健康促進も，政策決定の重要な指針となる。運動不足の改善により，米国では心臓病による死亡者数が減少傾向にあることが確認されている。また，心臓病死亡者の6割は，高血圧，高コレステロール，喫煙，運動不足の改善によって死を免れた可能性がある。近年，日本での心臓病による死亡率は，増加の一途を辿っている。日本でも，運動不足の改善を政策的に指導することにより，国民の健康を守ることができる[39]。

また，万井正人[1983]によれば，スポーツは，劇薬のごとく，使い方次第では，毒にも薬にもなる[40]。スポーツの不適正な実行は，結果的に体力の低下を招いたり，交通事故の原因となる。

上述したように，スポーツ政策は，社会の変革に対応しつつ，変容を続けてきた。現代でも，スポーツ政策は，社会情勢を反映しつつ変化していく必要がある。現在の日本は少子高齢化が進展しつつあり，子どもの減少による体育のあり方，また，部活動の存続などの問題があげられる。高齢化に対しては，普段から身体を動かす機会を与え，体力の保持，健康増進などの点も考慮しなければならない。同時に，各年代の人々に対し，過度な運動を推奨して健康被害を及ぼさないように，適切な運動量の目安を設ける必要がある。

## ❸ スポーツの経済的インパクト

　世界のスポーツビジネス市場は，年間約6%の成長を続けており，2012年には約14兆1,000億円に到達すると推計されている[41]。世界におけるスポーツ産業が大規模化している中，スポーツにおける経済効果は，無視できないほど大きなものとなりつつある。

　国内でのスポーツ産業の大きさを示す指標として，国内スポーツ総生産（Gross Domestic Sport Product : GDSP）が存在する。GDSPとは，「1年間に国内で生産されたスポーツプロダクトの付加価値の総額」である[42]。スポーツプロダクトは，スポーツ用具のようなスポーツグッズ（物財），フィットネスクラブやプロスポーツの興行，メディアによるスポーツ情報の提供といったスポーツサービス（サービス財）によって構成される。図表2－6に示されるように，わが国のGDSPは，2003年の推計値で9兆6,371億円である。GDPに占めるGDSPの比率は1.9%であった[43]。これは，農林水産業の1.6%よりも大きな割合を，スポーツプロダクトが占めていることを示している。

　また，近年では，スポーツが健康に良い影響を与えるため，家計における医

図表2－6　わが国のGDSP（2003年度推計値）

| 大項目 | 中項目 | 金額（億円） | 構成比（%） |
|---|---|---|---|
| 物財（用品用具） | 小売市場 | 21,024 | 21.8 |
| サービス財 | 興行団 | 3,689 | 3.8 |
| | 施　　設 | 32,923 | 34.2 |
| | 賃　　貸 | 283 | 0.3 |
| | 旅　　行 | 15,172 | 15.7 |
| | 教　　育 | 15,999 | 16.6 |
| | テ レ ビ | 1,876 | 1.9 |
| | 新　　聞 | 3,061 | 3.2 |
| | 書籍・雑誌 | 1,875 | 1.9 |
| | ゲーム・ソフト | 469 | 0.5 |
| 合　　計 | | 96,371 | 100.0 |

（出所）　SSF笹川スポーツ財団[2006a]128頁（早稲田大学スポーツビジネス研究所[2004]参照）。

第2章　スポーツビジネス論の生成と発展

療費負担を軽減することを実証した研究が発表された。1997年に，カナダ政府の外郭調査研究機関は，スポーツの実施と国民医療費の関係を詳細に分析し，スポーツと医療費の関係について有用な結果を報告した。そのリポートによれば，カナダの心疾患治療のための直接費用は，1993年で23億2,500万カナダドルであるが，日頃身体活動に積極的に取り組んでない国民の割合を1%減少させることによって，その年間コストを1,023万3,000カナダドル節減できると指摘している[44]。

上述したように，スポーツは，成長産業の1つであり，現在すでにGDPの2%近くを占める産業である。それだけでなく，スポーツ振興は，国内での医療費との関わりをもつなど，経済面以外でのメリットも多く存在する。

## 第4節　国際的スポーツイベント

### ❶　スポーツイベントが地域に与える影響

上述したように，世界のスポーツ市場は成長を続けている。スポーツ市場の成長を牽引しているのは，五輪，ワールドカップの2大世界イベントと，欧州サッカー，メジャーリーグ，アメフトなどのプロリーグである[45]。

本節では，国際的スポーツイベントについて考察する。国際的スポーツイベントとは，世界中の様々な国が参加するスポーツイベントを指す。

スポーツイベントを開催する地域には，①中央政府，地方政府，FIFA等からの公共投資，②外国人観光客が支払う滞在経費，の2つの経済効果が期待される[46]。スポーツイベントによって開催される効果は，これらの経済的影響だけでなく，社会に対する影響も存在する。イベントの大きさや規模によって，得られる効果は大きく異なる。

原田宗彦[2002]によれば，大きなスポーツイベントが地域活性化に果たす役割は，次の4点である[47]。

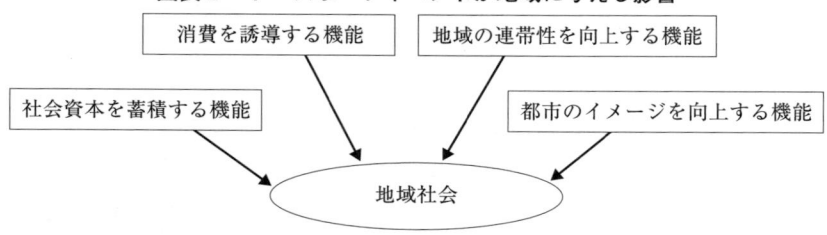

**図表 2－7　スポーツイベントが地域に与える影響**

```
      消費を誘導する機能      地域の連帯性を向上する機能

社会資本を蓄積する機能           都市のイメージを向上する機能

                    地域社会
```

(出所)　原田宗彦[2002]53-56頁に基づいて筆者作成。

① 社会資本を蓄積する機能：スポーツイベントは，社会資本としての道路，公園，スポーツ施設や緑豊かなスポーツ空間をストックする。
② 消費を誘導する機能：スポーツイベントは，スポーツ・ツーリストの活発な消費活動を誘導し，地域経済を活性化する。
③ 地域の連帯性を向上する機能：「みるスポーツ」がスタジアムで提供してくれるスペクタクルに満ちた体験や，観客同士の「なごやかな交わり」（Casual Sociability）の場は，地域の人々にとって健全な娯楽の機会を提供してくれる。
④ 都市のイメージを向上する機能：オリンピックのような巨大スポーツイベントの場合，開催都市のイメージは，単なる地理的な場所のイメージではなく，スポーツが生み出した感動や興奮，そしてスペクタクルな祝祭経験とともに人々の心の中に定着する。

さらに，国際スポーツイベントの効果とともに考慮しなければならないのがグローバル化である。スポーツイベントのグローバル化とは，政治的・経済的・文化的に世界各国との相互依存が深まる関係のことを指す。

近年では，日本国内の野球界や相撲界において，外国人選手の増加がみられる。また，日本国内の一流の選手の中には，海外のメジャーリーグに移籍することを希望する選手もいる。技術の発展も，グローバル化を促進する要因である。例えば，衛星放送を通して，外国のスポーツイベントをリアルタイムで視聴することが可能になった[48]。

このようなスポーツのグローバル化は，世界で共通のスポーツを楽しむ機会

を提供する。共通のスポーツを楽しむ機会は，より国際的スポーツイベントの波及効果を大きくしているといえよう。

## ❷ スポーツイベントが国家に与える影響

図表2－8に示されるように，国際的スポーツイベントは，①経済，②観光，③環境，④社会，⑤心理，⑥行政，などの様々な面において，プラス・マイナスの効果を併せもつ。

国際的スポーツイベントによって得られる物理的な側面としては，①スタジアム・競技施設の建築・整備，②交通システムの構築，があげられる。新たな施設や，新たなインフラの整備は，①雇用の創出，②税収の増加，③生活水準の向上，に直結する。また，オリンピックの開催時期は，都市の認知度が増加することにより，来訪者の増加が見込める。

具体的には，①来訪者の宿泊・食事等の消費行動，②チケット販売収入，といった直接的な収入が発生する。原田[2002]は，「2002年度FIFAワールドカップ開催に対する投資は，①新スタジアム建設費3,561億円，②公共投資693億円，③民間施設等建設投資777億円，④キャンプ地建設投資680億円，の合計5,711億円であった。さらに運営費，観戦客消費，家計支出の総計は，建設生産額を上回る8,478億円であった」と述べている[49]。

しかし，メガスポーツイベントには，デメリットも存在している。例えば，オリンピックの開催期間中は，物価の上昇が発生する。イベント終了後，一時雇用者は，再びレイオフされてしまう。他にも，図表2－8に示されるように，メガスポーツイベントには，多くのマイナス面が存在する。メガスポーツイベントを実施する際には，これらのマイナス面を小さくするための政策実行が必要不可欠である。

このように，オリンピックの主催を考慮にいれる国は，オリンピックに存在するメリット・デメリットを正しく把握し，国民に対して与える影響を細かく分析すべきである。

図表2−8　スポーツイベントのメリットとデメリット

| 側面 | メリット | デメリット |
|---|---|---|
| 経済的側面 | ・消費活動の活性化<br>・雇用の創出<br>・生活水準の向上<br>・税収の増加 | ・イベント期間中の物価上昇<br>・不動産投機<br>・入場者数の不足<br>・他事業への過剰投資<br>・不十分な資本金<br>・イベント費用の甘い見通し<br>・イベント後の一時雇用者のレイオフ |
| 観光・商業的側面 | ・開催都市の認知度アップ<br>・開催都市に対する投資の増大と商業活動の活性化<br>・新しい宿泊施設と観光アトラクションの設置<br>・アクセスビリティの改善 | ・劣悪なサービスと物価上昇による悪評判<br>・地元資本と外部資本によるビジネス上の対立<br>・観光による地域文化の変容<br>・交通規制による商業活動の抑制 |
| 物理的・環境的側面 | ・新しいスポーツ施設の建設<br>・インフラの整備<br>・景観の向上 | ・生態系の汚染<br>・自然環境の変化<br>・景観の破壊<br>・混雑 |
| 社会的・文化的側面 | ・地域の伝統と価値が高まる<br>・参加選手，役員，観光客との交流<br>・スポーツに関する興味，関心の高まり<br>・スポーツ参加者の増大 | ・私的な活動の商業化<br>・犯罪増加の可能性<br>・地域の分裂と社会的混乱<br>・テロ活動の可能性 |
| 心理的側面 | ・地域の誇りとアイデンティティの高揚<br>・偏狭な地域意識の解放 | ・カルチャーショック<br>・地元住民と観光客の間に生じる誤解と対立 |
| 政治的・行政的側面 | ・開催都市の国際的な知名度の高まり<br>・行政プランナーの知識，経験の蓄積と技術の練達<br>・行政におけるスポーツへの理解の高まり | ・政治家のエゴを満たすための地域経済の私物化<br>・政治家の価値観の押し付けによるイベントの変質<br>・政治家対立の激化<br>・目標達成の失敗<br>・運営日の超過 |

(出所)　原田[2002]64頁。

## ❸　スポーツと政治

　前述したように，古代ローマでは，スポーツと政治に深い関係性が存在した。

現代では，オリンピック等の国際大会が開催され，スポーツは，再び政治と関係をもつようになった。

現代において，スポーツと政治の関係性には2つの側面が見られる。スポーツが主体的にその振興や支持，援助のために政治に働きかける場合と，政治が何かの目的の為にスポーツを利用する場合である[50]。

政治のスポーツへ向けての介入には，① 政治的宣伝（プロパガンダ）の手段，② ナショナリズムの手段，の2つがあげられる[51]。

① 政治的宣伝の手段：オリンピックや，W杯の開催国の誘致などは，他国に対して，現政権の国際的承認を求める手段である。また，選挙のたびに有名なスポーツ選手が動員されることも，政治的宣伝を目的としている。政党や政治家は，スポーツのもつ健康さや明るさ，爽やかさ，というイメージを利用している。

② ナショナリズムの手段：国際的スポーツイベントは，国民が一体となる大きなイベントであり，国民にナショナリズムを付与するという側面も含んでいる。スポーツイベントの開催によって，国民のナショナル・アイデンティティを高め，国家の統合を図ろうとする政治的意図が包含されている。

スポーツを政治に利用した例として，1936年に開催された，ベルリンオリンピックがあげられる。ベルリンオリンピックは，聖火リレーがはじめて行われた五輪である。ベルリンオリンピックの聖火リレーは，ナチス・ドイツにとっての政治的宣伝（プロパガンダ）として利用された。

聖火リレーは，オリンピアからベルリンまで3,000kmにわたって，ナチスの国民啓蒙宣伝省によって細密に下見を重ね，検討され，ドイツ国境から首都までは潤沢な国費によって壮大な演出が施された。国際的な関心を集めた聖火リレーは，五輪プロパガンダ最高の広告塔となった[52]。

また，第二次世界大戦後は，資本主義対共産主義という構図が世界規模で出現した。1980年のモスクワオリンピックでは，ソ連のアフガニスタン侵攻に抗議するため，資本主義国家50ヵ国が五輪をボイコットする事態に発展した[53]。その後も，1984年のロサンゼルスオリンピックでは，米国のグレナダ侵攻を理由に多くの共産主義国がボイコットした。近年では，共産主義国の中国におけ

る北京オリンピックにおいて，チベット動乱を理由に多くの資本主義国がボイコット寸前に至る非難があった。このようにオリンピックは，資本主義国対共産主義国において，①制裁手段，②抗議手段，としても使われる。

スポーツは，人種差別による雇用問題を隠蔽するために利用されている。例えば，米国のNBAでは，総人口の13％を占めるアフリカ系米国人が，選手の8割から9割を占める。アフリカ系米国人のスポーツにおける優勢を示す一方で，スポーツ選手になることが，一般社会における人種差別による雇用問題を隠蔽する政治的不満の緩衝材として利用されているとの指摘もある[54]。

現代において，スポーツは，古代よりもスポーツの規模が拡大したために，国内を統治するために利用されるだけでなく，国外に対する政策としても利用されるようになった。

## 第5節　スポーツビジネス論に向けた発展

### ❶　スポーツの役割の変遷

先史時代におけるスポーツの起源は，①労働，②宗教，③娯楽，であった。狩猟のためのトレーニングは，狩猟をしなければならない時代には必要であった。しかし，古代では，稲作のような食料の自給が可能となったため，狩猟のためのトレーニングとしてのスポーツはみられなくなった。そして，スポーツは，政治・軍事的な役割へ発展した。

中世になると，身分制度にあわせたスポーツが楽しまれるようになった。貴族は，貴族のスポーツを楽しみ，市民は，貴族のスポーツを真似る者と，世俗的なスポーツに興じる者がいた。しかし，近代になると，ブルジョワジーの出現により，市民階級の力が増した。そのため，社会身分に関係なく，今まで以上に多くの人々がスポーツに参加できるような環境が整備された。しかし，アマチュアリズムのような差別も一部では残っていた。

つまり，図表2－9に示されるように，古代以前のスポーツには，宗教的な役割が色濃くみられた。スポーツの宗教性や他の役割は，中世で薄れてしまったが，中世は，封建制度によってスポーツの発展を著しく阻害したともいえよう。

近代以降は，スポーツに新たな役割をもたせることによって，スポーツは急速に発展を遂げた。それは主に，①教育的，②経済的，③政治的，の3つの役割である。これらの役割は，スポーツが一般大衆にまで普及したことによって成立した。特に，情報化社会に突入後は，スポンサーメディアや放送権料の出現により，経済的な役割に特化して成長している。

スポーツが，先史時代から現代に至るまで，娯楽的な役割を担い続けている

図表2－9 スポーツの役割の変遷

| 時代区分 | スポーツの役割 |
| --- | --- |
| 先史時代 | 言語的意味合い：感情表現としてのダンス<br>労働的意味合い：狩猟のためのトレーニング<br>宗教的意味合い：祭礼儀式<br>娯楽的意味合い：余暇を過ごすための遊び |
| 古代 | 政治的意味合い：円形闘技場<br>宗教的意味合い：王の神聖を見せるため<br>娯楽的意味合い：観客（「みるスポーツ」）<br>軍事的意味合い：戦争能力の向上 |
| 古代オリンピック | 宗教的意味合い：ゼウスに捧げる祭典<br>地方との交易・情報交換の場<br>名誉のための大会 |
| 中世 | 娯楽的意味合い：身分別の「するスポーツ」 |
| 近代 | 娯楽的意味合い：「見るスポーツ」・「するスポーツ」<br>教育的意味合い：スポーツによる健全な精神 |
| 近代オリンピック | 政治的意味合い：プロパガンダ<br>国際交流<br>地域振興，発展 |
| 現代 | 娯楽的意味合い：スポーツの大衆化<br>経済的意味合い：GDPの1.9%を占める産業に成長<br>教育的意味合い：子どもの健康，情操教育<br>国民の健康のためのスポーツ |

（出所）筆者作成。

ことは，スポーツの役割の根幹が「娯楽」であることを示している。今後，スポーツがどのように役割を変化させたとしても，「娯楽」という中心的な役割は，存在し続けるであろう。

## ❷ 日本のスポーツビジネスの歴史

　日本では，プロ・アマチュアに関わらず，「企業の広告」としてスポーツが発展してきた。大相撲を除けば，日本で最も古いプロスポーツである野球は，企業の広告宣伝部門として設立され，1936年に発足した。内海［2009］によれば，プロ野球は，企業の広告であるから，特別に地域に根差す必要もなく，経営的に赤字の場合には親会社に対する依存によって赤字分を補填してきた[55)]。

　図表2－10に示されるように，1934年に創立された大日本野球倶楽部（現読売巨人軍）は，1950年代に入り，テレビ放送が本格的に始まったことにより，優良コンテンツとして人気を得るようになった。同時に，テレビ放送の開始によって，スポーツの企業の広告塔としての役割がより強くなった。1973年には，ゴルフ番組が週に56本も放送された。これは，ゴルフの大会名にスポンサー名

図表2－10　日本のスポーツビジネスの歴史

| 年 | 事　柄 |
|---|---|
| 1915 | 全国中等学校優勝野球大会（朝日新聞主催） |
| 1927 | 都市対抗野球大会（毎日新聞主催） |
| 1934 | 大日本野球倶楽部（現読売巨人軍）創立 |
| 1951 | 大相撲中継，プロレス力道山デビュー |
| 1953 | NHK，民放，プロ野球ナイター初中継 |
| 1964 | 東京オリンピック開会式カラー放送 |
| 1973 | ゴルフ番組大盛況，週56本 |
| 1978 | デサント陸上，第1回セイコー・スーパー・テニス |
| 1979 | 第1回東京国際女子マラソン |
| 1993 | Jリーグスタート |
| 2002 | W杯サッカー（日韓共催）のべ288億人視聴 |
| 2005 | 日本プロバスケットボールリーグスタート |

（出所）　黒田次郎＝内田勇人＝林恒宏＝平本譲［2010］11頁に基づいて筆者が一部修正。

が冠されるため，広告効果を狙ったスポンサーが集まったためである。

1990年以降，地方自治体は，産業の空洞化の影響を受けて，新たな地域振興策を模索しはじめた。同時に，この頃から企業は，経営の合理化を図り，広告に対してより目に見える効果を求め始め，広告費に対する割合を削り始めた。

1993年に発足したJリーグは，地域の活性化を図りたい地方自治体にとって，非常にメリットのある存在であった。こうしてJリーグは，親会社に依存しつつも，スタジアムの大半は，自治体に依存し，自治体からは，資本金を始めとする多様な形態での援助を得て，どうにか経営を成り立たせている[56]。

2005年には，四国・九州アイランドリーグ，北信越ベースボール・チャレンジリーグ，日本プロバスケットボールリーグのように，巨大資本に頼らず，地域密着型のプロスポーツビジネスが各地で生まれている。

上述したように，新しいプロスポーツは，地域密着を志向することにより，独自に収益を上げる方向へ転換してきている。現在のプロスポーツは，① プロ野球のように全国的な人気があり，放送権料により収益をあげるモデル，② 地域密着を志向することにより，自治体と連携しながら収益を確保するモデル，に二極化しているといえよう。

## ❸ スポーツビジネス論の生成と発展

現代社会では，スポーツが大衆の生活の一部として存在している。そのため，スポーツはスポーツだけの世界に留まらず，健康科学や科学技術などの分野にまで密接な関わりをもつことになった。外食の増加やテレビによる情報の流通により，健康問題が注目される現代では，健康のためにスポーツを行う人の数も増加し続けていて，スポーツ関連製品の市場規模は年々増大している。さらに，放送権料は，テレビの多チャンネル化により，テレビ局側のブランドの確保を目的とした放送権の獲得競争が起こり，高騰し続けている[57]。

上述したように，スポーツは，現代に向けて担う役割や，関連する分野が拡大してきた。特に，近年は，経済に寄与する割合が多くみられる。

次に，ステークホルダーとの関係性について考察する。スポーツ組織は，外部ステークホルダーに依存したビジネスモデルである。そのため，ファンだけ

でなく，他のチーム，スポンサー，地域社会，などの第1章で考察した様々なステークホルダーとの関係性が重要となってくる。重要なことは，各ステークホルダーと Win-Win の関係を築くことである。

しかし，最近まで企業の広告塔として機能していたスポーツチームが独立したスポーツ組織となったのは，1990年代のことである。スポーツは，企業の広告塔から営利型のスポーツビジネスに向けて変化してきたといえよう。

スポーツを観戦する人の中には，スポーツが営利目的で行われていることを嫌がる人もいるであろう。スポーツの商業化にあたり，スポーツを金銭まみれにするべきではないという意見もある。しかし，広瀬[2000]は，「スポーツをビジネスにしたらスポーツが汚れる」と捉えるのではなく，「スポーツをビジネスにしてスポーツを発展させていこう」という発想の転換が行われても良い時期であると指摘している[58]。

実際に米国では，NFL や MLB がスポーツのビジネス化を成功させている。NFL における人気と市場規模は，ビジネス化によるスポーツの発展が，十分に効力を発揮したことを示している。欧州リーグでは，クラブが株式上場をして資金調達を行った。上場して得た資金を基に，チームは，選手を補強したり，スタジアムへ投資を行った。マンチェスターユナイテッドは，2005年の上場廃止まで，高い時価総額を記録していた。

上述したように，現代のスポーツビジネス論の生成は，突然現れた事柄ではなく，徐々にスポーツが発展してきた結果である。スポーツビジネス論は，①スポーツ組織がどのように収益を上げるか，②ステークホルダーとの関係をどのように築くか，③スポーツのもつミッションを効果的・効率的に達成するにはどうすれば良いか，といったスポーツをビジネス面から捉えた際の諸問題を，体系化するものである。

そのためには，①経営学，②経済学，③会計学，のように企業の活動を分析する視点を取り入れることが重要である。また，スポーツが関わる多くの他分野に対する，経済的，社会的な影響も無視すべきではない。今後，スポーツビジネス論を学問として研究する上で，学際的分野との関わりを意識して研究を進めることが欠かせない。

# 第2章 スポーツビジネス論の生成と発展

**注）**
1) 渡部憲一［2003］58頁を援用。
2) 内海和雄［2009］57頁を援用。
3) 稲垣正浩＝谷釜了正編［1995］37-39頁を一部修正。
4) 日本体育学会監修［2006］354-355頁。
5) 高橋ひとみ編［2001］2頁を一部修正。
6) 佐竹弘靖［2009］18頁。
7) 内海［2009］64頁を援用。
8) 佐竹［2009］21頁。
9) 同上書20頁。
10) SSF 笹川スポーツ財団 HP 〈http://www.SSF.or.jp/sfen/opinion/opinion_060912_3.html〉，佐竹［2009］26頁，を援用。
11) 田口貞善編［2007］93頁。
12) 結城和香子［2004］27-28頁を一部修正。
13) 佐竹［2009］153頁を参考にした。
14) 高橋編［2001］10頁。
15) 日本体育学会監修［2006］670頁を一部修正。
16) 同上書670頁を一部修正。
17) 田口編［2007］514頁。
18) 内海［2009］146-147頁。
19) ブルジョワジーとは，都市の裕福な商人を指す言葉で，中には巨万の富を蓄え，貴族入りするものや貴族に準ずる待遇を受けるものも現れ，新たな支配階級を形成しつつあった。
20) 日本体育協会［1987］232頁。
21) 内海［2009］186頁。
22) 同上書186-189頁。
23) 渡部［2003］413頁。
24) 吉村哲夫［1996］25頁。
25) スポーツ総合研究所 HP 〈http://www.sports-soken.com/blog/archives/2005/06/〉。
26) 日本体育協会［1987］234頁を援用。
27) 渡部［2003］415頁。
28) 村岡健次＝川北稔＝鈴木利章編［1995］247頁。
29) 山本徳郎＝杉山重利監修［2006］137頁を一部修正。
30) 田口編［2007］145頁を一部修正。
31) 神原直幸［2001］7頁を援用。
32) データはSSF笹川スポーツ財団［2006a］140頁の数値を援用した。
33) SSF笹川スポーツ財団［2006a］39頁。

34）同上書126頁の図表を文章化。
35）八木田恭輔編[2002]39頁。
36）文部科学省HP〈http://www.mext.go.jp/unesco/009/005.htm〉。
37）「スポーツ振興基本計画」〈http://www.mext.go.jp/a_menu/sports/plan/06031014/001.htm〉。
38）SSF笹川スポーツ財団[2001]11頁。
39）青木純一郎[1989]458頁を援用。
40）万井正人[1983]229頁。
41）『東洋経済，2010.05.15』34頁，1ドル＝100円に換算。
42）『財経詳報，2004.03.15』19頁。
43）SSF笹川スポーツ財団[2006a]127-128頁。
44）SSF笹川スポーツ財団[2001]21頁。
45）『東洋経済，2010.05.15』34頁。
46）同上書37頁。
47）原田宗彦[2002]53-56頁を一部抜粋。
48）日本体育学会監修[2006]255頁。
49）原田[2002]61頁。
50）丸山編[2000]54頁。
51）同上書56頁を一部修正。
52）結城[2004]73-75頁。
53）日本体育学会監修[2006]707頁を一部修正。
54）同上書708頁。
55）内海[2009]205頁。
56）同上書206頁。
57）広瀬[2000]156-158頁を援用。
58）同上書24頁。

# 第3章
# スポーツビジネスの体系

　本章では，総論のまとめとして，スポーツビジネスを体系的に理解するために，下記の5つの観点を設定し，それぞれの観点からスポーツビジネスについて考察する。

　第一に，スポーツの範囲・対象について考察する。まず，プロ・スポーツに典型的な「見るスポーツ」について理解を深める。次に，フィットネスクラブに典型的な「するスポーツ」について言及する。さらに，ボランティアなど「支えるスポーツ」について理解する。

　第二に，スポーツビジネスの領域について考察する。まず，スポーツ産業における伝統的領域について理解を深める。次に，スポーツビジネスの複合領域について言及する。さらに，スポーツビジネスに関連の深いICT（情報通信技術）関連産業について考察する。

　第三に，スポーツビジネスの需要について考察する。まず，スポーツ実施の現状について理解を深める。次に，スポーツを行う理由と強度について言及する。さらに，スポーツビジネスに対して，選択的消費財という観点から理解する。

　第四に，スポーツビジネスにおけるステークホルダーについて考察する。まず，スポーツビジネスにおける選手について理解を深める。次に，スポーツビジネスの消費者について言及する。さらに，スポーツビジネスにおける指導者について理解する。

　第五に，スポーツにおける支援体制について考察する。まず，政府の支援体制について理解を深める。次に，地域の支援体制について言及する。さらに，スポーツ振興のための財源問題について理解する。

## 第1節　スポーツビジネスの範囲

### ❶　見るスポーツ

　見るスポーツとは，「試合を見ることによって，楽しむスポーツの一種であり，観戦する試合は，プロ・スポーツおよびオリンピックなどの一般にみるスポーツとして代表的なものばかりでなく，高校生などの競技会なども含んでいる」[1]。見るスポーツの大半はプロ・スポーツであり，アマ・スポーツより広く深く国民の中に根ざしているといえる。見るスポーツへの参加形態は，①ライブスポーツ（直接的観戦），②メディアスポーツとスポーツジャーナル（間接的観戦），の2つに区別できる[2]。

①　ライブスポーツ：人々がチケットを入手し，会場に出向き，競技場において直接スポーツを観戦する。ライブスポーツにおいて，スポーツを見る楽しさ（スポーツレベル）とエンターテインメント（エンターテインメントレベル）の楽しさが考えられる[3]。競技場でしか臨場感が味わえず，同じ試合を2度と見ることができなく，保存できないという特徴がある。

②　メディアスポーツとスポーツジャーナル：テレビスポーツ番組およびラジオスポーツ番組，マスメディアによる観戦を指している。ライブスポーツにおけるスポーツレベルとエンターテインメントレベルを加工（映像・音声・文字）したものである。ビデオなどにより保存でき，視聴者は，より人工的・意図的に一部分が強調された便益を受ける。

　わが国において，2008年の直接観戦率は34.2%（約3,536万人），テレビによる間接的観戦率は94.6%（約9,781万人）に達している[4]。近年，観戦率はほぼ横ばいの状態を維持している。見るスポーツビジネスにおいて，観戦率を高めるためには，観戦者の観戦動機を明らかにすることが極めて重要である。スポーツ観戦者の観戦動機は，①達成，②美的，③ドラマ，④逃避，⑤知識，⑥技能レベル，⑦交流，⑧所属，⑨家族，⑩エンターテインメントに分類できる[5]。

① 達成（Achievement）：チームの勝利や成功と自分を結び付けて，達成感を得る。
② 美的（Aesthetic）：スポーツのもつ美しさ，華麗さ，素晴らしさをみる。
③ ドラマ（Drama）：予測できないドラマチックな試合展開を見ることによって，興奮や緊張感を楽しむ。
④ 逃避（Escape）：日常生活から逃避し，様々なことを一時的に忘れる。
⑤ 知識（Knowledge）：スポーツの技術を学んだり，知識を深めたりする。
⑥ 技能レベル（Skills）：選手の技能レベルの高いプレイをみて楽しむ。
⑦ 交流（Social Interaction）：スポーツ観戦を通じて，友人・知人や恋人と楽しく過ごす。
⑧ 所属（Team Affiliation）：自分がスポーツチームの一員であるかのように感じる。
⑨ 家族（Family）：スポーツ観戦を通じて，家族で楽しく過ごす。
⑩ エンターテインメント（Entertainment）：スポーツ観戦をエンターテインメントとして単純に楽しむ。

　観戦者の属性，参加形態および置かれた状況などによって，観戦動機は異なる。見るスポーツビジネスにおいて，コア商品となる魅力のある試合を演出することによって，スポーツ観戦者の様々な動機を満たし，観戦者のコミットメントを高めることが重要な課題である。

## ❷ するスポーツ

　するスポーツは，国民や地域住民が自らスポーツを行うことを意味する[6]。スポーツは，直接的な体験を通じて，爽快感，達成感，他者との連帯感などの精神的な充実，楽しさや喜びを感じることができるだけでなく，体力や技能など身体的な能力の向上を図ることができる[7]。すでに第1章で述べたように，生活が豊かになるにつれ，人々は余暇を楽しむ時間が増え，スポーツを行う人も増加してきた。

　するスポーツの代表としてフィットネスクラブがあげられる。スポーツ消費者としての会員は，入会金と月会費を支払うことによって，クラブから提供さ

れるサービス,例えば,プログラムサービス,施設サービスなどを購入する[8]。

するスポーツにおいて,スポーツを楽しむ享受能力を身につけることは極めて重要である。するスポーツを行う人は,自然,文化,社会風土で後天的にプレイができる人とできない人,できると思う人とできないと思う人に二分されてしまう[9]。ビジネスの視点から見ると,できる人およびできると思う人には,プレイ技術向上および享受能力の開発支援サービスの可能性があり,できない人およびできないと思っている人には,スポーツに対する気づき,動機づけに関するスポーツカウンセリングの可能性がある[10]。

図表3－1に示されるように,欧米の先進国と比較すれば,日本におけるするスポーツの人口は少ない。ニュージーランド,オーストラリアにおいて,約5割の人々が積極的なスポーツを行っているのに対して,日本で積極的にスポーツを行う人々は13～14％しかいない。原田編[1995]によれば,人々はスポーツをする場があって,はじめてスポーツを楽しめるわけであり,そこからまた新たなスポーツ需要が生まれてくる[11]。換言すれば,スポーツに対する需要は,スポーツ環境の整備に依存するといえる。

するスポーツビジネスにおいて,スポーツ環境の整備およびスポーツ享受能力の開発が重要な課題である。

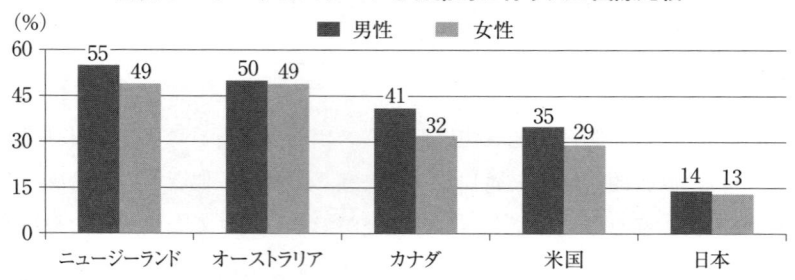

**図表3－1　するスポーツを日常的に行う人の国際比較**

| 国 | 男性 | 女性 |
|---|---|---|
| ニュージーランド | 55 | 49 |
| オーストラリア | 50 | 49 |
| カナダ | 41 | 32 |
| 米国 | 35 | 29 |
| 日本 | 14 | 13 |

(出所)　SSF笹川スポーツ財団[2002]32頁。
注：①ニュージーランド：中程度のきつさの運動を1週間当たり最低5時間以上
　　②オーストラリア：最低30分以上の運動を1週間当たり5回以上
　　③カナダ：余暇時間に消費される体重1kgあたり消費量が12ヶ月の平均で少なくとも3 kcal以上となるような運動
　　④米国：中程度のきつさの運動を1週間当たり5回以上
　　⑤日本：頻度「週2回以上」,時間「30分以上」,強度「ややきつい」

## ③ 支えるスポーツ

　近年，従来の見るスポーツやするスポーツに加え，支えるスポーツが，新たなスポーツの享受スタイルとして認識され，固有の分野として確立されつつある[12]。支えるスポーツの典型例として，スポーツ・ボランティアがあげられる。スポーツ・ボランティアとは，「報酬を目的としないで，自分の労力，技術，時間などを提供して，地域社会や個人・団体のスポーツ推進のために行う活動である」[13]。すなわち，ボランティアとしてスポーツに積極的に関わることによって，自己開発，自己実現を図ることが可能になる。

　スポーツ・ボランティアは，①クラブ・団体ボランティア，②イベント・ボランティアに区別できる[14]。

① クラブ・団体ボランティア：地域スポーツクラブおよびスポーツ団体におけるボランティアを指しており，日常的で定期的活動である。クラブや団体における監督・コーチ，クラブ役員・幹事，世話係，競技団体役員などが含まれる。

② イベント・ボランティア：地域における市民マラソン大会や運動会，国体や国際大会において，大会を支えるボランティアを指しており，非日常的で不安定的活動である。審判員，通訳，医療救護係，データ処理係などが含まれる。

　図表3-2に示されるように，わが国において，スポーツ・ボランティア活動の実施率は約7％，希望率は約15％と，いずれも低い水準に留まっている。主な原因は，スポーツ・ボランティアに関する認識が低いからである。ボランティア活動は，現代社会における様々な問題を背景として行われるものであり，豊かで活力ある社会を築き，生涯学習社会の形成を進める上で重要な役割を果たしている。

　見るスポーツ，するスポーツだけでなく，支えるスポーツの動向にも注目し，スポーツ・ボランティアの認知度を高める必要がある。スポーツ・ボランティアの充実・発展によって，スポーツビジネスのさらなる拡張が期待できるといえる。

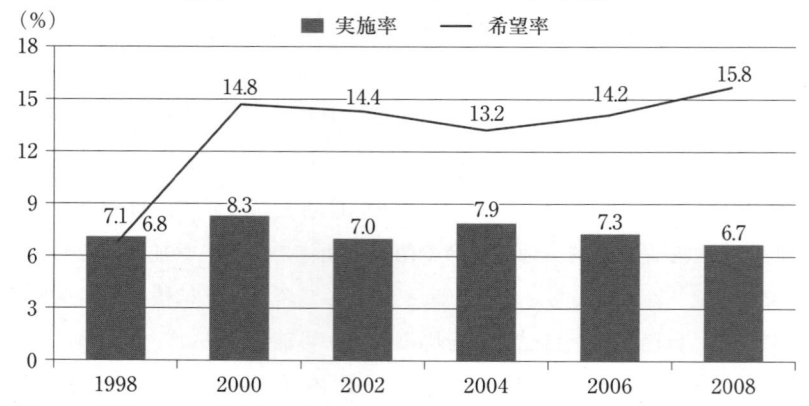

**図表3－2　スポーツ・ボランティア実施率**

■ 実施率　　― 希望率

| 年 | 実施率 | 希望率 |
|---|---|---|
| 1998 | 7.1 | 6.8 |
| 2000 | 8.3 | 14.8 |
| 2002 | 7.0 | 14.4 |
| 2004 | 7.9 | 13.2 |
| 2006 | 7.3 | 14.2 |
| 2008 | 6.7 | 15.8 |

（出所）　SSF笹川スポーツ財団[1998]39頁，SSF笹川スポーツ財団[2000]38頁，SSF笹川スポーツ財団[2002]46頁，SSF笹川スポーツ財団[2004]54頁，SSF笹川スポーツ財団[2006]48頁，SSF笹川スポーツ財団[2009]46-47頁を参考に筆者作成。

## 第2節　スポーツビジネスの領域

### ❶　スポーツ産業の伝統的領域

　原田編[1995]によれば，日本におけるスポーツ産業の伝統的な領域は，①スポーツ用品産業，②スポーツサービス情報産業，③スポーツ施設・空間産業，の3つに区分できる[15]。
①　スポーツ用品産業：スポーツ用品産業は，スポーツやレジャーで用いられる用品・用具すべてが含まれ，大きく「アウトドアスポーツ」，「競技スポーツ」，「健康スポーツ」に関する用品に区別できる[16]。従来，スポーツ用品の性能や耐久性といった機能的側面が重視された。しかし，近年，デザインやカラー，ロゴマークといった記号的側面が注目を集めてきた。消費者は，スポーツ用品を「ファッション品」として消費する傾向がある。そのため，スポーツ用品メーカーは，競技スポーツからスポーツライフスタイルやアウ

トドアテイストのファッション展開を加速しており，この分野は拡大を続けている[17]。

② スポーツサービス・情報産業：戦前の新聞や雑誌などの活字メディアを中心とした情報提供産業から，戦後の電波メディアを媒体とした文化創造産業へと発展した。テレビを中心としたメディアスポーツの普及は，スポーツの大衆化に大きく貢献してきた。また，衛星放送およびケーブルテレビのような電波情報媒体は，放映権料というスポーツビジネスを発展させた。

③ スポーツ施設・空間産業：消費者に一定の施設や空間を提供する産業で，立地条件によって，都市型（ボウリング場，プールなど）とリゾート型（スキー場，オートキャンプなど）に分類できる。スポーツ施設産業は，みるスポーツやするスポーツをハード面からサポートするものであり，その需要はスポーツ振興の高まりによって増加しつつある[18]。また，近年，スポーツ施設の名称に企業名やブランド名を付与するネーミングライツ（Naming Rights）という権利ビジネスが台頭している[19]。

上述したスポーツ産業の伝統的領域を明らかにすることによって，スポーツ用品とアスリートの関係，スポーツとメディアの関係などスポーツビジネスの領域が理解でき，さらなる発展を図ることが可能であるといえる。

## ❷ 複合領域

図表3-3に示されるように，3つの伝統的領域の発展に伴い，互いに重なる複合的領域，① スポーツ関連流通業，② 施設・区間マネジメント業，③ ハイブリッド産業が出現した[20]。

① スポーツ関連流通業：スポーツ用品産業とスポーツサービス・情報産業が重なってきた領域である。スポーツ用品産業は，卸売業や小売業のようなサービス業に参画することによって，スポーツ関連流通業に進出した。また，大手卸売業者および小売業者は，大量流通体制を確立し，低価格で品質のよい自社ブランド商品の販売を実現した。

② 施設・空間マネジメント業：スポーツ施設・空間産業（ハード）とスポーツサービス・情報産業（ソフト）が重なってきた領域である。代表としてク

**図表3－3　スポーツ産業の伝統的領域**

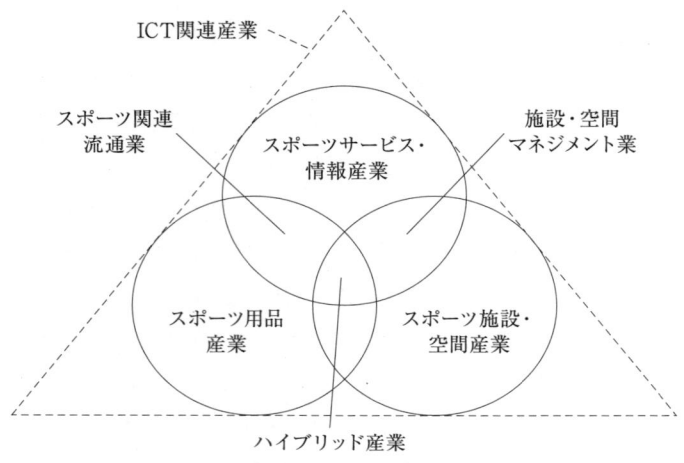

ICT関連産業

スポーツ関連流通業

スポーツサービス・情報産業

施設・空間マネジメント業

スポーツ用品産業

スポーツ施設・空間産業

ハイブリッド産業

（出所）　原田宗彦編［1995］9-12頁を参考に筆者作成。

ラブビジネスとスクールビジネスがあげられる。スポーツ施設・空間自体は，それを使う人やプログラムがなければ，本来の使用価値を実現することが不可能であるといっても過言ではない。スポーツ施設・空間において，指導者および指導プログラムと消費者と出会うことによって，はじめてサービスが生まれ，マネジメントが必要となる。

③　ハイブリッド産業：3つの伝統的産業が重なった領域である。代表としてプロ・スポーツとスポーツ・ツーリズムがあげられる。例えば，プロサッカーにおいて，スポーツ用品産業としてのサッカー用具およびキャラクター商品，スポーツサービス・情報産業としてのメディア関連，スポーツ施設・空間産業としてのグランドおよび練習設備といった3つの領域が欠かせない。スポーツ・ツーリズムにおいて，プロ・スポーツと同様に，3つの領域のどれかが欠けても成立しない。ツーリズムには，空間の移動，そのための航空，ホテル，レストランのようなサービスやモノの組合せ，複合化によって固有の自己商品を実現するという性質を備えているからである[21]。

以上，スポーツ産業における複合領域について考察した。本項では，3つの伝統的領域，すなわち，①スポーツ用品産業，②スポーツサービス・情報産

業，③スポーツ施設・空間産業の重複によって生まれる複合領域に重点をおいた。伝統的領域のさらなる発展・複合によって，新しい領域の出現が期待でき，新しいスポーツビジネスの開拓が可能になるであろう。

## ❸ ICT関連産業

ICT（情報通信技術）の発展は，スポーツビジネスに大きな影響を与えている。広瀬[2000]によれば，ICTによって得られるものは情報のマッチング機能である[22]。情報のマッチングは，情報を欲しいと思った人（ディマンドサイド＝需要者）と，情報をもっている人（サプライサイド＝供給者）が出会うことである[23]。

ICTの進展によって，スポーツそのものの情報をはじめ，スポーツ選手に関わる情報，スポーツ・ファン・サポーターに関わる情報，スポーツ支援に関わる支援活動情報などが世界各地で受発信が可能となり，いつでも，どこでも，誰とでも，参加したり，見たり，支援したりすることが可能となりつつある[24]。

インターネットを利用したビジネスは，コストの削減と業務の拡大が期待できる。また，顧客に関するデータベースが構築しやすくなり，CRM（Customer Relationship Management：カスタマー・リレーションシップ・マネジメント）およびワン・トゥ・ワン・マーケティング（第8章参照）の可能性が高くなる。一方，スタートアップ・コストが高いという欠点も存在している。図表3－4

**図表3－4　スポーツイベント（ワールドカップ）の情報化**

| 年 | 大会名 | 情報化 |
| --- | --- | --- |
| 1974年 | ドイツ大会 | 国内企業スポンサー |
| 1978年 | アルゼンチン大会 | メディアの発達，多国籍企業スポンサー |
| 1986年 | メキシコ大会 | テレックスが主流，ファクシミリの導入 |
| 1988年 | ヨーロッパ選手権 | ファクスが主流，パソコンの登場 |
| 1990年 | イタリア大会 | マルチメディア型情報データベースの開発 |
| 1994年 | アメリカ大会 | 通信ネットワークによる分散型並列処理化 |
| 1998年 | フランス大会 | LAN稼働の進化，インターネットの利用 |

（出所）広瀬一郎[2000]33-41頁に基づいて筆者作成。

に示されるように，ワールドカップにおけるスポーツイベントの情報化が進められている。

今日，上述したパソコンによるインターネットの利用が中核をなしているものの，PDA（携帯情報端末）が主要なツールとしてクローズアップされるであろう[25]。すでに携帯電話会社を中心として，携帯電話による運動・栄養・体重管理等ができるサービスが始まっている[26]。モバイルヘルスケアサービス（携帯電話を使った健康関連情報サービス）の市場規模が，2007年の80億円程度から，2012年には約20倍の1,600億円まで拡大すると予測されている[27]。

近年，インターネットおよび携帯電話の利用者が増えつつある。それゆえ，ICTを駆使し，スポーツビジネスにおけるチャンスを広げることが重要な課題である。

## 第3節　スポーツビジネスの需要

### ❶　スポーツ実施状況

スポーツへの関与（かかわり合い）は，1次的関与（かかわり合い）と2次的関与（かかわり合い）に区分できる[28]。1次的関与は，選手，競技者あるいはプレイヤーとして試合やスポーツに参加することである。2次的関与は，他のあらゆる参加の形態，例えば，観戦者，視聴者，コーチ，マネジャー，審判者，競技役員などを指している。本項では，スポーツ実施率に焦点を絞って詳しく考察する。

図表3－5に示されるように，運動・スポーツを積極的に行っている「アクティブ・スポーツ」人口は，2002年に一時的に減少したものの，2008年には回復しつつある。しかし，アクティブ・スポーツにおける実施率は，2008年においても17.4％しか占めていない。「週1回以上」，「週2回以上」の定期的な運動・スポーツ実施率は，共に2008年に最高を示しており，前者は56.4％，後者

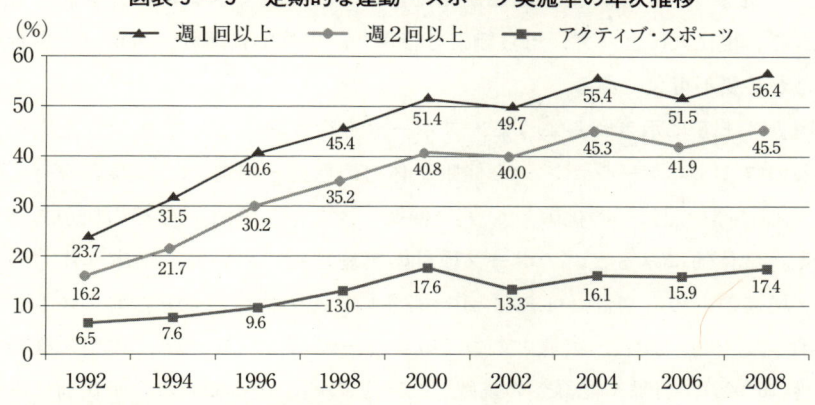

図表 3 − 5 　定期的な運動・スポーツ実施率の年次推移

(%)　　▲ 週1回以上　　● 週2回以上　　■ アクティブ・スポーツ

| 年 | 週1回以上 | 週2回以上 | アクティブ・スポーツ |
|---|---|---|---|
| 1992 | 23.7 | 16.2 | 6.5 |
| 1994 | 31.5 | 21.7 | 7.6 |
| 1996 | 40.6 | 30.2 | 9.6 |
| 1998 | 45.4 | 35.2 | 13.0 |
| 2000 | 51.4 | 40.8 | 17.6 |
| 2002 | 49.7 | 40.0 | 13.3 |
| 2004 | 55.4 | 45.3 | 16.1 |
| 2006 | 51.5 | 41.9 | 15.9 |
| 2008 | 56.4 | 45.5 | 17.4 |

(出所)　SSF 笹川スポーツ財団[2009] 25頁。
(注)　アクティブ・スポーツ：週2回以上，一回30分以上，運動強度ややきつい以上

は45.5%を占めている。

　性別・年代別にみると，男女ともにいずれの年代でも実施される運動・スポーツは，散歩（ぶらぶら歩き），ウォーキング，体操（軽い体操・ラジオ体操など），ボウリングの4種目があげられる。スポーツは，地域の影響も受ける。地域差が比較的大きいスポーツとして，スキー，登山，テニス，ゴルフ（コース・練習場），オートキャンプ，水泳などがあげられる。地域差の比較的小さいスポーツとして，サッカー，ピクニック・ハイキング，ジョギング・マラソンなどがあげられる。

　近年，不景気に伴い余暇・観光に対する支出が抑えられる傾向にあるものの，上述したスポーツの実施率は横ばいあるいは多少増加している。また，すでに第1節で考察したように，2008年の直接観戦率は34.2%，テレビによる間接的観戦率は94.6%にまで達している。上述したように，日本において，スポーツが人々の生活の中に定着しつつあるといえよう。

## ❷　スポーツを行う理由

　機械化・省力化の進展は，日常の生活または職場の中から活発な身体的活動を奪い，複雑に高度化した社会構造は，人々の生活に様々なストレスをもたら

す[29]。健康ブームは，健康問題が深刻になり，無視できない社会現象になってきた。現代人にとって，自ら健康を管理し，主体的に運動・スポーツを行うことが必要不可欠である。

図表3－6に示されるように，スポーツを行う理由としては，①友人・家族とのコミュニケーション，②健康や体力の保持・増進，③体型の維持・改善，④目標や記録への挑戦，⑤気分転換・ストレス解消，⑥その他があげられる。全体的にみると，スポーツ種目の実施理由において，健康や体力の保持・増進の占める割合（44.5%）が一番多い。その次は，気分転換・ストレス解消（21.1%），友人・家族とのコミュニケーション（21.0%），体型の維持・改善（6.9%），目標や記録への挑戦（2.5%）の順になっている。年代別にみると，年代が高くなるほど，健康や体力の保持・増進の割合が高くなっている。

20～40歳代が最も行いたい運動・スポーツは，景気低迷や多忙な生活の中で，安く，手軽に，一人でも楽しめる健康フィットネスである[30]。50歳代以上の人が健康フィットネスに求めるものは，①年齢の影響を受けて低下する生活体力の維持・増進，②高血圧症や心臓病，動脈硬化症，糖尿病など生活習慣病の予防，③介護予防，の3つがあげられる[31]。

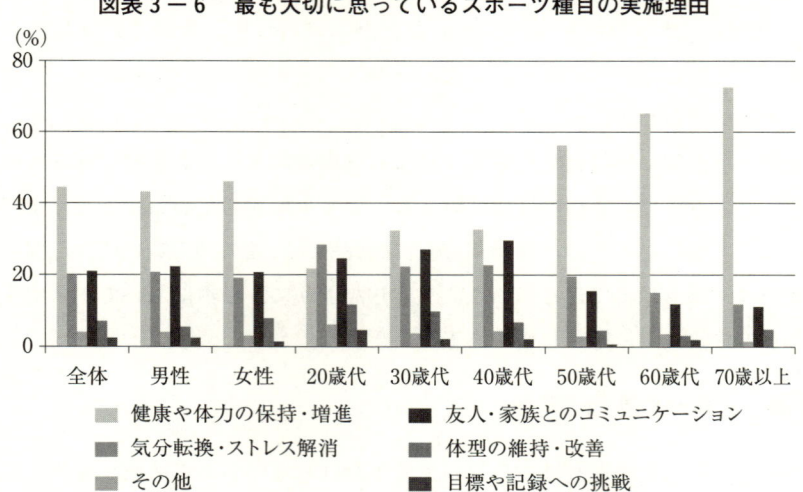

図表3－6　最も大切に思っているスポーツ種目の実施理由

（出所）　SSF 笹川スポーツ財団［2009］52頁を一部修正。

内閣府大臣官房政府広報室[2009]によれば，運動・スポーツを行わなかった理由のうち，「仕事（家事・育児）が忙しくて時間がないから」が一番多く，51.6％を占めている。次は，「体が弱いから」，「年をとったから」，「運動・スポーツは好きではないから」，「特に理由はない」，「機会がなかったから」，「場所や施設がないから」，「仲間がいないから」，「金がかかるから」，「指導者がいないから」の順になっている[32]。

上述した運動・スポーツを行った理由，行わなかった理由を把握することによって，スポーツビジネスのチャンスを広げていくことが非常に重要である。

## 3 選択的消費財

経済の高度成長と共に，週休2日制の急速な普及による休日増など，労働時間制度の改善によって，実労働時間は大幅に短縮されてきた[33]。労働時間の短縮に関する制度として，①フレックスタイム制，②学校週5日制，③リフレッシュ休暇，④ボランティア休暇，⑤年俸制，⑥サマータイム制があげられる[34]。日本において，1994年4月から週40時間制が実施され，年間実労働時間は減少しつつある。自由時間が増えるにつれ，人々はワーク人生に加えて，レジャー人生も充実したいと望んでいる[35]。すなわち，日本人の価値観は，モノの豊かさから心の豊かさへと変化してきた。

1年間8,760時間（24時間×365日）のうち，労働時間が約2,000時間，自由時間が約2,500時間になっているものの，日本人平均でみると，テレビ視聴に約1,000時間を当てている[36]。テレビ視聴も自由時間を楽しむ方法ではあるものの，スポーツビジネスにおいて，テレビ視聴時間よりも，人々をひきつけるスポーツ・マーケティング戦略（第8章参照）を実施することが必要不可欠である。

現在の子どもは，「時間的ゆとり」，「空間的ゆとり」，「心のゆとり」を失っている[37]。子どもにとって，睡眠・食事・学校などの基本的な時間を除くと，24時間の内，遊びと学習に使う時間が約4時間である。いかにスポーツの楽しさや魅力を伝え，スポーツ少年団やスポーツクラブ，様々なスポーツ種目の教室に来てもらうかを考えることがスポーツビジネスにとっての大きな課題である[38]。最近，「運動家庭教師」，「英語によるサッカートレーニング」のような

サービスが出現しつつある。塾や習い事，テレビゲームのような競合する選択肢を念頭に置く必要がある。

　団塊の世代以上になれば，仕事も定年となり，子どもも手を離れ，男女を問わず自由な時間が増える。上述した自由時間をいかにスポーツに費やしてもらい，スポーツビジネスのチャンスを広げるかが重要な課題となる。ウォーキング，ジョギング，サイクリング，トレッキングといった気軽に始められるスポーツから，スイミング，テニス，フィットネス，サッカーなどの施設の利用，団体スポーツというように，さらにスポーツの選択肢の広がりを見せている[39]。大人の場合，公営ギャンブルやライブなどの競合する選択肢を考慮する必要がある。

　上で述べたように，スポーツビジネスにおいて，増加しつつある自由時間をいかにスポーツに費やしてもらうかが大きな課題である。スポーツビジネスの存続・発展のため，人々をひきつける積極的なスポーツプログラムやグッズの開発を行う必要がある。

## 第4節　スポーツビジネスにおけるステークホルダー

### ❶　スポーツビジネスにおける選手

　選手は，コア商品である試合を演出する重要な要素である。プロ・スポーツ選手は，アマチュア契約をしている一部の選手を除いて，国内法の下では個人事業主であり，外国人についても同じ取扱いとなる[40]。換言すれば，クラブチームは，①選手と契約期間，②基本年棒，③プレミアムを含めた有期限の専属契約を結び，対価と義務を明確にする。

① 　契約期間：一般的にシーズン契約で1年以下であるものの，複数年契約を任意とする契約もある。
② 　基本年棒：選手の出場や成績に関係なく支払われる。

③ プレミアム：選手へのインセンティブ・システムとして，勝敗，興行収入などに応じて支払われる。

スポーツビジネスのトリプルミッション（第1章第2節参照）に従って，勝利⇒選手，普及⇒サポーター，市場⇒フロントに置き換えると，図表3－7に示されるように，クラブのトリプルミッションが形成できる[41]。選手，サポーター，フロント間相互関係は必要かつ重要である[42]。

① 選手とフロント間の関係：選手は結果を出す。フロントから選手に対して，環境整備，報酬といったものを提供する。
② サポーターとフロント間の関係：サポーターからフロントに対して，入場料，サポート，ボランティアのような活動を提供する。フロントからサポーターに対して，密着活動，例えば，タウンミーティング（サポーターの気持ちを選手に直接ぶつけられる）を提供する。
③ 選手とサポーター間の関係：選手からサポーターに対して，最も大事なことは，感動を与えることである。サポーターは，選手を応援する役割を果たす。

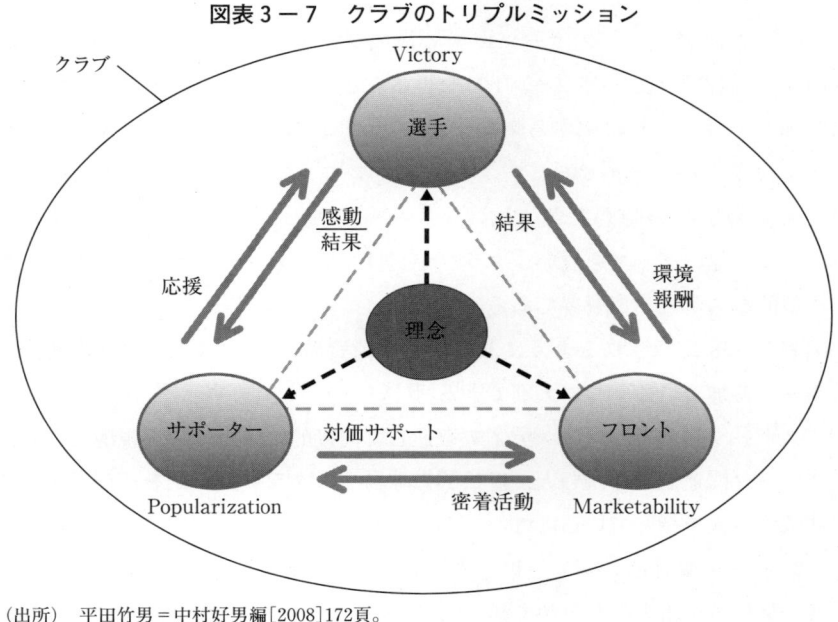

**図表3－7 クラブのトリプルミッション**

（出所） 平田竹男＝中村好男編[2008]172頁。

上述したように，選手，サポーター，フロントは密接な関係がある。それゆえ，選手，サポーター，フロントが一体となって，クラブの存続・発展を図る必要がある。

　優勝劣敗に伴い，成績が上がらないプロ・スポーツ選手は，戦力外通知を受け，チームから放出され，他チームで引き取ってくれなければ引退，失業となる。スポーツ選手は，憧れの職業ではあるものの，選手の平均寿命は7〜8年と短く，引退後のセカンド・キャリアは極めて深刻な問題となっている。引退後に，マスコミの解説者あるいは競技の指導者になれる選手は限られており，ほとんどの選手は競技とは直接関係のない世界で引退後の生活を送ることになる[43]。

　プロ・スポーツビジネスの目標は，選手が魅力のある試合をみせ，顧客の経験価値を高めることである。そのためには，選手のモティベーション・マネジメント，選手肖像権の管理などが必要不可欠である。

## ❷　スポーツビジネスにおける消費者

　スポーツ消費者は，スポーツ市場の構成員である。スポーツ消費者とは，「楽しみや他の便益（ベネフィット）を得ることを目的として，運動やスポーツに参加したり，それに関する情報を得るために，時間，カネ，個人的エネルギーを投資する人々」である[44]。例えば，フィットネスクラブに入会する人は，入会金を払い時間と個人的エネルギーを使ってクラブに通う。また，シューズや他のグッズを買い，クラブが提供するプログラムサービスを購入する典型的なスポーツ消費者である。

　図表3－8に示されるように，スポーツ消費者は，① スポーツ観戦者，② スポーツ参加者，の2つに大別できる[45]。
① 　スポーツ観戦者：マスメディアを通じて間接的にスポーツを視聴したり，スポーツ関連記事を読む人，直接的に球場やスタジアムに足を運び，試合を観戦する人を指している。
② 　スポーツ参加者：エクササイズ（運動）に参加する人，スポーツ（競技種目）などに参加する人が含まれている。

### 図表3－8 スポーツ消費者の分類

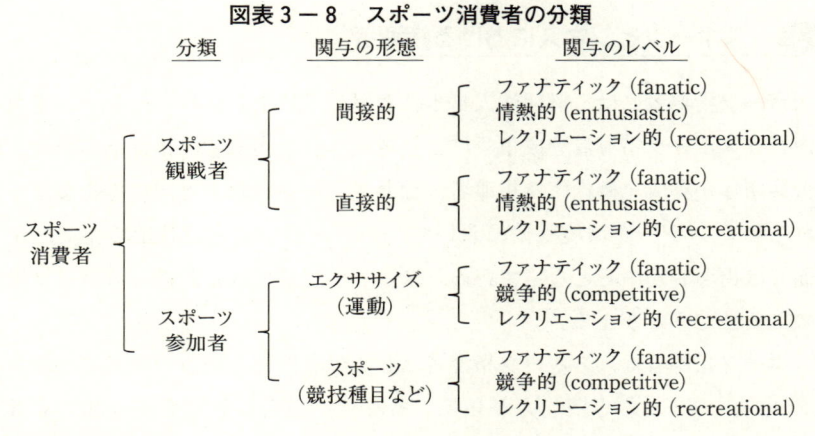

```
                    分類        関与の形態           関与のレベル

                                              ┌ ファナティック (fanatic)
                              ┌ 間接的     ─┤ 情熱的 (enthusiastic)
                   ┌ スポーツ ┤              └ レクリエーション的 (recreational)
                   │ 観戦者   │              ┌ ファナティック (fanatic)
                   │          └ 直接的     ─┤ 情熱的 (enthusiastic)
       スポーツ   ┤                           └ レクリエーション的 (recreational)
       消費者    ─┤                           ┌ ファナティック (fanatic)
                   │          ┌ エクササイズ ┤ 競争的 (competitive)
                   │          │   (運動)      └ レクリエーション的 (recreational)
                   └ スポーツ ┤              ┌ ファナティック (fanatic)
                     参加者   └ スポーツ   ─┤ 競争的 (competitive)
                                (競技種目など) └ レクリエーション的 (recreational)
```

※関与のレベル：ファナティック（高），情熱的・競争的（中間），レクリエーション的（低）
（出所）　山下秋二＝中西純司＝畑攻＝冨田幸博編［2006］50頁。

　スポーツ観戦は，典型的なサービスの消費である。野球の例をみてみよう。消費者としての観戦者が，サービス財の生産者であるプレイヤーと球場で出会い，そこで生産される試合という予測不可能な生産過程に参加し，同時に消費する。ファミリーエンターテインメントを目指す日本の見るスポーツのマーケティングにおいて，純粋な快楽を提供し，財の消費プロセスを重視した「生活の豊かさ演出のライフシーンに貢献するアプローチ」が必要となる[46]。換言すれば，日本の文化に根付いたスポーツ観戦者を育成することが必要不可欠である。

　スポーツ参加者は，すべてのスポーツ活動の中核をなしている。参加者がいなければスポーツは存続できないからである[47]。しかし，スポーツビジネスにおいて，①アイデンティティの確立，健康回復，クラス分け，指導，②コミュニケーション能力の向上，③スポーツ参加者を紹介する機会（テレビ放映，雑誌など），④よりたくさんの人が参加することができる機会，のような多くの問題点・改善点が存在している[48]。

　今後，あらゆるスポーツにおいて，性別・人種・民族を問わず，自由に，気軽に参加できる機会を開拓することが重要である。

## ❸ スポーツビジネスにおける指導者

　スポーツ指導者には，財団法人日本体育協会・日本レクリエーション協会などが行うスポーツ指導者養成事業により認定された指導者，体育指導委員，地方公共団体が養成・確保する指導者，公共スポーツ施設の専門指導員などが含まれる[49]。スポーツ環境整備において，ハード面では施設設備の充実，ソフト面では指導者が中心となっている。スポーツビジネスにおけるスポーツ指導者の重要性がうかがえる。

　スポーツ指導者は，スポーツ指導者としての専門性と施設の経営にかかわるスタッフ，の2つの専門能力が必要である[50]。前者に焦点を絞り詳しく考察する。指導者としての専門性は，スポーツの指導に関する専門性とサービス要員としての専門性を内包し，①テクニカルスキル，②ヒューマンスキル，③コンセプチュアルスキル，④パーソナルスキルといったスキルを備える必要がある[51]。

①　テクニカルスキル：職務を遂行するために必要な知識や技能。
②　ヒューマンスキル：組織内外に向けた対人関係能力。
③　コンセプチュアルスキル：事業の推進に必要な判断力や問題解決能力。
④　パーソナルスキル：組織の一員としての人間性。

　スポーツ組織において，スポーツ指導者の育成と能力開発は，経常的でかつ重要な投資である[52]。スポーツ指導者の育成と能力開発を効率的に支援することは，スポーツ行政の重要な役割である。日本において，スポーツ指導者の育成は，①文部科学省をはじめとする関連省庁・地方公共団体におけるスポーツ行政機関，財団法人日本体育協会などのスポーツ関連団体，②体育・スポーツ系大学・専門学校などの教育機関，③民間スポーツ・フィットネスクラブなどの民間営利スポーツ組織，などによって行われている[53]。

①　行政機関：スポーツ振興法第11条（指導者の充実）に基づき，文部科学省と財団法人日本体育協会が中心となって，教育委員会や各種競技団体と連携して，スポーツ指導者育成事業を実施している。財団法人日本体育協会は，「公認スポーツ指導者制度」をスタートさせ，スポーツ指導者の資格を，①

スポーツ指導基礎資格，②競技別指導者資格，③フィットネス系資格，④メディカル・コンディショニング資格，⑤マネジメント資格に分類した[54]。指導者の育成において，マネジメントスキルの獲得を重視している。
② 体育・スポーツ系大学・専門学校などの教育機関：スポーツ指導者制度に準拠する認定校としての承認を得るため，資格認定カリキュラムに対応する免除科目を学内カリキュラムの中に設定・履修させることによって，スポーツ指導者を養成している。
③ 民間営利スポーツ組織：クラブ独自の資格認定制度を活用している。

日本におけるスポーツ指導者の現状についてみてみよう。中学校および高等学校の運動部活動における外部指導者の活用は，ほとんど20％以下である。スポーツ活動に対するニーズの多様化に伴い，質の高い技術・技能を備えたスポーツ指導者についての需要は高まっているものの，そのようなスポーツ指導者の数は不足している。

今後，先に述べた行政機関，教育機関，民間営利組織が三位一体となって取り組んで，スポーツ指導者の質的・量的な拡充を図るべきであろう。

## 第5節　スポーツにおける支援体制

### ❶　政府の支援体制

スポーツビジネスを発展させるには，政府や行政の制度が整っていること，すなわち，スポーツ振興における支援体制が必要不可欠である。スポーツ振興の行政主体は，国および都道府県，市区町村であり，行政政策はそれぞれのレベルで役割を分担している[55]。戦後日本のスポーツは，学校や企業の中で発展し，行政に支えられてきたといっても過言ではない[56]。

SSF笹川スポーツ財団[1996]によれば，戦後のスポーツ発展に関わる制度面での改革について，主に，①戦後，文部省中に体育局が設置されたこと，②

その後，国民体育大会と国民レクリエーション大会が相次いで開催されたこと，③1957年，当時のスポーツ振興審議会答申を受けて体育指導委員が制度化されたこと，④1960年代，「スポーツ」を法律用語として定着させた「スポーツ振興法」の公布，などがあげられる[57]。

上述した制度面での歴史的発展は，国民のスポーツに対する意欲の向上，人々の生活におけるスポーツの重要性の高まりを反映している。

次に，現在のスポーツと国の支援体制について考察する。SSF笹川スポーツ財団［2006a］によれば，わが国において，文部科学省と地方自治体の教育委員会など，行政を中心としてスポーツ振興を図る体制が整備されている[58]。財団法人日本オリンピック委員会や財団法人日本体育協会など，文部科学省所管の公益法人も重要な役割を果たしているものの，その補助事業の予算は文部科学省が一般会計から支出しており，現実的には行政機構の一部に組み込まれているといえる[59]。換言すれば，文部科学省が国におけるスポーツ振興を担っているといえよう。

近年，スポーツの社会における役割も大きく拡大し，スポーツ振興に関しては文部科学省だけでなく，健康面では厚生労働省，産業面では経済産業省，交流の面では総務省や外務省など多くの省庁が関与するようになってきた[60]。スポーツ省庁に求められることは，①子どもの体力向上や運動不足改良，②運動の機会向上，③指導者の養成，④スポーツイベントの開催，⑤地域活性への貢献，⑥財政基盤の確保，⑦オリンピックの誘致，⑧プロとアマチュアの連携支援，などがあげられる。

上述したように，スポーツは，多くの省庁が関与する複合的領域へと広がりつつある。政府において，政策の一貫性を維持し，スポーツ振興の効率化を図ることが大きな課題であろう。近年，政府は，「スポーツ庁（省）設立構想」[61]を計画している。

## ❷ 地域の支援体制

まず，戦後地域スポーツの変化について考察する。図表3－9に示されるように，戦後の高度経済成長期から低成長期へと移行するにつれ，人々の生活価

値意識は，モノの豊かさから心の豊かさへと転換してきた。スポーツの価値意識は，競技スポーツから「みんなのスポーツ」，「生涯スポーツ」へと新しいスポーツ価値を追求しつつある。スポーツの高度化と大衆化による組織的な対立や分立を超えて，人々のライフ＝生・生活・生涯を豊かにするスポーツ自体への共通なかかわり，その多様性を共存させようとしている[62]。

都道府県のスポーツ振興は，ほとんど教育委員会または教育庁（体育保健課，保健体育科，体育課，スポーツ健康課，スポーツ振興課，スポーツ課など）が所管しているものの，多くの都道府県や政令指定都市において，スポーツ振興事業団，財団，公社といった公益法人が設置され，地方自治体におけるスポーツ振興施策の一翼を担っている[63]。

地域スポーツ振興において，行政の提案する事業と地域住民をいかに有機的に（それぞれの生活に適した運動生活を育むために）統合させるかを念頭におく必要がある[64]。すなわち，行政のもつ組織能力や経営資源を最大限に活用しながら，運動を取り入れた生活を地域住民に形成・維持させる必要がある。

総合型クラブと行政が協働事業を行うことによって，行政にとっては，①本来の職務に専念，②効率的な行政運営，③行財政の削減，クラブにとって

図表3－9　戦後の地域スポーツ

|  | ピラミッド型<br>（～1960年代） | 分裂型<br>（1970～1980年代） | 連峰型<br>（1990年代～） |
| --- | --- | --- | --- |
| スポーツの価値意識 | 競技スポーツ | みんなのスポーツ | 生涯スポーツ |
| 生活価値 | to have | to be | to be with |
| 経済 | 高度経済成長 | 低経済成長 | 低経済成長の定着 |
| 地域づくり | 過疎・過密 | 地域の再編・郊外 | 新たな地域づくり |
| 国のスポーツ政策 | スポーツ振興法 | → | スポーツ振興基本計画 |

(出所)　日下裕弘＝加納弘二[2010]163頁。

は，① 活動の場や幅の広がり，② 財政基盤の確立，③ 社会的認知度の向上，そして住民にとっては，① 多様な選択肢，② 豊かなスポーツライフ，③ 自発的な社会参加の機会という三者三様のメリットが期待できる[65]。

21世紀において，生涯スポーツ社会の実現に取り組む中で，総合型地域スポーツクラブの全国展開は，「スポーツ振興基本計画」の根幹となるものであり，将来的には，中学校区程度の地域における総合型地域スポーツクラブの定着，広域市町村圏程度の地域における広域スポーツセンターの設置が最終目標である[66]。多様化しつつある住民のニーズに応えるため，行政と積極的に交流を行いながら，地域スポーツ振興を促進すべきである。

## ❸ スポーツ振興のための財源問題

スポーツ振興のための費用負担者の中心は，国や地方などの行政であり，費用項目の中で多くを占めるのは施設設備である[67]。スポーツ財源問題は，行政の財政難で，規模の縮小を克服する方法を模索し，実行することが大きな課題となった。

図表3－10に示されるように，2005年度のわが国におけるスポーツ関連国家予算，「体力つくり関係国家予算」の合計は，2,691億円である。省庁別では，国土交通省が1,076億円と最も多く，全体の40％を占めている。文部科学省は522億円，社会保険庁は510億円，厚生労働省は379億円，農林水産業は78億円，経済産業省は1億円を占めている。上述した予算の総額は，2000年度の3,950億円と比較すると，30％以上も減少している。

日本における体育・スポーツ関係予算の合計は，欧州などスポーツ財源を確保している国々と比較して圧倒的に少ない。日本において，スポーツ振興を推進するためには，より多くの財源を必要とする。スポーツ財源は，大きく，① スポーツ振興くじ，スポーツ振興基金，② 公営競技および宝くじ，の2つに区分できる[68]。

① スポーツ振興くじおよびスポーツ振興基金：2001年，Ｊリーグの試合結果を予想するスポーツ振興くじ（toto）の全国販売がスタートされ，収益金の一部をスポーツ振興にあてる助成金事業が2002年度から実施された。くじの

図表3－10　体育・スポーツ関係予算（当初予算ベース）

（単位：千円）

| 各省庁 | 旧省庁 | 2000年度 | 2005年度 | 2005年度 | 2005年度構成比 | 2005年度/2000年度 |
|---|---|---|---|---|---|---|
| 内閣府 | 経済金画庁 | 12,766 | 12,766 | — | 0.0% | 0.0% |
| 総務省 | 自治省 | — | 9,120,777 | — | 0.0% | 0.0% |
|  | 郵政省 | 9,120,777 |  |  |  |  |
| 文部科学省 | 総務省 | 180,276 | 71,851,606 | 52,241,138 | 19.4% | 72.7% |
|  | 文部省 | 71,671,330 |  |  |  |  |
| 厚生労働省 | 厚生省 | 53,839,524 | 55,989,855 | 37,910,327 | 14.1% | 67.7% |
|  | 労働省 | 2,150,331 |  |  |  |  |
| 社会保険庁 | 社会保険庁 | 68,921,919 | 68,921,919 | 51,007,174 | 19.0% | 74.0% |
| 農林水産省 | 農林水産省 | 5,119,252 | 5,119,252 | 7,725,622 | 2.9% | 150.9% |
| 経産業省 | 通商産業省 | 51,001 | 51,001 | 11,450 | 0.0% | 22.5% |
| 国土交通省 | 運輸省 | 6,710,801 | 166,310,801 | 107,608,800 | 40.0% | 64.7% |
|  | 建設省 | 159,600,000 |  |  |  |  |
| 環境省 | 環境庁 | 17,661,288 | 17,661,288 | 12,597,166 | 4.7% | 71.3% |
| 合　計 |  |  | 395,039,265 | 269,101,677 | 100.0% | 68.1% |

（出所）　SSF笹川スポーツ財団［2006a］113頁。

　売上金の50％は当選者へ払戻し，残りから諸経費を引いて，1/3は国庫納付金として国に納付され，2/3は助成金としてスポーツ振興事業に配分される。くじ売上金は減少する傾向にある。

　スポーツ振興基金は，1990年，競技水準向上のため，政府が250億円を出資し，日本スポーツ振興センターの前身である日本体育・学校健康センター内に設置されたものである。運用金をスポーツ団体の選手強化，大会開催，選手・指導者への支援に配分するものの，近年その助成額は減少しつつある。

② 公営競技および宝くじ：競馬，競艇などの公営競技や宝くじの収益金は，公営金として様々な事業に活用され，スポーツ関連事業の支援にもあてられている。スポーツ関連事業への助成金は，宝くじが一番多い。公営競技において，競輪が一番多く，オートレース，競艇，競馬の順となっている。

　民間団体による資金助成も，スポーツ振興財源の一部として活用している。

上述した様々な財源によって，わが国のスポーツ振興財源が確保されている。しかし，近年「体力つくり関係国家予算」の合計金額は年々減少している傾向にあり，スポーツ振興を図るための体制が整っていないといえよう。

　スポーツビジネスにおいて，諸事業を円滑かつ効果的に展開するため，長期的な財源の確保が必要不可欠である。今後，新たな財源をどのように確保していくかが重要な課題となる。


注）
1) 片山孝重＝木村和彦＝浪越一喜編[1999]131頁。
2) 同上書132-136頁。
3) ①スポーツレベル：スポーツ自体の価値である試合・競技，スポーツではないが競技会において必要不可欠な儀式としての表彰式や開閉式があげられる。
　　②エンターテインメントレベル：ハーフタイムショー，選手とスペクテイターあるいはスペクテイター同士のコミュニケーション，観戦の潤滑剤（騒いで盛りあがる）となる飲食や応援グッズ，雰囲気などがあげられる。
4) SSF 笹川スポーツ財団[2009]40-43頁。
5) 松岡宏高＝藤本淳也＝ James, J.[2002]379頁。
6) 内海[2004]12頁。
7) 財団法人日本体育協会[2008]2頁。
8) 原田宗彦[2008]42頁。
9) 松田義幸[1996]46頁。
10) 同上書。
11) 原田編[1995]126頁。
12) 財団法人日本体育協会[2008]6頁。
13) SSF 笹川スポーツ財団[2009]46頁。
14) 山口泰雄編[2004]8-9頁。
15) 原田編[1995]6-8頁。
16) ①アウトドアスポーツ：従来のキャンプや登山用品といった実用的な商品から，オートキャンプやマリンスポーツ，スカイスポーツへと領域を広げつつある。
　　②競技スポーツ：用品の品質が競技記録を左右するので，メーカーは研究開発に専念している。競技力向上，用具のアピール性などの課題が多い。
　　③健康スポーツ：自然健康志向から，スポーツ飲料，トレーニングマシン，自動車エルゴメータなどを網羅しつつある。
17) 日本生産性本部[2009]48頁。
18) 渡辺[2004]58頁。
19) 同上書59頁。

20) 原田編［1995］9-12頁。
21) 同上書11頁。
22) 広瀬［2000］10頁。
23) 同上書。
24) 堀＝木田＝薄井編［2007］54頁。
25) 広瀬［2000］10頁。
26) 黒田次郎＝内田勇人＝林恒宏＝平本譲［2010］114頁。
27) 同上書。
28) Loy, J. W. Jr. ＝ Kenyon, G. S. ＝ McPherson, B. D. ［1981］訳書59頁。
29) 金芳保之編［1989］121頁。
30) 黒田＝内田＝林＝平本［2010］104頁。
31) 同上書106頁。
32) 内閣府大臣官房政府広報室［2009］29頁を援用。
33) 山口泰雄編［1996］45頁。
34) 同上書47-48頁。
35) 松田［1996］14頁。
36) 同上書17頁。
37) 日下裕弘＝加納弘二［2010］32-33頁。
①時間的ゆとりの消失：受験勉強に追われて，遊びの時間が減少する。
②空間的ゆとりの消失：従来の道路や神社のような遊び空間は，経済という合理的「公的世界」に侵略された。
③心のゆとり消失：受験勉強，マスコミ情報，親の過保護などによってストレスがたまる。
38) 黒田＝内田＝林＝平本［2010］168頁。
39) 同上書169頁。
40) 武藤［2006］179頁。
41) 平田竹男＝中村好男編［2008］172頁。
42) 同上書172-175頁。
43) 武藤［2006］193頁。
44) 杉本厚夫編［1997］151頁。
45) 山下＝中西＝畑＝冨田編［2006］49頁。
46) 和田充夫［1998］83頁。
47) Brooks, C. M.［1994］訳書84頁。
48) 同上書。
49) 文部科学省［2006］〈http://www.mext.go.jp/a_menu/sports/plan/06031014/005.htm〉。
50) 片山＝木村＝浪越編［1999］74頁。
51) 同上書。

52) 山下＝原田編[2005]28頁。
53) 山下＝中西＝畑＝冨田編[2006]90頁。
54) 山下＝原田編[2005]28頁。
55) 片山＝木村＝浪越編[1999]80-81頁。
56) 黒須充[2008]8-9頁。
57) SSF 笹川スポーツ財団[1996]166頁。
58) SSF 笹川スポーツ財団[2006a]169頁。
59) 同上書。
60) 黒田＝内田＝林＝平本[2010]176頁。
61) 同上書
　「スポーツ庁（省）設立構想」の目的は，スポーツについて，これまで各省庁の縦割りで行われていたスポーツ施策を横断的に行う体制をつくり，スポーツが担う社会的な役割をより効果的に推進することである。
62) 日下＝加納[2010]163頁。
63) SSF 笹川スポーツ財団[2006a]170-171頁。
64) 片山＝木村＝浪越編[1999]82頁。
65) 黒須[2008]11頁。
66) 文部科学省[2006]〈http://www.mext.go.jp/a_menu/sports/plan/06031014/004.htm〉。
67) SSF 笹川スポーツ財団[2006a]112頁。
68) 同上書121-122頁。

# 第4章
# スポーツ運営団体・リーグのマネジメント

　本章では，スポーツ運営団体とリーグのマネジメントについて考察する。近年，メディアの普及とスポーツ人口の増加に伴い，スポーツ運営団体とリーグのマネジメントは，スポーツの普及に大きく貢献している。以下の5つの視点から，スポーツ運営団体とリーグのマネジメントについて理解する。

　第一に，スポーツ運営団体について考察する。まず，スポーツ運営団体の意義について理解する。次に，スポーツ運営団体の構造と取組みについて言及する。さらに，イベントの経済効果について理解を深める。

　第二に，スポーツリーグについて考察する。まず，スポーツリーグの意義について理解を深める。次に，リーグ運営のタイプについて理解する。さらに，スポーツリーグの運営について言及する。

　第三に，スポーツ運営団体とリーグのマネジメントについて考察する。まず，競技力の向上と戦力の均衡について言及する。次に，スポーツリーグの経営資源管理について理解する。さらに，スポーツの普及と地域活性化について理解を深める。

　第四に，わが国におけるスポーツリーグについて考察する。まず，プロ野球について理解する。次に，Jリーグについて理解を深める。さらに，大相撲について言及する。

　第五に，リーグのマネジメントのケーススタディとして，NFLについて考察する。まず，NFLの運営および組織構造について理解を深める。次に，NFLの問題点について言及する。さらに，NFLの課題および解決策について理解する。

## 第1節　スポーツ運営団体

### ❶　スポーツ運営団体の意義

　スポーツ運営団体の発足の目的として，スポーツの普及，競技力の向上，選手の安定した収入を確保すること，などがあげられる。世界には，大規模なものから小規模のものまで，多くのスポーツ運営団体が存在する。代表的な例として，国際オリンピック委員会（International Olympic Committee，以下 IOC）や，国際サッカー連盟（以下，FIFA）があげられる。

　上述した団体は，①スポーツ競技種目の普及・振興，②スポーツ競技種目の競技力向上，③安定的な収入を確保した組織運営，といった共通の役割を担っている[1]。IOC や FIFA は，上で述べた3つの役割を果たすために，下記のような活動を行っている[2]。

① 　地域レベルの組織を統括。
② 　国際レベルのスポーツイベントの開催。
③ 　放送権料やスポンサー料の交渉・決定。
④ 　下部組織（地域レベル・国レベル）の統括。
⑤ 　審判員および指導者の育成（資格認定）。
⑥ 　普及・啓蒙活動およびアンチドーピングの推進。
⑦ 　調査研究，統一ルールの審議・制定。
⑧ 　マーチャンダイジング，収入の配分。
⑨ 　情報提供。

　スポーツ運営団体は，試合やイベントを開催することを，主な活動としている。スポーツ運営団体の開催するイベントは，多くの種類がある。図表4－1に示されるように，スポーツイベントは，大会規模（国際レベル，全国レベル，地方・地域レベル）および参加形態（するスポーツ，みるスポーツ）によって，6種類に区分できる[3]。

第4章　スポーツ運営団体・リーグのマネジメント

**図表4－1　スポーツイベントの分類**

| | | 参加形態 | |
|---|---|---|---|
| | | するスポーツ | 見るスポーツ |
| 大会規模 | 国際レベル | ホノルルマラソン | ワールドカップ<br>オリンピック |
| | 全国レベル | 全国スポーツレクリエーション祭<br>全国健康福祉祭 | 大相撲の本場所<br>プロ野球<br>Jリーグ |
| | 地方・地域レベル | 宮古島トライアスロン大会 | 大相撲の地方巡業<br>選抜高校野球地区大会 |

（出所）　原田［2002］57頁。

　スポーツ運営団体は，上で述べた様々なイベントを企画・運営することによって，収益をあげることができる。スポーツイベント開催都市のイメージは，スポーツが生み出した興奮，スペクタクルな祝祭経験とともに個々人の心の中に定着し，ニュース番組として世界に発信される[4]。

　以上，スポーツ運営団体の意義について概観した。本書では，スポーツ運営団体を「定期的に試合およびスポーツイベントを開催し，運営する団体」と定義し，議論をすすめることにする。スポーツ運営団体において，重要なことは，どの種類の試合・イベントを開催するかではなく，試合・イベント開催の目的および効果を明確化し，それらの運営を行うことである。

## ❷　スポーツ運営団体の構造と取組み

　本項では，スポーツ運営団体の構造と取組みについて，産業組織論の視点から考察する。産業組織論の基本的な分析枠組みは，市場構造（Structure）－市場行動（Conduct）－市場成果（Performance）－公共政策（Public policy）（以下，SCPパラダイム）である[5]。

① 　市場構造（S）：企業間の競争関係のあり方を基本的に規定する諸要因のことである。売り手の集中度，買い手の集中度，製品差別化の程度，新規参入の難易などがあげられる。

② 　市場行動（C）：各企業が需要条件や他企業との関係を考慮し，様々な意

思決定行動を行う。製品の品質・種類，価格，広告・販売促進などがあげられる。
③ 市場成果（P）：市場成果は，経済政策の目的であり，効率性，進歩性，安定性，公正性などが，どの程度実施されたかによって判断される。
④ 公共政策（P）：市場成果に問題があった場合，政策的介入が行われる。独占禁止政策，経済的規制，社会的規制などがあげられる。市場成果を評価し，満足な成果が得られなかった場合，政策的に介入する。

上述したSCPパラダイムに基づいて，ミクロ的視点から，スポーツ運営団体の構造，取組みについて考察する。図表4-2は，スポーツ運営団体における構造，取組みおよびそれらの関係を図表化したものである。

佐伯聰夫編[2000]によれば，スポーツイベントは，「スポーツパフォーマンスをめぐって〈見せる─見る〉という関係を意図的に構成するスポーツ競技である。スポーツイベントは，スポーツパフォーマンスを享受する者と提供する者，つまり，需要主体と供給主体によって構成されている」[6]。スポーツイベ

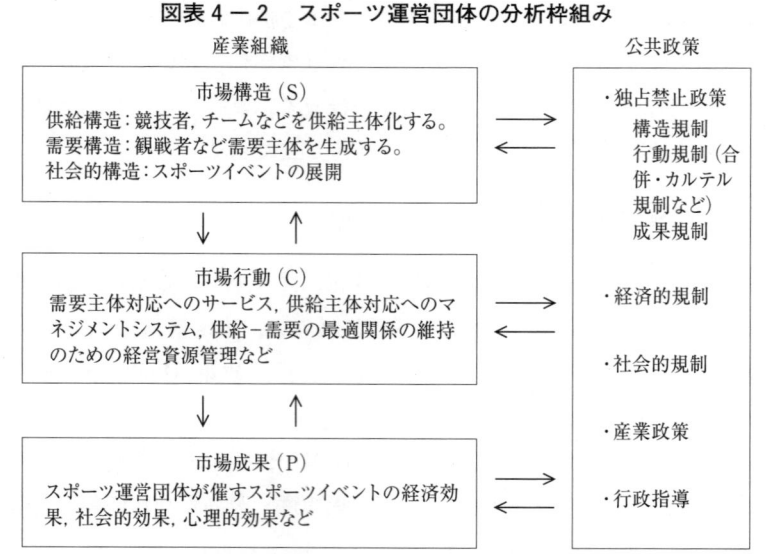

**図表4-2　スポーツ運営団体の分析枠組み**

| 産業組織 | 公共政策 |
|---|---|
| **市場構造（S）**<br>供給構造：競技者，チームなどを供給主体化する。<br>需要構造：観戦者など需要主体を生成する。<br>社会的構造：スポーツイベントの展開 | ・独占禁止政策<br>　構造規制<br>　行動規制（合併・カルテル規制など）<br>　成果規制 |
| ↓　↑ | |
| **市場行動（C）**<br>需要主体対応へのサービス，供給主体対応へのマネジメントシステム，供給−需要の最適関係の維持のための経営資源管理など | ・経済的規制<br>・社会的規制 |
| ↓　↑ | |
| **市場成果（P）**<br>スポーツ運営団体が催すスポーツイベントの経済効果，社会的効果，心理的効果など | ・産業政策<br>・行政指導 |

（出所）新庄浩二編[2003]12頁，松田義幸[1996]26-29頁，佐伯聰夫編[2000]29-30頁に基づいて筆者作成。

ントは，需要主体を生成する需要の構造が存在し，競技者・チーム等を供給主体化する供給の構造が存在するため，供給－需要の内部構造のみならず，社会的構造も把握しなければならない。

　スポーツ運営団体は，上述した需要と供給の主体を関係化するために，需要の内容を質と量から捉えるとともに，それに対応する製品およびサービスを提供する必要がある。すなわち，スポーツ運営団体は，観戦者の「見るスポーツ」への需要要求を査定するとともに，競技者あるいはチームのスポーツパフォーマンスの提供能力を評価し，供給－需要の最適な関係を維持しなければならない。

　スポーツ運営団体は，供給－需要の最適な関係化のために，多様な人的・文化的・物的資源が必要となり，既存・現有資源を動員し，不足資源を補充して最適な関係化の可能性を高める[7]。

　産業組織論では，S→C→PおよびP→C→Sという関係が存在する。スポーツ運営団体の構造および取組みにも当てはまる。図表4－2に示されるように，スポーツ運営団体は，明確化された構造（S）のもとで，どのような取組み（C）を行い，市場成果（P）を達成できるか，という因果関係で行動する。一方，市場成果（P）達成のために，どのような取組み（C）を実施し，どのような構造（S）を構築するか，という逆関係も成立しうる。それゆえ，スポーツ運営団体は，目的および置かれた環境によって，最適な構造および取組みの因果関係を決め，運営を行う必要がある。

## ❸　イベントの経済効果

　すでに第2章で考察したように，スポーツイベントは，経済的，心理的，社会的など様々な効果をもたらす。本項では，スポーツイベントの経済的効果に焦点を絞って考察する。

　原田［2002］によれば，スポーツイベントによる経済効果は，イベント開催にかかわる支出の総額（直接効果），支出額をもとにした産業関連分析による生産誘発額（経済波及効果），を合計した数字で測定される[8]。また，原田［2002］は，直接効果が需要面での支出額，経済波及効果[9]が供給面での生産額であり，

両者は表裏の関係にあると述べている。山下＝原田編[2005]によれば，①直接効果，②経済波及効果には下記のようなものが含まれている[10]。
① 直接効果
　・開催地スタジアムなどの公共投資
　・キャンプ地やホテルなどの開催地民間施設の建設投資
　・運営費や警備費などの主催者支出
　・観戦者の移動や宿泊，関連グッズの購入にともなう家計消費支出
　・広告製作費などのスポンサー企業の支出
② 経済波及効果
　・雇用者所得誘発額
　・国内産品需要増加による生産誘発額

　1994年の広島アジア大会では，直接投資が約6,375億円であり，直接投資によって様々な産業関連効果が引き起こされ，3〜5倍の経済効果が誘発された。

　上述した直接投資および経済波及効果は，一定期間にかけて発生するものであり，イベント終了とともになくなる傾向がある。原田編[1995]によれば，建設費，外部委託費にカネを注ぎ込むのではなく，人的資源への投資を重点的に考えることによって，運営ノウハウが蓄積され，長期的な経済効果の創出が可能である[11]。すなわち，イベントの開催によって，活用可能な人材が育成され，実践的な組織力・運営力をもたらす。

　スポーツイベントの経済的側面におけるメリットとして，①消費活動の活性化，②雇用の創出，③生活水準の向上，④税収の増加，の4点があげられる[12]。一方，スポーツイベントは，開催期間中の物価の上昇，多事業への過剰投資，不動産投機，などのデメリットも存在する。

　以上，スポーツイベントの経済効果について概観した。スポーツイベントの経済効果は，開催前および開催期間における短期的なものである。スポーツイベントにおいて，開催後にも長期的な経済効果をもたらす方法の模索が大きな課題である。例えば，イベントのために建設したホテルについて，イベント終了後，いかに運営・管理して継続的な経済効果を生み出すかが重要である。

## 第2節　スポーツリーグ

### ❶　スポーツリーグの意義

　本節では，スポーツリーグのマネジメントについて考察する。スポーツリーグは，19世紀の米国で，企業家精神をもった球場所有者やクラブオーナーたちが，野球の試合を行うグランドに囲いをつけ，「試合を見る権利」を所有権として確立し，販売して利益をあげた[13]。その後，スポーツリーグが生まれ，試合を売るというビジネスが誕生した。

　スポーツリーグは，決められた各チームが年間を通じて，ゲームやイベントを開催する集団である。スポーツリーグの提供する商品は，試合である。スポーツリーグは，試合をより魅力的に見せ，観戦者を増やすために，①チームの競技力の向上，②チーム間の戦力均衡，③チーム同士の協働，の3つの要素が必要不可欠である。スポーツリーグは，上述した3要素のオペレーションを通じて，試合価値を向上し，リーグを繁栄させることができる。

　1990年代以降，スポーツリーグは，スタジアム建設のため，自治体から多くの援助を得ている。スポーツリーグにおいて，自治体による公的資金の投資を促すため，下記の5つの社会的ベネフィットが求められる[14]。
① 　雇用創出効果
② 　地域経済への波及効果
③ 　地元企業の活性化
④ 　地域のPRによる観光客の増加
⑤ 　地域へのポジティブな心理効果，クラブによる地域連帯の促進

　スポーツリーグ・マネジメントにおける大きな課題は，下記の2つがあげられる[15]。
① 　対戦するチーム間に戦力の格差のある試合は粗悪なプロダクトであるため，チーム間の戦力の均衡がリーグマネジメントの主要なテーマになる。

② 各チームは競技において，他のチームと競争すると同時に，試合の生産性において協働している。この両面性がスポーツリーグ・ビジネスの特徴であり，リーグ・マネジメントの課題でもある。

スポーツリーグにおいて，商品である試合の価値を高めるため，競技の普及と競技者の育成を積極的に行う必要がある。スポーツリーグは，競技の普及および競技者の育成は，観客の増加につながり，リーグのさらなる繁栄が可能である。

## ❷ リーグ運営のタイプ

リーグは，上層部にリーグ，中層部にチーム，下層部に選手，という３層構造の形をとっている。リーグ，チーム，選手は，互いに契約関係にあり，競争と協働を繰り返している。

リーグ運営のタイプは，大きく２種類に分けられる。シマンスキー＝ジンバリスト（Szymanski, S. = Zimbalist, A.）[2005]は，スポーツリーグを，① 開放的・競争的なスポーツリーグ，② 閉鎖的・独占的なスポーツリーグ，の２タイプに分類している[16]。

① 開放的・競争的なスポーツリーグ：階層的なリーグになっている。チームは，成績によって上位と下位のリーグ間を昇格・降格させ，自動的に戦力均衡を図る。ヨーロッパや南米のサッカーリーグが代表である。

② 閉鎖的・独占的なスポーツリーグ：単層的なリーグになっており，リーグ統括組織が各クラブの戦力が均衡するように計画的な調整を行う。北米の４大メジャーリーグが代表である。

伊丹敬之[1999]は，スポーツリーグのマネジメントを，ヒエラルキーパラダイム（米国型）と場のパラダイム（英国型）に区別した[17]。ヒエラルキーパラダイムでは，組織を階層と考え，その階層の中でタテの命令系統を中心にすえる中央集権的なマネジメントである。場のパラダイムでは，組織を情報的相互作用の束と捉えている。

種子田[2007]によれば，閉鎖的・独占的なスポーツリーグは，リーグの権限が強いので「リーグ集権型」，開放的・競争的なスポーツリーグは，チームの

**図表4－3　リーグ運営のタイプ**

| リーグ種類 | 特徴 | 例 |
|---|---|---|
| リーグ集権型 | ・リーグシステムは単層である<br>・中央集権<br>・メンバーシップは閉鎖的<br>・権利はリーグ統括組織に帰属<br>・フランチャイズは厳密に管理される<br>・リーグが戦力均衡のため計画的な調整を行う | NFL<br>MLB<br>NBA<br>NHL<br>Jリーグ |
| チーム分権型 | ・リーグシステムは階層的である<br>・権限委譲<br>・メンバーシップは開放的<br>・権利はクラブに帰属<br>・フランチャイズは設定されていないか，柔軟的である<br>・自動的な戦力均衡を図る | サッカー<br>ラグビー<br>プロ野球 |

（出所）　種子田穣[2007]18頁，伊丹敬之[1999]114-125頁，原田宗彦＝小笠原悦子編[2008]148-168頁を参考に筆者作成。

権限が強い「チーム分権型」と称している[18]。本書では，種子田[2007]による分類をもとに，リーグをリーグ集権型とチーム分権型に大別して議論をすすめることにする。図表4－3は，リーグ集権型とチーム分権型の特徴を表している。

　規模が小さいリーグでは，リーグが集中管理を徹底して行う，「シングルエンティティ」と呼ばれるリーグの運営タイプが存在する。シングルエンティティは，リーグ全体を有限会社として経営するリーグ経営組織であり，各チームを運営する投資家，経営者の責任および権限は制限され，リーグ収入あるいは損益は持分に応じて配分される[19]。米国では，MLS，WNBA（Women's National Basketball Association）など，シングルエンティティを採用するリーグが多い。シングルエンティティのメリットは，下記の4つがあげられる[20]。

① 単一実体によって市場をコントロールし，運営コストを抑制できる。
② チーム戦力のバランスを維持することによって，弱小チームの破綻を阻止することができる。
③ 給与統制を通じて，投資家にかかるコストを抑制できる。
④ 反トラスト訴訟の回避ができる。

以上，スポーツリーグの運営タイプについて概観した。スポーツリーグは繁栄していくため，リーグ運営タイプ別の特性を把握し，各自のリーグに最適な運営方法を選択し，経営資源を管理する必要がある。

## ❸ スポーツリーグの運営

　スポーツリーグにおいて，リーグを取り巻く環境，すなわち，ステークホルダーを把握することは極めて重要である。図表4－4に示されるように，スポーツリーグにおけるステークホルダーは非常に多様である。

　スポーツリーグの収益性について考察する。リーグの収益性は，運営タイプによって大きく異なる。チーム分権型のスポーツリーグでは，各チームが競争を繰り広げて収益の増加を図る。こうした競争は，チーム間での経営環境や経営資源の差によって，各チームの経済格差を拡大させる傾向にある[21]。

　一方，リーグ集権型のスポーツリーグでは，リーグ統括組織がフランチャイズを厳密に管理し，各チームの経営を統制して，計画的に収入の増加を図る。選手の給与を抑制し，チーム間の経済格差を縮小し，また，規模の利益と独占

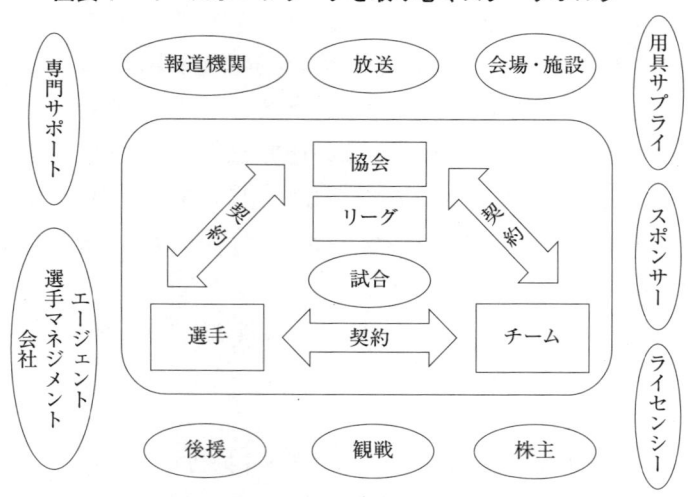

**図表4－4　スポーツリーグを取り巻くステークホルダー**

（出所）　山下秋二＝原田宗彦編[2005]93頁に基づいて筆者が加筆・修正。

による希少性によって，ステークホルダーとの交渉において有利な条件を引き出している[22]。

　リーグの運営において，コミッショナーの存在は欠かせない。コミッショナーとは，一般的に，プロリーグにおいて，各球団間の利害調整，各球団間で為される取引きの承認，または，同リーグにて働く選手への賞罰の決定などを行う者をいい，各球団のオーナーが指名する[23]。リーグによって，このコミッショナーの権限の範囲は様々である。

　例えば，MLBやNFLなどでは，コミッショナーが絶対の権限を有している。具体的には，リーグ自体が主に運営を行うリーグ集権型のスポーツリーグでは，コミッショナーは重要な役割を担っている。他方，チーム分権型におけるコミッショナー権限は制限されている。例えば，日本野球機構はコミッショナー事務局を頂点に，セ・パ両リーグとその所属球団で構成されている。しかし，実際には，12球団のオーナーで構成されるオーナー会議が最高決議機関であり，コミッショナーの権限は非常に限られている[24]。

　スポーツリーグによって，収益性およびコミッショナーの権限は大きく異なる。スポーツリーグは，目標を達成させるため，コミッショナーの役割を十分に果たすべきである。また，収益性の特徴を明らかにし，利益を向上させるため，スポーツリーグの運営を行うべきである。

## 第3節　スポーツ運営団体・リーグのマネジメント

### ❶　競技力の向上と戦力の均衡

　先述したように，リーグは，商品である試合をより魅力的なものにするため，①チームの競争力の向上，②チーム間の戦力の均衡，③チーム同士の協働，を施行している。しかし，リーグの構造によって，その運営は様々である。
　チーム分権型のリーグでは，トップリーグ，2部リーグ，3部リーグという

**図表 4－5　競技力の向上および戦力の均衡**

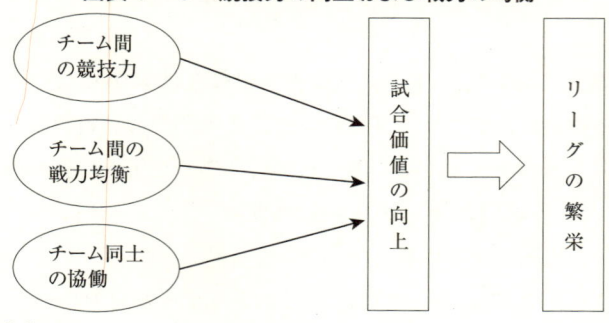

```
チーム間        ┐
の競技力        │
                │→ 試合価値の向上 ⇒ リーグの繁栄
チーム間の      │
戦力均衡        │
                │
チーム同士      ┘
の協働
```

（出所）筆者作成。

階層構造を取り，リーグ間での昇格・降格を繰り返すことによって，チームの競技力の向上と戦力の均衡を実現している。しかし，チーム同士の協働という面では運営が行われていない。そのため，強豪チームと弱小チーム間の格差ができ，落ちこぼれチームができてしまう。

　リーグ集権型のリーグでは，リーグの裁量範囲が非常に広い。戦力を均衡させるため，①リバニューシェアリング制度，②サラリーキャップ制度，③ウェーバー制ドラフト，の3つの制度を実施している[25]。

① 　リバニューシェアリング制度：収入を対象とした戦力均衡策である。チーム間の経営資源の不足による戦力不均衡を防ぐため，各チームの収入をリーグに集め，それを均等に配分する仕組みである。

② 　サラリーキャップ制度：サラリーキャップ制度は，1チーム当たりの選手報酬総額を制限する仕組みである。その額は，翌シーズンのリーグ全体の収入見込み総額に，あらかじめ定められた一定比率を乗じ，さらにそれを全チーム数で割って算出される。

③ 　ウェーバー制ドラフト：成績下位のチームから順番にシーズンの新入選手を指名して，交渉権を割り当てる仕組みである。潜在能力の高い選手を，リーグ内で均等に振り分けるのが狙いである。

　上述したように，チーム分権型リーグは，リーグ間での戦力の均衡を求めている。一方，リーグ集権型のリーグは，リバニューシェアリング制度，サラ

リーキャップ制度，ウェーバー制ドラフトを通じて，リーグ内の戦力の均衡を求めている。スポーツリーグは，選手についての教育・訓練を通じて，競技力の向上および戦力の均衡を図るとともに，より魅力ある試合を行い，観戦者数を増やす必要がある。

## ❷ 経営資源の管理

経営資源とは，企業活動を行ううえで必要な資源や能力のことである。経営資源は，一般的に，①ヒト，②モノ，③カネ，④情報，の4つに区分される[26]。上述した経営資源の分類に基づき，スポーツリーグの経営資源について理解を深める[27]。図表4-6は，スポーツリーグにおける経営資源を示している。経営資源を管理・統括することはリーグの役割である。

① ヒトの管理：スポーツリーグにとって，ヒトは最大の資源であるといえる。リーグの成果は，コーチによる指導，スタッフによるサービスの提供，選手による競技，などに大きく左右されるといっても過言ではない。ヒトの管理には，人件費などの費用が伴うものの，教育・訓練によって質の向上が期待できる[28]。

② モノの管理：グランドやスタジアムなどが存在しないと，競技ができなくなり，集客もできない。公共施設の利用に依存しているリーグにおいて，施設の使用は，自治体や地元協会を含めた既得者との調整が必要となり，入場料収入の1～2割を歩合として自治体に支払う，など大きな制約がある[29]。モノの管理には，維持費などの費用が発生するため，モノの過剰・過少を防ぐべきである。

③ カネの管理：スポーツリーグの運営において，運転資金，設備資金などは欠かせない。リーグの収入は，テレビ放送権料など，権利料が多い。NFLや英国サッカープレミアリーグでは，この放送権料をリーグが独占して契約を結び，莫大な利益を得ている。

④ 情報の管理：情報は，スポーツ組織が日常的な活動によって，学習し，創造し，蓄積されてきた知識であり，組織内外のあらゆるところから獲得できる[30]。今日の情報社会において，消費者ニーズは何かという顧客情報に

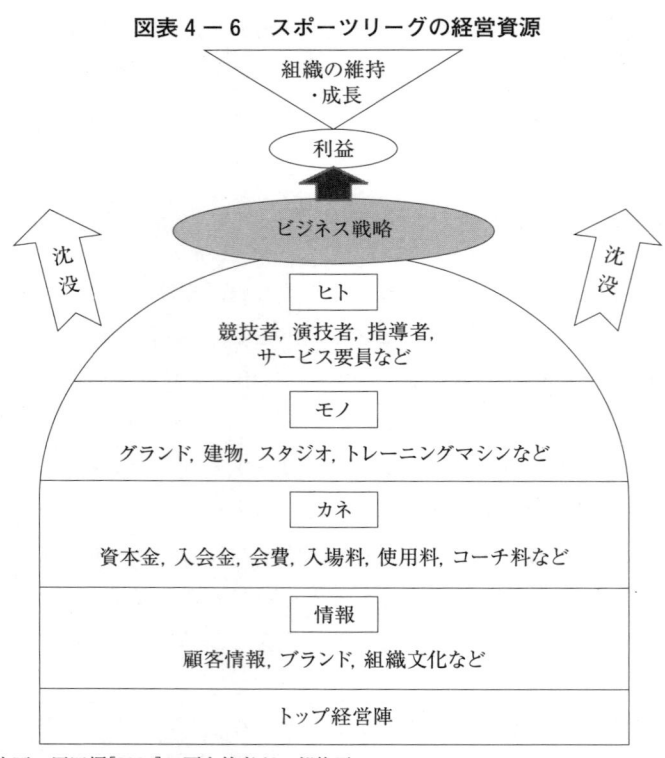

図表 4 − 6　スポーツリーグの経営資源

```
                    組織の維持
                     ・成長
                      利益
                        ↑
         沈       ビジネス戦略        沈
         没                          没
         ⇧                           ⇧
                     ヒト
             競技者, 演技者, 指導者,
               サービス要員など
                     モノ
         グランド, 建物, スタジオ, トレーニングマシンなど
                     カネ
         資本金, 入会金, 会費, 入場料, 使用料, コーチ料など
                     情報
             顧客情報, ブランド, 組織文化など
                   トップ経営陣
```

（出所）　山下＝原田編[2005]31頁を筆者が一部修正。

よって，スポーツ組織の成果が大きく変わるといえる。顧客情報を管理するために CRM（Customer Relationship Management：カスタマー・リレーションシップ・マネジメント）を導入するリーグもある。

上で述べたスポーツリーグにおける経営資源は有限である。それゆえ，スポーツリーグにおいて，限られている経営資源を管理・活用して，競争に勝ち抜き，リーグを存続・発展させていくことは大きな課題である。

## ❸　スポーツの普及と地域の活性化

リーグにおいて，競技の裾野を広げるために，競技の普及と競技者の育成は欠かせない課題である。すでに第 2 章でスポーツの生成および発展について考

察した。本項では，スポーツの普及について簡潔なレビューを行うことにする。

近年，伝統的なスポーツルール（走る，蹴る，投げるなど）の一部改変および全部の書下しによって，新しいスポーツが誕生してきた。ソフトバレーボール，女子ソフトボールなどがあげられる。このような進化は，ある意図的なマネジメントの結果生じた，スポーツ競技者およびスポーツ組織におけるイノベーションである[31]。新しいルールの作成，スポーツ競技場への新しい装置の導入，新しいサービスの開発，新しい組織の形成など，これらのイノベーションによって，スポーツの普及速度が速くなったといえる。

先述したように，経済の発展につれ，日本において近年，消費者の価値観，ライフスタイルが物の豊かさから心の豊かさへ，生活の第一の力点がレジャー・余暇生活へと変化してきた[32]。換言すれば，人々のスポーツに対する関心が高まり，スポーツは日常生活で欠かせない必需品となりつつあるということである。

また，スポーツリーグでは，性別，国別の格差の壁を排した競技の普及が注目されつつある。例えば，FIFAは，女性への競技の普及策として，女子サッカーの試合イベントの開催を積極的に行っている。誰でも手頃で，少人数でも行えるフットサルの普及も推進している。

次に，スポーツリーグにおける競技者の育成および競技の普及についてみてみよう。チーム分権型スポーツリーグでは，下部リーグ，ユースチームを管轄下におき，選手の育成を内部化している。リーグ集権型スポーツリーグでは，選手の育成，普及を高校や大学，あるいはマイナーリーグといった外部組織にアウトソーシングを行っている[33]。

近年，米国では，地域にスポーツリーグやチームを誘致するという考え方から，自治体が資金を投入し，新球場を建設する構造が生まれつつある[34]。すでに本章の第2節で考察したように，スポーツリーグは，① 雇用創出効果，② 地域経済への波及効果，③ 地元企業の活性化，④ 地域のPRによる観光客の増加，⑤ 地域へのポジティブな心理効果，クラブによる地域連帯感の促進，などのベネフィットを追求している。スポーツリーグは，地域密着によって，地域住民をファンに転換させ，リーグの収益を拡大させるとともに，地域に経

済効果をもたらすなど，Win-Winの関係を創り出すことができる。

スポーツリーグでは，最初に，個々のチームの営業区域が定められる「フランチャイズ」を実施した。フランチャイズを得ることは，その地域（区域）の独占営業権を得ることを意味する[35]。スポーツリーグは，フランチャイズを設定し，チームが地域独占の経営を行うことによって，チケット販売，テレビ・ラジオ放送権，マーチャンダイジング，スポンサーシップ，球場内物品販売，などを独占的に保有できる。上で述べた販売権は，地域のみならず全国の市場へと広がっていく。

上述したように，スポーツリーグは，積極的にスポーツを普及させている。また，地域活性化に貢献するため，フランチャイズなどを実施してきた。しかし，これらの活動の実行は簡単ではない。経営資源の不足，スポーツ文化の違いなど，様々な問題がありうる。スポーツリーグは，最適な構造および取組みを通じて，それぞれの課題に対応していく必要がある。

## 第4節　わが国におけるスポーツリーグ

### ❶　プロ野球

プロ野球の歴史は古く，戦前から各地で野球興行が行われてきた。そして，1950年から，現在の形であるセ・リーグ，パ・リーグが確立された。プロ野球は，人気，知名度ともに，わが国ではトップレベルである。しかし，プロ野球のリーグ運営には，①親会社への依存体質，②リーグがオペレーションを行っていない，という2つの問題点が存在する。

プロ野球は，企業の広告塔として発展してきた。1954年には，法人税個別通達「職業野球団に対して支出した広告宣伝費等の取扱について」が定められ，「親会社が，各事業年度において球団に対して支出した金銭のうち，広告宣伝費の性質を有すると認められる部分の金額は，これを支出した事業年度の損金

に算入するものとすること」とされ、プロ野球チームの親会社がチームの費用を負担しやすい構造が制度的に認められた[36]。すなわち、チームがいくら赤字であっても、その赤字を親会社が補填するという構造が生まれ、プロ野球は現在まで発展できたといえよう。

プロ野球は、構造的には、セ・リーグとパ・リーグの2リーグ制をとりながら、チーム分権型に近いリーグ形態をとっている。しかし、そこには経営的なイニシアチブがほとんどなく、各クラブ（球団）の経営および戦力を均衡させる政策がほとんど行われていない。矛盾したマネジメントのようにみえるものの、今のところプロ野球において、クラブ間の経済的格差・戦力格差は大きな問題になっていない[37]。この背景として、プロ野球独自のシステムが存在するといえる。セ・リーグにおいては、読売ジャイアンツを核とする一極集中型のリーグ経営が定着しており、これまで1億ともいわれるジャイアンツ戦の放送権料に依存する形でセ・リーグのチームは経営を行ってきた。

リーグ繁栄のため、競技の普及と競技者の育成の取組みにおいて、1軍、2軍は存在するものの、アマチュア競技者に対しては、何のオペレーションも実施されていない。また、2004年のストが契機となり撤廃されたものの、これまでリーグに参入するには、日本プロ野球機構の許可を得たうえで、60億ものリーグ加盟金を支払う必要があり、新規参入は、事実上不可能であった[38]。

シマンスキー＝ジンバリスト[2005]によれば、野球は、チーム間の協力がないと試合ができず、選手という人材をめぐっての、チーム間での破滅的な競争は避けるべきであるという特殊なビジネスである[39]。

上述したように、プロ野球は、運営上様々な問題があり、現在の企業主導型のチーム経営とリーグ運営方式の基本が変わらない限り、球団の赤字体質を払拭することは困難である[40]。換言すれば、プロ野球において、存続・発展するために、既存の運営方式を根本的に改革する必要がある。

## ❷ Jリーグ

Jリーグは、海外のプロリーグを参考にして構築され、「サッカーの普及と向上」、「スポーツ文化の振興および国民の心身の発達」、「国際社会における交

流」，の3つの理念を掲げる地域密着型スポーツビジネスである[41]。日本国内において，地域密着という概念は，Jリーグが最初に人々に認識させたといえる。図表4－7に示されるように，Jリーグは，J1，J2という2部制を採用している。それらの入れ替え戦を行うことによって，競争力の向上と戦力の均衡を図っている。また，それぞれのチームの下部には，ユースチームが組織され，競技者の育成を行っている。

　Jリーグは，リーグ集権型であり，チームが独自に行うことのできるマネジメントは制限されている。リーグが放送権料を一括で管理し，一定の法則で各チームに分配するリバニューシェアリングなどを実施している。また，Jリーグは，地域に根差したホームタウン制度を採用しており，地域行政，企業，住民の三位一体の仕組みが成立している。さらに，Jリーグは，「Jリーグ百年構想：スポーツでもっと幸せな国へ」というスローガンを掲げ，地域に根差したスポーツクラブを核としたスポーツ文化の振興活動に取り組んできた[42]。Jリーグは，プロ野球と大きく異なるリーグ構造となっているのである。

　広瀬一郎編[2006]は，Jリーグに参入する意義を，以下の5つに区別した[43]。
① スポーツ振興・普及活動を通じた社会貢献

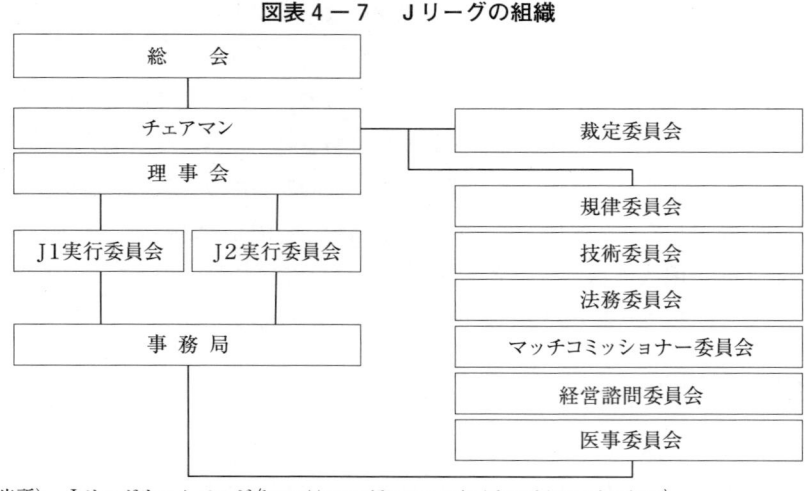

図表4－7　Jリーグの組織

| 総会 | |
|---|---|
| チェアマン | 裁定委員会 |
| 理事会 | 規律委員会 |
| J1実行委員会／J2実行委員会 | 技術委員会 |
| | 法務委員会 |
| 事務局 | マッチコミッショナー委員会 |
| | 経営諮問委員会 |
| | 医事委員会 |

（出所）　Jリーグホームページ〈http://www.j-league.or.jp/aboutj/organization/〉。

第4章　スポーツ運営団体・リーグのマネジメント

② プロスポーツの経営資源を活用した自社事業とのコラボレーション
③ 地域の活性化（地域の知名度向上，まちおこし）
④ 住民の健康促進
⑤ スポーツ教育振興（少子化に伴う学校クラブ活動崩壊の代替）

一方，Ｊリーグの運営には，様々な問題が存在している。大坪正則[2007]は，下記の4つの問題をあげている[44]。

① 各クラブの収入が少ない
② リバニューシェアリングに関するリーグからの配分が少ない
③ リーグ配分が少ないために，広告収入への依存度が高い
④ 少ない収入で収支を整えることによって，選手年俸が低く抑えられている

　Ｊリーグは，地域密着型スポーツリーグを目指し，運営されてきたものの，収入の配分処理を徹底しなければ，今後の成長に陰りが見えてくるであろう。

## ❸　大相撲

　大相撲は，わが国の国技である。大相撲の歴史は古く，現在の大相撲が組織化されたのは江戸時代といわれている。本項では，日本相撲協会をリーグ，各部屋をチーム，力士を選手と捉え，大相撲の組織構造について考察する。大相撲は，プロの興行として，本場所と地方巡業を行い，運営を行っている。中島隆信[2003]は，大相撲の構造を，日本相撲協会は持ち株会社で，相撲部屋はそこにぶら下がっている子会社であると述べている[45]。

　図表4－8は，大相撲における協会および部屋の権限配分を示したものである。部屋は，主に，力士の採用と育成を行っている。しかし，力士と年寄は部屋に関係なく協会に所属し，協会がその昇進を決定し，給与および部屋への助

図表4－8　協会と部屋の権限の配分

| 部屋の仕事 | 協会の仕事 | 禁止事項 |
|---|---|---|
| 力士の採用<br>力士の育成<br>部屋の設立・管理 | 力士・年寄への給与払い<br>力士・年寄の評価・昇進<br>部屋への補助金の給付 | 力士の移籍 |

（出所）　中島隆信[2003]81頁に基づいて筆者が加筆・修正。

成金などを払っている。協会は,部屋にすべての権限を与えているわけではなく,肝心なところは押さえている[46]。なぜならば,協会は,相撲部屋同士での激しい競争を望まないからである。協会は,相撲部屋に高い自由を与えることによって,部屋同士の競争を増やすことができる。

　上述したように,大相撲において,チームは選手の育成のみを担当し,漏れは多いものの重要な部分はリーグ任せという,非常に変則的なリーグ構造が採られている。大相撲には,スポーツとしての競技性,伝統文化としての文化性,の2つの要素が混在しているという独自性があるからである[47]。

　今後,大相撲興行をビジネスとして捉える場合,競技性と文化性の中でどちらに重点を置くのかがポイントであろう。競技性を高めるためには,文化性の阻害をなくし,大相撲独自の文化性をコアコンピタンスとするためには,新しいリーグの運営方式およびビジネス戦略が必要であろう。

## 第5節　NFLのケーススタディ

### ❶　ケース

　以上,リーグのマネジメントとシステムについて考察した。本節では,現在,史上最も成功したスポーツリーグと呼ばれるNFLのケースについて考察する。

　アメリカンフットボールは,米国の国技であり,1922年に,NFLが発足されて以来,その人気および国民の関心度は,極めて高い。また,米国の他のスポーツリーグや,ヤンキースを含め多くの赤字チームを抱えるMLB,ビッグクラブに資産や収益が集まる英国のサッカーリーグと異なり,NFLに所属するほぼ全チームの営業利益は,黒字を記録している[48]。

　なぜNFLは,これほどの人気を獲得し,チームも黒字経営を行っているのであろうか。理由は,NFLのリーグを中心とするマネジメントにある。NFLは,リーグ集権型の形態をとり,①特定のチームでなく,リーグ全体の発展

を指向する，②すべてのチームをイコール・コンディションに置く，③地域に密着したチームを作る，という基本的な考え方に基づいて運営を行ってきた[49]。リバニューシェアリング，サラリーキャップなど年俸管理システムが代表的である。

リバニューシェアリングでは，チケット代，放映権料，スポンサーからの収入の多くがリーグの収入となり，それを32チームに均等に配分する。テレビ放送権料の全額，入場料収入の40%，商品化権料の全額，リーグスポンサーからの協賛金全額，がいったんリーグに集積され，それから各チームへ配分される[50]。チーム収入のうち，リーグからの分配金が約70%を占めることになる。それゆえ，人口が少なく，市場規模の小さい地域にフランチャイズを設定している地域も，健全経営を行うことが可能となり，チームの落ちこぼれを防いでいる。

サラリーキャップは，各チームあたりの選手総年俸額の上限を決める制度である。サラリーキャップは，選手の給与高騰を防ぐとともに，チームの財政力の相違によるチーム格差を排除し，すべてのチームが毎シーズン，平等な条件，すなわち，チーム間の戦力の均衡を目的としている[51]。サラリーキャップは，NFLのフットボールビジネスによる総収入に対する割合によって定められる。つまり，NFLのフットボールビジネスによる総収入が増加すれば，サラリーキャップも増額し，選手たちはNFLのビジネスに関心をもつようになる。一方，サラリーキャップの下限を決めるのも極めて重要である。

また，戦力均衡を目指すため，ドラフトで下位チームから順に指名権を得る，ウェーバー制を採用している。上述したように，NFLは，戦力均衡に力を入れ，よりエキサイティングな試合を提供する取組みをしている。

試合の価値をより高めるための取組みは，NFLの試合数の少なさ，開催期間の短さである。一般的に，スポーツリーグにおいて，メディアへの露出度，観戦者数を考えれば，試合数が多い方が有利である。試合数が多くなることによって，チケット料，放送権料，売上も増加する。しかし，NFLは，試合数を増やすことによって，収入を増やすのではなく，1試合あたりの価値を高めるという逆転の発想で，1試合あたりの収入の増加を狙っている[52]。

## ❷ 問 題 点

　図表4-9に示されるように，NFLでは，1968年から1987年にかけて，ストライキやロックアウトが多発している。2011年3月12日，新しい労使協定が交渉期間内に締結されず，オーナー側はロックアウトを宣言した[53]。今回NFLでのロックアウトは，1987年以来24年ぶりである。今回のロックアウトの焦点は，①リーグ総収入の分配比率，②レギュラーシーズンの試合数，③

**図表4-9　米国4大メジャーリーグにおける労使紛争**

| 年 | MLB | NBA | NHL | NFL |
|---|---|---|---|---|
| 1968 | | | | ロックアウト |
| 1970 | | | | ストライキ |
| 1972 | ストライキ14日間 | | | |
| 1973 | ロックアウト12日間 | | | |
| 1974 | | | | ストライキ41日間 |
| 1975 | | | | ストライキ |
| 1976 | ロックアウト17日間 | | | |
| 1980 | ストライキ8日間 | | | |
| 1981 | ストライキ50日間 | | | |
| 1982 | | | | ストライキ57日間 |
| 1985 | ロックアウト2日間 | | | |
| 1987 | | | | ストライキ24日間 |
| 1990 | ロックアウト32日間 | | | |
| 1992 | | | ストライキ10日間 | |
| 1994 | ストライキ234日間 | | ロックアウト103日間 | |
| 1995 | | ロックアウト79日間 | | |
| 1998 | | ロックアウト191日間 | | |
| 2004 | | | ロックアウト全試合中止 | |
| 2005 | | | | |
| 2011 | | | | ロックアウト136日間 |

（出所）　大坪正則[2007]111頁を筆者が一部修正。

ルーキーのサラリー問題，の3つがあげられる[54]。

① リーグ総収入の分配比率：今までの労使協定では，年間90億ドル（約7,500億円）に達するリーグ総収入の内，60％に当たる54億ドル（約4,500億円）は，選手のサラリーとして分配され，オーナー側は10億ドル（約830億円）を与えられる。オーナー側は，球団維持および施設運営のコスト増加を理由に，配分額を2倍にすることを要求した。これは，選手サラリーの減額（約18％のペイカット）を財源としているため，選手の大きな反発を招いた。

② レギュラーシーズンの試合数：リーグは，レギュラーシーズン16試合制から18試合制に拡大することを検討した。オーナー側は，収入増と海外進出計画を推進するため試合数増加を望んでいる。一方，選手側は，負傷する危険性が増え，寿命を短くすると反対した。

③ ルーキー（rookie）のサラリー問題：オーナー側は，ルーキーに対して，一律に5年契約とし年ごとに増額する仕組みを提示している。選手側は，ルーキーの結ぶ契約年数と年ごとの増額率に上限を設定することを主張した。

上述した3つの焦点を巡って，オーナー側と選手の間では交渉が難航し，ロックアウトが長く続いた。ロックアウトは，オフシーズンのプログラムに下記のような様々な影響を及ぼすといえる[55]。

① 選手はチーム施設を利用することができない。
② コーチもフットボール業務において，選手と接触することが禁止される。
③ 新システムの導入が大幅に遅れる。
④ 各チームにおいて，フリーエージェント（FA）の獲得が消極的になる。

また，ロックアウトは，多くのメディアによって報道されるので，NFLのイメージおよびブランドに悪影響を与える。さらに，NFLのファンにもダメージを与え，ロイヤルティを低下させる可能性がある。ロックアウトが長引くと，リーグの収入にもマイナス影響を及ぼすことが推測できる。

ロックアウトは，オーナーと選手の間だけの問題ではなく，NFLの試合日に関わって商売している人々の生活に直結し，苦しい財政事情にも関わらず，スタジアムの建設費を負担した町およびその納税者に大きな損害をもたらす問題である[56]。ロックアウト状態の継続は，新たに多くの失業者の生み，市の

財政を悪化させることになるといえよう。

## ❸ 課　題

　サラリーキャップは，リーグが提示した財務情報を元に算出した「総リーグ収入」の一定比率を，チーム数で割って定められるので，労使間の信頼関係が鍵となる[57]。選手の年俸は，リーグ側の財務情報の捏造によって，不当にさげられるリスクがある。

　NFLにおいて，コア製品とは試合結果の不確実性であり，試合を盛り上げるのは選手である。NFLは，ドラフト制度などによって選手を束縛するのではなく，選手との関係を見直し，選手が最高の競技を運出できるよう支援すべきである。選手の最高の競技は，視聴率・ファンの増加につながり，利益を向上させるからである。

　NFLは，チーム同士でのリーグ内の競争を行っているのではなく，リーグがビジネスのユニットであり，それが他のスポーツリーグ，他のエンターテーメント・ビジネス他の時間消費型ビジネスとの「企業間競争」を行っているのである[58]。それゆえ，リーグ内の労使関係の信頼を構築するのは極めて重要

**図表4－10　NFLが抱える問題点と解決策のフローチャート**

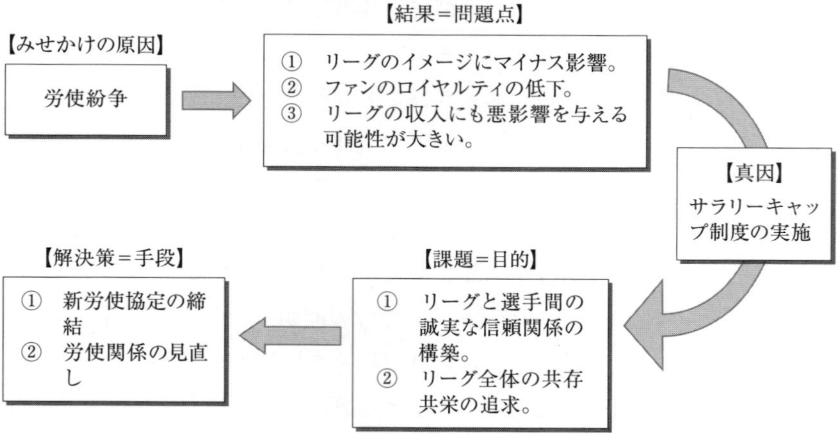

【みせかけの原因】
労使紛争

【結果＝問題点】
① リーグのイメージにマイナス影響。
② ファンのロイヤルティの低下。
③ リーグの収入にも悪影響を与える可能性が大きい。

【真因】
サラリーキャップ制度の実施

【課題＝目的】
① リーグと選手間の誠実な信頼関係の構築。
② リーグ全体の共存共栄の追求。

【解決策＝手段】
① 新労使協定の締結
② 労使関係の見直し

（出所）　筆者作成。

である。図表4-10に示されるように，NFLにとって，リーグと選手間の誠実な信頼関係を構築することによって，リーグ全体の共存共栄を追求することが大きな課題である。オーナー側および選手側にとって満足できる新労使協定を締結し，労使関係を見直すことが必要不可欠である。

注）
1）原田＝小笠原編[2008]202頁。
2）同上書203頁。
3）原田[2002]57頁。
4）同上書56頁。
5）新庄浩二編[2003]8-13頁。
6）佐伯聰夫編[2000]30頁を一部修正。
7）同上書。
8）原田[2002]59頁。
9）経済波及効果：一定期間内に，一国の産業・経済部門間で行われた相互取引の関連をもとに，産業関連分析を行い，ある最終需要が与えられた場合，産業間波及を通じてどの程度の域内生産が生まれたかを測定する。。
10）山下＝原田編[2005]56頁。
11）原田編[1995]67頁。
12）原田[2002]64頁。
13）原田＝小笠原編[2008]150頁。
14）同上書155頁。
15）同上書147頁。
16）Szymanski, S. ＝ Zimbalist, A. [2005]訳書4-11頁。
17）伊丹敬之[1999]114-125頁。
18）種子田[2007]18-20頁。
19）原田＝小笠原編[2008]74頁。
20）川井圭司[2003]117頁。
21）原田＝小笠原編[2008]151頁。
22）同上書151-152頁。
23）神谷宗之介[2005]93頁。
24）黒田＝内田＝林＝平本[2010]18頁。
25）佐野毅彦＝町田光[2006]56-58頁。
26）岸川善光[2006]140頁。
27）山下＝原田編[2005]31頁。
28）山下＝畑＝冨田編[2000]72頁。

29) 広瀬編［2009］293頁。
30) 山下＝畑＝冨田編［2000］73頁。
31) 山下＝原田編［2005］22頁。
32) 松田［1996］196頁。
33) 原田＝小笠原編［2008］160頁。
34) 黒田＝内田＝林＝平本［2010］129頁。
35) 大坪正則［2007］61-62頁。
36) 種子田［2007］11頁。
37) 原田＝小笠原編［2008］162頁。
38) 山下＝原田編［2005］76頁。
39) Szymanski, S. ＝ Zimbalist, A.［2005］訳書216頁。
40) 山下＝原田編［2005］76頁。
41) 同上書78頁。
42) Ｊリーグの HP 〈http://www.j-league.or.jp/100year/about/〉。
43) 広瀬編［2006］220頁。
44) 大坪［2007］157-158頁。
45) 中島隆信［2003］74頁。
46) 同上書81頁。
47) 『一橋ビジネスレビュー，56巻4号，2009SPR.』41頁。
48) 種子田［2007］131-132頁援用。
49) 同上書108頁。
50) 佐野＝町田［2006］58頁。
51) 種子田［2007］133頁。
52) 同上書28頁。
53) 前労使協定は，2011年3月4日に失効となる。
54) NFL日本公式サイト〈http://www.nfljapan.com/column/19961.html〉。
55) NFL日本公式サイト〈http://www.nfljapan.com/〉を援用。
56) 同上〈http://www.nfljapan.com/column/21365.html〉。
57) 日経ビジネス On Line〈http://businss.nikkeibp.co.jp/article/manage/20090817/202660/〉。
58) 種子田［2007］145頁。

# 第5章
# スポーツビジネスの経営戦略

　本章では，スポーツビジネスの経営戦略について考察する。経営戦略とは，企業と環境とのかかわり方を将来志向的に示す構想であり，組織構成員の意思決定の指針となるものである。

　第一に，スポーツビジネスにおける経営戦略について考察する。まず，競争戦略と競合相手について言及する。次に，直接的観戦における競争戦略について理解する。さらに，間接的観戦における競争戦略について理解を深める。

　第二に，ドメイン戦略について考察する。まず，ドメインの役割について言及する。次に，ドメイン再定義の重要性について理解する。さらに，関係性と自己組織化による場のマネジメントについて理解を深める。

　第三に，スポーツビジネスのブランド戦略について考察する。まず，スポーツビジネスにおけるブランドの役割について言及する。次に，スポーツ組織のブランド・エクイティの獲得手段についてチーム・リーグの両側面から理解を深める。さらに，スポーツ組織のブランド戦略について理解する。

　第四に，スポーツ組織全体で行うべき全社戦略について考察する。まず，財務戦略について考察し，財務の特徴について理解を深める。次に，プロモーション戦略について，販売促進と注意点を中心に言及する。さらに，国際戦略について考察することにより，国際戦略を行う意義と効果について理解する。

　第五に，スポーツビジネスの経営戦略のケースとして，浦和レッドダイヤモンズについて考察する。問題点と課題を言及することにより，スポーツビジネスにおける経営戦略について理解を深める。

## 第1節　スポーツビジネスの競争戦略

### ❶　競争戦略の役割と競合相手

　岸川善光[2006]によれば，競争戦略とは，「特定の事業分野，製品・市場分野において，競合企業（競争相手）に対して，持続可能な競争優位を獲得するために，環境対応のパターンを将来志向的に示す構想であり，組織構成員の意思決定の指針となるもの」である[1]。さらに，岸川[2006]は，競争戦略のポイントとして，①誰を競合企業（競争相手）とするか，②何を競争力の源泉として戦うか，③競争力をいかに効率的に作るか，④競争力をどのように活用するか，の4点をあげている[2]。

　まず，スポーツ組織が，誰を競合企業（競争相手）とするかについて考察する。競合相手を見極めるためには，スポーツビジネスが属している産業を見極める必要がある。

　小寺昇二[2009]は，スタジアムに焦点を当てるのであれば，スポーツ組織は，「エンターテインメント産業」であり，「時間消費型サービス産業」でもあると指摘している[3]。さらに，原田宗彦[2008]は，スポーツサービスの消費におけ特徴として，「生活に必要な必需的・義務的な消費とは異なり，自由裁量時間内に自発的に，目的をもって行なわれる選択的・レジャー的な消費である。したがって，活動の選択では楽しい経験になるかどうかが基準となる。また，他の代替サービスを同時に購入できない」と指摘している[4]。

　換言すれば，スポーツビジネスは，「経験」を売りにしているといえよう。さらに，球場を訪れてスポーツを観戦する時間帯は，他の「経験」を売りにしている企業のサービスを消費できない，という特性をもつ。例えば，スポーツの試合を直接観戦しつつ，水族館でペンギンを見ることは不可能である。

　次に，プロスポーツの商品である試合について考察する。試合の観戦形態は，①直接的観戦，②間接的観戦，の2つに大別できる。直接的観戦とは，観客

## 図表5－1　経済価値の発展

| 経済価値 | 製品 | ⇒ | サービス | ⇒ | 経験 |
|---|---|---|---|---|---|
| 経済的機能 | 製造 | | 提供 | | 演出 |
| 売物の性質 | 形がある | | 形がない | | 思い出に残る |
| 重要な特性 | 規格 | | カスタマイズ | | 個人的 |
| 供給方法 | 在庫 | ⇒ | オンディマンド | ⇒ | 一定期間見せる |
| 売り手 | メーカー | | サービス事業者 | | ステージ上の人 |
| 買い手 | ユーザー | | クライアント | | ゲスト |
| 需要の源 | 特徴 | | 便益 | | 感動 |

（出所）　Pine, B. J. II = Gilmore, J. H.［1999］訳書19頁。

がスタジアムなどでスポーツの試合を観戦することである。他方，間接的観戦とは，テレビ・ラジオといったメディアを通じた観戦のことである。

　上述したように，直接的観戦をしている観客は，他の「経験」を売りにしている企業のサービスを消費できない。そのため，直接的観戦における競合他社は，遊園地，動物園，水族館，といったテーマパークと，他のスポーツ観戦など，「経験を売る」エンターテインメント産業全般である。「経験」とは，図表5－1に示されるように，パイン＝ギルモア（Pine, B. J. II = Gilmore, J. H.）［1999］によって提唱された新たな経済価値である。

　間接的観戦の競合他社は，媒体となるメディアによって異なる。一般的に，テレビ中継における放送権料が，球団収入の中において大きな割合を占めているので，テレビにおける競合他社について言及する。

　スポーツのテレビ放映は，中継放送が一般的である。そのため，放送時間があらかじめ決められているものが多い。例えば，プロ野球は，13時～14時，もしくは18時～19時の試合開始が一般的である。間接的観戦におけるスポーツ組織の競合相手は，他チャンネルの他のスポーツ中継，ドラマ，ニュース，映画，バラエティ，ドキュメンタリー，ワイドショー，などの番組である。

　上述したように，スポーツ組織は，同じリーグ内の対戦相手を競合他社と見なすべきではない。他のスポーツや，他の経験を売るエンターテインメント産業と競合関係であるといえよう。

## ❷ 直接的観戦における競争戦略

前述したように，スタジアムなどにおいて，直接的観戦を提供するスポーツ組織は，観客に対して楽しさ，興奮，感動といった「経験」を提供している[5]。このことから，スポーツは消費者に対して経験を売る「経験産業」に属しているといえよう。例えば，ディズニーランドの顧客は，単なる遊園地の乗り物に乗ることではなく，そこで展開される物語の世界に入り込む経験を，代価を支払って購入しているのである。

図表5－1に示されるように，経験を売る業種では，思い出や感動などの主観的な要素が重要となる[6]。そして，他の「経験」を同時に消費できないという特徴により，「経験産業」に当てはまる全ての企業が競合他社である。

スポーツ組織は，スタジアムでの試合が経験産業であることを意識し，観客をより満足させるための仕組みを創出する必要がある。具体的には，試合の開始前や，途中の休憩時間にも観客が楽しめるショーを行う，試合後に選手を近い位置で見られる場所を用意する，などがあげられる。

その理由として，図表5－2に示されるように，観客の滞在時間増があげられる。一般的に，経験産業においては，滞在時間と入場者数の積がビジネス

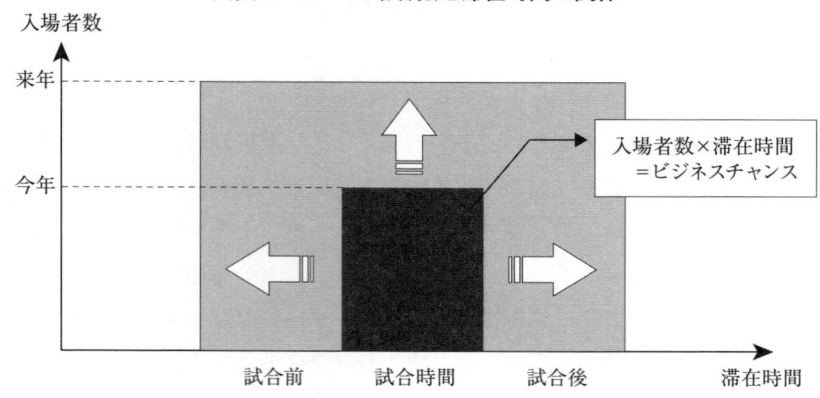

図表5－2　入場者数と滞在時間の関係

(出所)　小寺昇二[2009]76頁。

## 第5章 スポーツビジネスの経営戦略

チャンスとなる[7]。さらに，観客がスタジアムに訪れた場合などの，直接的観戦における価格戦略について考察する。同質の価値・経験を提供するテーマパークが2つ存在する場合に，消費者は，「価格」のより安い方を選択する可能性が高い。この場合の価格は，チケット料金だけを指す言葉ではない。

「経験」に対して顧客が支払う費用は，大きく分けて，①貨幣的費用，②非貨幣的費用，の2つが含まれる[8]。スポーツビジネスにおける，この2通りの費用について考察する。

① 貨幣的費用：直接価格（チケット代，応援グッズ代），移動費用（スタジアムに移動する際に必要な交通費），などの直接的な費用。

② 非貨幣的費用：時間の機会費用（移動時間，待ち時間，消費時間などのスポーツ観戦のため，労働に当てられなかった時間），心理的費用（スタッフとの接触，敗戦などの，当惑や困惑の気持ち），努力費用（個人的エネルギーの消費，精神的費用など），など金銭以外の費用として個人が負担しているもの。

スポーツ組織は，チケット代以外の費用も換算した上で，他の経験産業に対して価格優位性を保つ必要がある。また，ビジネスチャンスを拡大するために，試合前から試合後まで楽しめるようなスタジアム作りが重要である。

### ❸ 間接的観戦における競争戦略

前述したように，現在，最も主流とされる間接的観戦の形態は，テレビ中継による観戦である。テレビ放送では，主に他のチャンネルにおいて放送されている番組が競争相手である。そのため，より高い視聴率を得られるように，視聴者を引き付ける戦略が必要である。本節では，他のスポーツと比較して，テレビにおいて放映される割合が高い野球を基に考察する。

まず，視聴者の構成について考察する。電通リサーチが行ったスポーツ視聴に関するアンケート[9]によれば，アテネ五輪における野球視聴意向は，男性の約7割が「見る」と回答した。一方，女性は，約7割が「見る」とは回答しなかった。つまり，女性は，野球の試合をテレビで観戦しない人が，男性と比較して非常に多い。

同調査における年代別のアテネ五輪の野球視聴意向では，男女共に，10代で

「見る」と答えた人が最も少なかった。特に，10代〜30代の女性において，3割以下の人しか「野球を見る」と答えていない。このように，若年層・女性層の多くは，野球に対してそれほど熱狂的でないことが分かる。つまり，野球は，若年層・女性層に対して上手く魅力を伝えきれていない。

次に，テレビでの観戦について，試合の開始時間に基づいて考察する。プロ野球は，13時〜14時，もしくは18時〜19時の試合開始が多い。文部科学省編[2005]によれば，2002年度において，学習塾に通う児童の割合は，中学2年生で49.8％，小学5年生で27.7％である[10]。昼もしくは夜に設定されている試合時間は，日中に学校，放課後に学習塾へ通う児童に対して，接触機会の少ない時間設定となっている。

つまり，プロ野球は，試合開始時間という制度的問題のため，若年層に対する市場の開拓が達成できない状況にある。現在の状態が維持されたままとなると，20年後のプロ野球は，大相撲のように，視聴者の大半が高齢者という事態になりうる。

さらに，日本のプロ野球の放送内容について考察する。プロ野球は，全国放送では巨人戦しか放送されていない。これでは，巨人や巨人と試合しているチームに興味のないファンは，放送をほとんど見ない。一方，米国のNFLでは，地域ごとに放送する試合を変更している。ファンが最も見たい試合（地元チームの試合）を放送することは，番組制作費は通常より高くなるが，ファン層の維持・増大のためには必要不可欠な取組みである[11]。

日本のプロ野球でも，NFLのような取組みは，技術的に実現可能な段階まで来ている。今後，巨人以外のファンをより多く取り込むことにより，実際に巨人戦以外の試合でも視聴率を高くするように，リーグが協力して運営体制を築くことが重要である。

間接的観戦には，全年齢層に平等に好まれる観戦形態の構築が必要とされる。プロ野球は，若年層・女性層・巨人以外のファン層に対し，視聴者を引き付けるための施策を行っていない。NFLのように，多くの人に見てもらうための工夫が必要とされる。

## 第2節　スポーツビジネスのドメイン戦略

### ❶　ドメインの役割

　榊原清則[1992]は，ドメインとは，「組織体の活動の範囲ないしは領域のことであり，組織の存在領域」であると述べている[12]。

　また，岸川[2006]は，「ドメインを主体的に設定することは，企業の目的・使命に関する基本的な答えを出すことである。したがって，ドメインには，その企業の将来のあるべき姿，その目指すべき方向に関する基本的な考え方が色濃く投影されることになる」と指摘している[13]。

　スポーツビジネスにおいてドメインを定義することは，スポーツビジネスの活動領域，存在領域，事業領域，事業分野を規定し，それによって，スポーツビジネスの将来のあるべき姿，目指すべき方向に関する基本的な考え方を構築することになる。

　岸川[2006]によれば，最も典型的な事業ドメインは，① 誰に，② 何を，③ どのように提供するか，という3つの要素に基づいて定義されることが多い[14]。この定義を米国の NFL に適応すると，① 全米中の人々に，② エンターテインメントに特化した試合を，③ テレビを通じて提供する，というようになる[15]。

　エーベル（Abell, D. F.）[1980]は，図表5－3に示されるように，① 企業が対応すべき顧客層，② 企業が充足すべき顧客ニーズ（顧客機能），③ 企業が保有する技術，の3次元モデルを提唱した[16]。同様に，榊原[1992]は，① 空間の広がり，② 時間の広がり，③ 意味の広がり，の3次元モデルを提唱した[17]。

　事業ドメインを定義することは，事業の中核コンセプトを構築することである。スポーツビジネスにおいて，エーベル[1980]や榊原[1992]のような3次元モデルを用いて事業ドメインを定義することによって，① そのスポーツがもつ強みを活かした市場分野の選択，② 経営資源の重点投入による効果性・効

**図表5－3　事業定義のための3次元モデル**

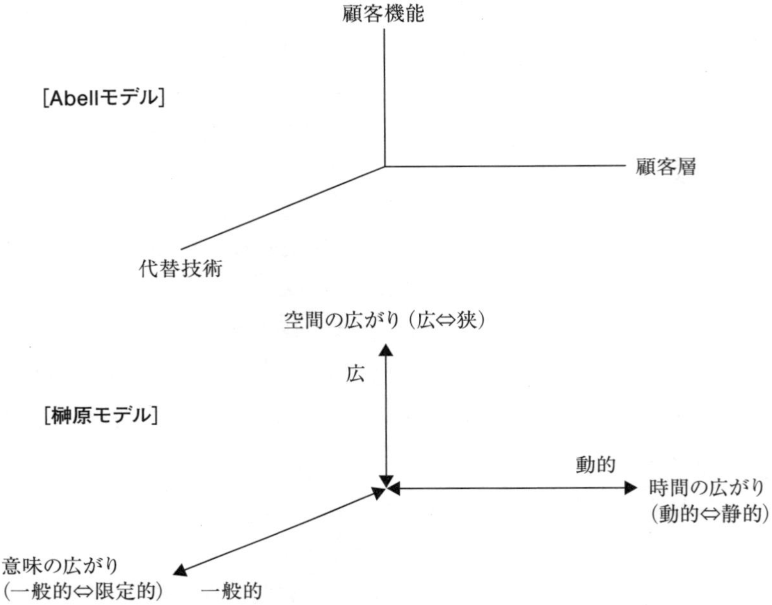

[Abellモデル]
- 顧客機能
- 顧客層
- 代替技術

[榊原モデル]
- 空間の広がり（広⇔狭）
- 時間の広がり（動的⇔静的）
- 意味の広がり（一般的⇔限定的）

（出所）　Abell, D. F.［1980］訳書37頁，榊原清則［1992］42頁，に基づいて筆者作成。

率性の向上，③他のスポーツやエンターテインメント産業に属する企業に対する差別化，などの効果を得ることが期待できる。

### ❷　ドメインの再定義

　ドメインを定義することは，スポーツビジネスにおいても重要である。事業には，ライフサイクルが存在する。成長期の事業であれば良いが，成熟期，衰退期にさしかかった事業は，意識的かつ選択的な事業分野の再定義，組み換えを促進することが，企業の存続・発展のためには欠かせない[18]。

　図表5－4に示されるように，ドメインには，①物理的定義，②機能的定義，の2通りの定義が存在する。ドメインの定義が企業の成長にとって決定的な役割を果たしたと紹介しているレビット（Levitt, T.）［1960］は，2つの定義を多くの事例を用いて説明した。分かりやすい例として鉄道会社をとりあげる。

第5章　スポーツビジネスの経営戦略

図表5－4　物理的定義と機能的定義

| 物理的定義 | 1/4インチの ドリル | 鉄道会社 | 映画会社 | バレンタイン・ チョコレート |
| 機能的定義 | 1/4インチの穴 | 輸送 | 娯楽 | 愛 |

（出所）　岸川善光[2006]93頁（Levitt, T.[1960]などを参照）。

　レビット[1960]によれば，米国で富が集中し栄華を極めた鉄道会社は，自身を「鉄道」（物理的定義）会社と考えた。そのため人や荷物を輸送する「鉄道事業」だけを重視して，航空機，乗用車，トラック，船舶，といった輸送事業に手を出さなかった。そのため，鉄道会社は，「輸送」（機能的定義）という需要拡大に対応しきれなかったため，斜陽化してしまった。レビット[1960]は，ドメインの定義を行う際に，物理的定義よりも機能的定義を推奨し，製品よりも顧客機能を重視すべきと主張した。

　岸川善光[2007a]によれば，「物理的定義は，カバーする領域が限定的であり，時間的にも限定的で，変化や発展の方向性を示すことが困難である。そのため，一般に，機能的定義のほうが物理的定義よりも望ましいとされている。しかし，機能的定義が抽象的になりすぎると，経営システムのアイデンティティが拡散する可能性が高くなるため，物理的定義と機能的定義との適合が欠かせない」と述べている[19]。

　ドメインの再定義は，スポーツビジネスの世界でも重要である。日本では，1936年から1980年にかけて，プロ野球の球団のほとんどが「本業とのシナジー効果」や「親会社の広告宣伝」を志向して運営してきた[20]。

　例えば，北海道日本ハムファイターズ[2007]によれば，日本ハムは，関西を基盤として出発した企業であり，さらなる成長を遂げるためには首都圏での知名度を早急に高める必要があった[21]。また，橘川武郎＝奈良堂史[2009]は，「ソーセージやハム，ハンバーグという加工食肉は，当時から子どものお弁当としての需要の高い商品であったため，子どもに対する訴求効果の高いプロ野球に参入することを決定した」と指摘している[22]。

　上述したように，かつての日本ハムにとって球団は，宣伝広告のための事業

であったが，1990年以降の日本経済の不調によって，宣伝広告としてのスポーツ事業は，① 経営の合理化，② 広告宣伝の効果の低下，の2点[23]を目的として，独自のビジネスとして収益を上げることが必要とされるようになった。

そこで，日本ハムは，スポーツ事業のドメインを「広告事業」から「スポーツビジネス」へ再定義する方針を採り，北海道へ本拠地を移転した[24]。現在，北海道日本ハムファイターズ[2007]は，球団運営の理想的な姿として，「フランチャイズ地域に密着して地域の発展に貢献しながら共存し，利益を享受しながら球団を発展させていく」と述べている[25]。

## ❸ 場のマネジメント

ドメインの定義・再定義による企業の計画的な成長は，スポーツ事業が企業内部でスポーツビジネスとして成立するために重要である。しかし，日本ハムの球団運営の姿に見られるような，企業と環境の関連性という視点を含めると，「場」の概念が重要であることがわかる。

伊丹敬之[2005]によれば，「場とは，人々がそこに参加し，意識・無意識のうちに相互に観察し，コミュニケーションを行い，相互に理解し，相互に働きかけあい，相互に心理刺激をする，その状況の枠組みのこと」である[26]。

また，岸川[2006]は，場を「関係性を構築し，あらゆるモノを相互作用的に伝達し，人々が交流する中で起こる自己組織化を通して，新たな知識を創造する枠組みである」と定義している[27]。場の概念では，① 関係性，② 自己組織化，の2つが重要な概念であることがわかる。

スポーツビジネスにおいて，場を設定しマネジメントを行うことは，ビジネスの成功を大きく後押しする重要な戦略となる。わが国で場をうまく作用させたスポーツビジネスの例として，① 東北楽天イーグルス，② 鹿島アントラーズ，の2団体について考察する。

島田亨[2006]によれば，東北楽天イーグルスは，経済面での地域活性化を目指して宮城県に税金を納めるために，楽天グループの企業の支店を仙台市内に登記移転した。この移転によって，① 宮城県から支援金1,440万円を交付され，② フルキャストスタジアム宮城の管理許可期間が10年から15年に延長される，

など自治体が積極的に球団の支援に乗り出すようになった[28]。

　鹿島アントラーズには，インファイトというサポーター集団がいる。インファイトは，鹿島アントラーズの試合開始前からスタジアムに集合し，その後12時間以上，スタジアムの周辺で仲間と飲食や雑談を共にしている[29]。

　インファイトに所属する人々は，ただ試合の応援をするだけではなく，スタジアム内に専用の倉庫を所有している。倉庫には，応援活動で使用する横断幕やビッグフラッグが保管されている。また，オリジナルグッズの販売を行うショップも保有しており，試合開始直前には応援方法を確認するためのミーティングを，試合終了後には，①用具の片付け，②スタンドに残されたゴミ拾い，③応援方法の反省会，などを行う[30]。

　東北楽天イーグルスの例では，球団と自治体が相互に支援しあうことによって，スポーツビジネスと地方自治体の間に新しい関係性を創出している。また，鹿島アントラーズは，最初はファンであった人々が集まり，自己組織化し，応援やグッズ販売，試合後のゴミ拾いなどの業務を行っている好例である。

# 第3節　スポーツビジネスのブランド戦略

## ❶　ブランドの役割

　コトラー＝アームストロング（Kotler, P. ＝ Armstrong, G.）[1997]によれば，ブランドとは，「製品のメーカーや販売店を識別させてくれる名称，言葉，記号，シンボル，デザイン，またはこれらの組み合わせをさす。ブランドは，買い手に対して特定の特徴，ベネフィット，サービスを継続して提供するという売り手の約束の印である」と述べている[31]。

　また，佐野毅彦＝町田光[2006]によれば，スポーツ愛好家でない普通の人々に自由時間の活動として試合の観戦を選んでもらうには，その人たちを惹きつける「ブランド」が必要であると指摘している[32]。そのために，スポーツ組

織は，ブランドマネジメントの視点を運営に取り入れる必要がある。

　ブランドが企業組織にもたらす利得として，ブランド主導の価格設定があげられる。一般的に，ブランド化された商品というものは，ノンブランド商品と比較して高い値段設定が可能になる。これをブランド主導の価格設定という[33]。

　ブランド主導の価格設定によって実現可能な利益部分を，プレミアム価格という。一般的に，ブランド・ロイヤルティ（忠誠心）の高い消費者は，プレミアム価格を支払うと考えられている。

　プレミアム価格が付けば，それだけ球団のチケット収入は高くなる。さらに，ロイヤルティの高い消費者は，時間の機会費用や心理的費用などを考慮の外に置いて，観戦に来る可能性が高くなる。

　さらに，ブランド・ロイヤルティは，次の5つの特徴を有している[34]。
① プレミアム価格を設定できる機会は，カテゴリーによって限定されない。
② 全ての製品やサービスは，プレミアム価格設定戦略の採用が可能である。
③ ロイヤルティは，全体的な満足とプレミアムを課す能力をつくり出す。
④ ブランドは，設定されたプレミアム価格を正当化し続けるために，常にブランド・ロイヤルティを獲得し続けなければならない。
⑤ ロイヤルティは，消費者に対して，購買行動の継続のような「行動的側面」の他に，愛着心，忠誠心，一体感といった「態度的側面」も抱かせる。

　つまり，スポーツビジネスにおいてブランド・ロイヤルティを高めることは，プレミアム価格を設定する他に，チームに対する愛着や一体感をもたせることが可能になるなど，様々な効果が期待できる。スポーツ組織は，ブランド・ロイヤルティを高めるようなチーム作りが重要であるといえる。

## ❷　スポーツ組織のブランド・エクイティ

　図表5－5に示されるように，上述したブランド・ロイヤルティは，ブランド・エクイティを構成する1つの要素である。アーカー（Aaker, D. A.）［1991］によれば，ブランド・エクイティは，①ブランド・ロイヤルティ，②ブランド連想，③ブランド認知，④知覚品質，⑤その他，で構成される[35]。

ブランド連想とは，消費者がそのブランドに関して連想できる全てのものである。ブランド連想は，企業のブランド・エクイティを高める効果をもつ。アーカー［1991］は，マクドナルドにおけるブランド連想として，①ロナルド・マクドナルドのようなキャラクター，②子どもといった顧客セグメント，③楽しみといった感情，④サービスなどの製品特性，⑤ゴールデン・アーチなどのシンボル，⑥常に何かにせきたてられるように行動するといったライフスタイル，⑦自動車などのモノ，⑧マクドナルドに隣接した映画館へ行く，といった行動に関連している，と指摘している[36]。

　スポーツビジネスにおけるスポーツ連想は，①マスコットキャラクター，②所属する選手，③楽しみ・興奮という感情，④球場でのサービスなどの製品特性，⑤球団シンボル・マーク，⑥ユニフォームやバットなどのファングッズ，⑦球場を利用したイベント，などがあげられる。上述したブランド連想を，ポジティブな印象として顧客に与えることが，スポーツビジネスにおいてもブランド・エクイティを高めるために重要である。

　ブランド認知とは，ある製品カテゴリーを考えたときに，消費者がブランドを認知あるいは想起することである。ケラー（Keller, K. L.）［2003］によれば，ブランド認知は，①ブランド連想の形成と強さに密接に関わる，②ブランドを購入したり消費したりする場面において，意思決定に影響を及ぼす，③ブランド連想が確立されていないような場合でも，ブランドの選択にブランド認

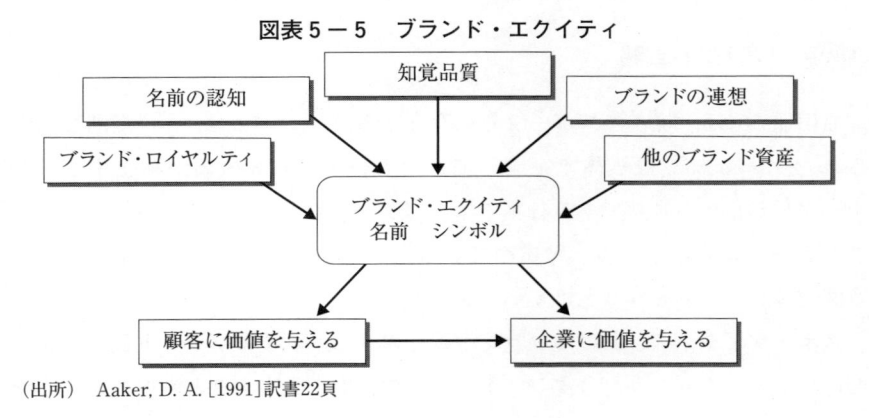

**図表5－5　ブランド・エクイティ**

名前の認知　知覚品質　ブランドの連想
ブランド・ロイヤルティ　　他のブランド資産
　　　↓　↓　↓　↓　↓
　　ブランド・エクイティ
　　　名前　シンボル
　　　↓　　　↓
顧客に価値を与える　→　企業に価値を与える

（出所）　Aaker, D. A.［1991］訳書22頁

知が影響する，という3点で重要である[37]。

スポーツビジネスにおいても，ブランドの認知度を高めることは，① チームやリーグのブランド連想を形成しやすくし，② 経験産業において，サービスの選択に影響を及ぼし，③ もしブランド連想が確立されていなくてもブランドの選択に影響を与える，といったメリットをもつ。

知覚品質とは，消費者が，ある製品またはサービスの意図された目的に関して代替品と比べた際に知覚できる優位性や品質のことである。消費者は，自身の性別，所得，趣味，ライフスタイル，などによって異なる知覚品質をもつ。そのため，客観的に知覚品質を決定することはできない。

しかし，知覚品質は，① 購入理由，② 他ブランドとの差別化・ポジション，③ 価格プレミアム，④ チャネル構成員の関心，⑤ ブランド拡張，など様々なメリットをもたらす[38]。スポーツビジネスにおいても，多くの顧客に対応できるような場作りを行うことにより，消費者の知覚品質を高める努力が必要である。

さらに，その他のブランド・エクイティとして注意すべきものがいくつか存在する。原田[2008]によれば，チームの成功や，高名な監督，スタープレイヤーの存在，組織のもつ伝統，試合のスケジュール，メディアが視聴者に向けて行う報道，地理的なロケーション，リーグが他のスポーツに対してもつ競争力などはすべて，ブランド・エクイティとして考えられる[39]。そして，これらのブランド・エクイティは，結果的に組織の収益を増加させる。

### ❸ ブランド戦略

原田[2008]は，現在のスポーツ界に存在するブランドには，「① 意図して作られたケース，② 自然体で完成してきたケース，の2種類が存在する。スポーツビジネスが未熟である日本では，ブランドの大半は，自然体で完成してきたケースに分類される」と述べている[40]。今後，スポーツビジネスでは，意図的にブランドを作り上げていく必要がある。

スポーツビジネスにおけるブランド戦略のうち，選手のブランド価値形成は，芸能プロダクションが行うタレント育成に類似点を見出すことができる。芸能

第5章　スポーツビジネスの経営戦略

プロダクションは，メディアと連携し，自社のタレントの知名度，人気などを高める活動を行う。さらに，タレントが自分の価値を下げないよう，プライベートの素行にまで注意を喚起する。また，人気の出たタレントを全面的に売り出す時も，裏では新たなタレントを発掘し育成する。同様に，スポーツ選手も，メディアと連携し，選手の知名度，人気を高める活動を行う必要がある。

佐野＝町田［2006］によれば，チームレベルで行えるブランドの価値形成として，実際にNFLで実行されているのは，以下の3点である[41]。

① 引退した選手：引退した選手が，チームやリーグの話をどのように周囲に伝えるかによって，スポーツビジネスに対する周囲の評価は大きく異なる。そのため，引退した選手に対する保障を行うことによって，風評被害を防ぐ必要がある。

② プロ選手としての自覚：プロ選手は，スタジアム内でどれほど優秀であろうとも，スタジアム外での粗暴な行動や言動があれば，人々から尊敬されない。さらに，選手に対する印象や感情は，リーグに対する印象や感情と直結する。そのため，選手にプロフェッショナルとしての自覚を植え付けることは，プロリーグの経営にとって重要である。

③ 情報を分かち合う：同じプロスポーツリーグで戦うチームは，情報を公開しあうことにより，スポーツのブランドを強固にすることができる。例えば，

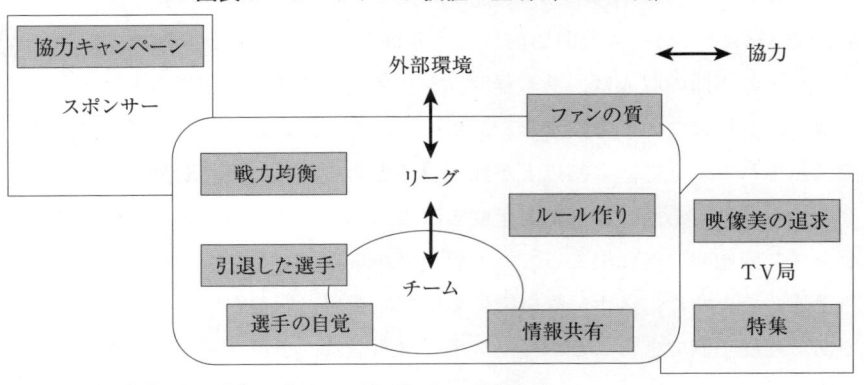

**図表5－6　ブランド価値の生成（NFLの例）**

（出所）　佐野毅彦＝町田光［2006］112-113頁に基づいて筆者作成。

NFLでは，ドラフトで指名される可能性のある大学生アスリートの情報を全チームで共有する仕組みが存在する。

図表5－6に示されるように，スポーツ組織では，チームだけでなく，リーグ全体が一丸となってブランド価値の生成に取り組む必要がある。ブランド戦略の特徴として，ブランドは，チームだけでなく，リーグ，さらに，試合の映像を配信するテレビ局のような外部環境と協力しなければ，スポーツのブランド価値を高めることは不可能である。

## 第4節　スポーツ組織の機能別戦略

### 1　財務戦略

勿論，スポーツビジネスにも，収益と費用が発生する。そのため，スポーツ組織は，企業同様に財務上の意思決定を行う必要がある。

まず，収益について考察する。武藤［2006］によれば，主なスポーツビジネスの収入源として，①シーズン入場券収入，②当日入場券収入，③移籍料，④スポンサー料，⑤会費，⑥放送権料，⑦物品販売，などがある。さらに，Jリーグなどでは，⑧スクール収入，が存在する[42]。これらの収入源のうち，②，⑦以外は，シーズン開始前に行う年間契約である。そのため，スポーツビジネスの年間の収入は，ある程度，シーズン前に予測可能である。

次に，費用について考察する。スポーツビジネスにおける費用は，図表5－7に示されるように，7割以上が固定費で占められている。変動費は，全体の2割から3割であり，これは前年度の収支に基づいて決定する。他の項目は，シーズン開始時に既に決まっている費用である。

上述したように，スポーツ組織において，費用と収益がシーズン開始の段階である程度予測できることから，スポーツ組織は，予算計画が立てやすいといえよう。

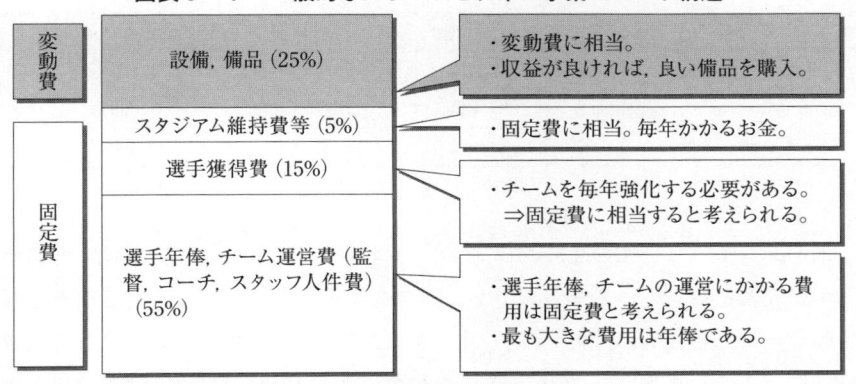

## 図表5－7　一般的なスポーツビジネス事業のコスト構造

| 区分 | 項目 | 備考 |
|---|---|---|
| 変動費 | 設備，備品（25%） | ・変動費に相当。<br>・収益が良ければ，良い備品を購入。 |
| 固定費 | スタジアム維持費等（5%） | ・固定費に相当。毎年かかるお金。 |
| 固定費 | 選手獲得費（15%） | ・チームを毎年強化する必要がある。<br>⇒固定費に相当すると考えられる。 |
| 固定費 | 選手年俸，チーム運営費（監督，コーチ，スタッフ人件費）（55%） | ・選手年俸，チームの運営にかかる費用は固定費と考えられる。<br>・最も大きな費用は年俸である。 |

（出所）　広瀬編［2009］71頁に基づいて筆者が一部加筆。

　スポーツ組織は，選手の年俸やその他の固定費が，費用の大部分を占めている。そのため，選手年俸をコントロールすることは，スポーツ組織にとって極めて重要である。しかし，日本では，前年度より年俸が落ち過ぎないように，年俸の減額にルールが決められていることが多い。

　しかし，年俸が高いことが悪いとは限らない。上述したように，選手の年俸を大きく下げることにより，収益率を改めることは可能である。しかし，選手の士気が下がり成績が不調になったり，選手の放出により戦力が落ちる可能性がある。年俸が高くても優良な成績を残しているチームとして，米国のヤンキースや，スペインのレアルマドリッドがあげられる。これらのチームは，興行的な成功を目指して，高額年俸を用いて優秀な選手を集めている。それが可能な理由として，活躍する選手には，高額の年俸を支払う一方で，活躍できない選手の年俸を徹底的に低くすることがあげられる[43]。米国のように，無駄な投資の排除を心がける必要がある。

　次に，スポーツ組織における不必要な投資について，1勝当たり年俸コストを例にあげて考察する。図表5－8に示されるように，ヤクルト・スワローズは，読売巨人と比較して，1勝当たりにかかる選手年俸が半額である。また，ヤクルト・スワローズは，その年の最下位である阪神タイガースと比較して，ほぼ同額の選手年俸で優勝していることがわかる。

図表５−８　１勝当たりの年俸コスト比較（2001年度）

| チーム | 順位 | 年俸総額 | 勝数/140試合 | １勝当たりの年俸コスト |
|---|---|---|---|---|
| ヤクルト・スワローズ | 1 | 18.4億 | 76勝 | 2,400万 |
| 読売巨人 | 2 | 37.8億 | 75勝 | 5,000万 |
| 阪神タイガース | 6 | 14.9億 | 57勝 | 2,600万 |

（出所）　大坪正則[2002]43-44頁を一部抜粋。

　米国メジャーリーグのオークランド・アスレチックスも，資金不足にも関わらず好成績を残しているチームである。アスレチックスは，統計的見地から選手のデータを客観的に分析している。例えば，プレーオフ進出に必要な勝利数は95勝，さらに95勝するために必要な得失点差は135（勝利数と得点数には相関があることがわかっている）であり，過去の選手の成績から得点数と失点数を計算する[44]。足りなければ，選手を補強すれば良いし，多ければ，それは余計な投資ということになる。

　つまり，スポーツ組織にとって重要なこととして，過度な投資の排除があげられる。上述したように，スポーツ組織では，シーズン前に本年度の収支を予測できることから，計画も立てやすい。また，アスレチックスのように，統計的に出た結果に基づき無駄な投資を排除することも，収支を改善するのに有効である。

## ❷　プロモーション戦略

　コトラー＝アームストロング[1997]によれば，プロモーションとは，「製品の長所を伝え，標的消費者に製品を買うように説得する活動」である[45]。つまり，販売促進活動である。

　「見るスポーツ」において，適切なプロモーションとは何であろうか。本項では，スポーツ組織のプロモーション戦略について考察する。

　佐伯年詩雄監修[2006b]によれば，「見るスポーツ」は，商業的な役割の他に，①娯楽としての役割，②コミュニティ形成を担う役割，③スポーツ文化としての役割，④多様化するスポーツの文化的統合を担う役割，という４つの役割をもつ[46]。

① 娯楽としての役割：スタジアムに足を運んでのライブ観戦は，大衆化された娯楽として，大きな市場を形成するようになった。
② コミュニティ形成を担う役割：「見るスポーツ」が開催される地域や社会にとっては，「見るスポーツ」がコミュニティ形成の機能を果たす場合がある。
③ スポーツ文化としての役割：見るスポーツをよりよく楽しむためには，対応する享受能力，すなわち，見るスポーツの文化を理解・継承・創造する力が求められる。
④ 多様化するスポーツの文化的統合を担う役割：空洞化・二極化しがちな高度化されたスポーツと大衆化されたスポーツをつなぐものとして，見るスポーツを捉えることができる。

スポーツプロモーションを行う際には，上のような役割を「見るスポーツ」が担うことを理解すべきである。そして，①飲食サービスの充実やスポーツ前後のイベントなど，スポーツ観戦をより娯楽的な方向へシフトさせたり，②地域社会の人々の共通の関心を集められるような地域交流の場となることにより，多くの人に受け入れられるような場作りを行う必要がある。

次に，プロモーションをする上で重要な観戦動機について考察する。すでに第3章で考察したように，松岡宏高＝藤本淳也＝James, J. [2002] は，スポーツの観戦動機を，①達成，②美的，③ドラマ，④逃避，⑤知識，⑥技能レベル，⑦交流，⑧所属，⑨家族，⑩娯楽，の10項目に区別した。スポーツ組織は，上述したような役割を意識しつつ，観客の観戦動機に強く訴えかけるようなプロモーションを導入すべきである。

例えば，読売巨人の観客動員数は，2005年，2006年にかけて減少し続けていた。2006年には，1日当たり観客動員数が4万2千人を割り込む事態となったために，巨人は，「G-Po」と呼ばれる新しいポイントサービスを導入した[47]。

「G-Po」とは，巨人主催試合の際に，球場に設置してある機械にカードをかざすことでポイントを得るシステムである。試合の展開や，自分の選んだ選手の活躍次第で得られるポイントが変化する。「G-Po」は，「見るスポーツ」の娯楽としての役割の中で，達成，所属，娯楽，などの観戦動機を刺激している。

2007年以降，巨人の1日当たり観客動員数は，4万2,000人を超えている。

2009年には，4万3,000人を超えている。リピーター効果が存在しているといえよう。2010年以降は，新しい試みとして女性専用席「ガールズシート」を設置し，ひざ掛けやカバン収納箱を用意している[48]。

スポーツビジネスにおいて，プロモーションは，多くの人々にスポーツを普及させる役割をもつ。ファンとファンでない人，その両方に訴えかけるプロモーションを行うことは，今後スポーツビジネスが発展していく上で，必要不可欠である。そのため，プロモーションは，スポーツビジネスにおいて非常に重要な位置を占めると考えられる。

### ❸ グローバル戦略

高津勝＝尾崎正峰編[2006]によれば，近年，スポーツは，メディアの国際的な規制緩和と民営化・自由化を契機にしてグローバル商品として展開されつつある[49]。

共通のルールが用いられ，国籍に関係なく行われるスポーツは，文化・人種に関係なく楽しむことができる[50]。そのため，スポーツビジネスは，他のサービスビジネスや製品ビジネスと比較した場合，よりグローバル化しやすい。

スポーツ組織は，高い視聴率を得るスポーツを輸出することにより，放送権料を得ることが可能である。また，国内に限らず，外国市場において関連グッズの販売や，放送権料の獲得，国際交流イベントの確立が実行できれば，スポーツ組織において収益の拡大を見込める。すなわち，スポーツビジネスにおいて，国際戦略は，重要な意思決定の対象となっている。

バーニー（Barney, J. B.）[2002c]によれば，企業が国際戦略を実施する理由として，①直接その企業の売上高を増大させる，②製品ライフサイクルに従って発生する国内需要の変動に柔軟に対応することが可能になる，③企業の生産規模を拡大させる，の3点があげられる[51]。

スポーツビジネスに上記の概念を当てはめると，グッズの販売や，放送権料等で売上の増大は十分に考えられる。企業の売上および，生産規模の拡大は，国際戦略で追求可能である。しかし，第1章で言及したように，スポーツビジネスの製品ライフサイクルは，シーズン終盤にピークを迎える。このライフサ

イクルの形態は，全世界で共通である。そのため，国際戦略を行う理由として，②製品ライフサイクルに従って発生する国内需要の変動に柔軟に対応することというバーニーの指摘はスポーツビジネスにおいては不適切といえよう。

スポーツビジネスを展開する企業の売上高を，直接的に増大させた例として，日本プロ野球に所属する読売巨人軍について考察する。読売巨人軍は，2005年までロッテに所属していた韓国人選手の李承燁（イ・スンヨプ）と単年契約を結んだ。これを機に，韓国のテレビ・ラジオ兼営の放送局であるSBSは，巨人戦公式戦の主催試合の放送を決定した。

これにより巨人軍は，韓国からの放送権収入を得ることになった。2006年の韓国国内における巨人戦の視聴率は，平均3.17%であった。予想以上の人気に，SBSは，翌2007年以降オープン戦の放送も行う結果となった。読売巨人軍も韓国語のHPを開設するなど，韓国市場へ向けた供給を積極的に画策していた。現在，SBSは，巨人戦における李承燁の出場機会が減ったために，韓国国内での放送を終了した。

上述したように，スポーツのグローバル化は，売上高と生産規模を増大させる。巨人軍のように，他国へ向けての放送拡大は，今後日本のスポーツ組織が実行するべき国際戦略の1つの方向性である。

## 第5節　Jリーグ浦和レッズのケーススタディ

### ❶ ケース

本章では，スポーツビジネスの経営戦略について述べてきた。企業においてスポーツは，広告としての役割から，スポーツビジネスとしての役割に変化してきた。そのため，スポーツは，独自で収益構造を構築しなおす必要があった。以下では，Jリーグの浦和レッドダイヤモンズ（以下，浦和レッズ）を取り上げ，Jリーグと，そこに所属するチームが抱える経営戦略の問題点について考

察する。浦和レッズは，埼玉スタジアム2002とさいたま市駒場スタジアムをホームグラウンドとして活躍するサッカーチームである。浦和レッズの主な経営戦略として，①ドメイン，②ブランド，③財務，の3点について概観する。

<ドメイン戦略>

　浦和レッズの前身は，株式会社三菱自動車のフットボールクラブであった。当時，企業に所属する実業団の目的は，①会社員の士気高揚，②労使関係の緊張緩和，③施設設備による福利厚生，であった[52]ので三菱自動車フットボールクラブも同様であったと考えられる。

　Jリーグの発足に伴い，三菱自動車フットボールクラブは，「レッドダイヤモンズ」として参入した。「ホームタウンをもつこと」というJリーグのルールに従い，レッズは浦和をホームタウンとして選択した。その後，浦和レッズは，ホームゲームを全て浦和で行うなど徹底的な「地域密着」を行うことによって，浦和市によるスタジアムの改修などの支援を受け取れるようになった[53]。浦和レッズは，地域密着を行い，地域活性化・産業振興に尽力し，自治体は，浦和レッズを支援するという相互支援的な関係を創出した。

<ブランド戦略>

　上述したように，スポーツビジネスのブランドは，チームだけでなく，リーグ全体の影響を受ける。浦和レッズ自身のブランドは，収益の高さや入場者数によって裏付けられている。しかし，Jリーグ全体で考えると，近年，クラブ数が増加したことにより，試合によってはチームの力量差が歴然であり，試合が大味になったとの批判もある[54]。そのため，リーグ全体のブランド力に関して，再考の余地が残るといえよう。

<財務戦略>

　浦和レッズは，「選手の年俸総額は，入場料収入の範囲内に抑える」というルールを設けている。選手の年俸によってクラブの運営を圧迫されないようにすると共に，収入が増えたら，その資金を再投資して良い選手を獲得するためのサイクルを生み出している[55]。

　小寺[2009]によれば，Jリーグのチームは，プロ野球のチームと比較して，①売上高・純利益が相対的に低い，②親会社が赤字を補填することができな

いため，財務基盤が脆弱，③チームによる選手年俸のコントロールがきつくなっている，という特徴をもつ[56]。

## ❷ 問　題　点

　図表 5 － 9 に示されるように，浦和レッズの売上は，J 1 全体と比較しても非常に高いことがわかる。入場料収益が J 1 全体の平均の 4 ～ 5 倍であることや，J リーグの順位に関わらずに高い水準で平均来場者数が推移していることから，J リーグ内における浦和レッズの経営状況は非常に安定的である。

　しかし，グッズ収入が急激に落ち込んでいることが，図表 5 － 9 をみれば明らかである。また，2009年度は，営業収入と入場料収入も下落している。理由として，①順位が伸び悩んでいるため，ファンが離れてしまった，②リーグ全体のチーム数が増加したことにより，ファンが拡散した，③スタジアムの立地が悪く，集客が難しくなったことなどが推察される[57]。

　さらに，浦和レッズは，「選手の年俸総額は，入場料収入の範囲内に抑え

**図表 5 － 9　浦和レッズと J 1 全クラブの収益・入場者数**

(単位：百万円)

| 浦和レッズ | 2005年度 | 2006年度 | 2007年度 | 2008年度 | 2009年度 | 2010年度 |
|---|---|---|---|---|---|---|
| 営業収益 | 5,804 | 7,078 | 7,964 | 7,090 | 6,432 | 5,625 |
| 入場料収入 | 1,949 | 2,531 | 3,008 | 2,866 | 2,460 | 2,264 |
| 広告料収入 | 1,660 | 2,288 | 2,384 | 2,373 | 2,735 | 2,256 |
| グッズ収入 | 841 | 1,253 | 1,246 | 1,014 | 616 | 578 |
| その他 | 1,354 | 643 | 935 | 498 | 303 | 248 |
| J リーグ順位 | 2 位 | 優勝 | 2 位 | 7 位 | 6 位 | 10位 |
| 平均入場者数 | 39,357人 | 45,573人 | 46,667人 | 47,609人 | 44,210人 | 39,941人 |

| J 1 全クラブ | 2005年度 | 2006年度 | 2007年度 | 2008年度 | 2009年度 | 2010年 |
|---|---|---|---|---|---|---|
| 平均年間収益 | 3,084 | 3,019 | 3,267 | 3,451 | 3,310 | ― |
| 平均入場料収益 | 624 | 636 | 689 | 707 | 697 | ― |
| 平均入場者数 | 18,765人 | 18,292人 | 19,066人 | 19,202人 | 18,985人 | 18,428人 |

(出所)　浦和レッズ HP〈http://www.urawa-reds.co.jp/club/managdata.html〉を筆者が一部抜粋した。

る」というルールをもつため，一度順位が悪化すると，ファンが観戦を控え，入場料収入が減り，結果として来期の年俸総額がさらに下がる，という悪循環を生む可能性がある。

次に，リーグ全体の問題点として，ブランド戦略があげられる。ブランド戦略は，チームだけでなく，リーグによって創出するものであるから，浦和レッズは，リーグ全体の問題点を改善するようにリーグに働きかける必要がある。

Jリーグは，プロ野球と比較して，チーム数が多い，売上高が低く財政基盤が脆弱，といった特徴をもつ。特に，① チーム数が多いため，リーグからチームに対する分配金の額が低くなってしまうことや，② 身近なチームは増えたものの，実力差のあるチームとないチームに二分化し，娯楽性が薄れたこと，③ リーグからの分配金をあてにして，経営努力を怠るチームが存在すること，などの問題が存在する[58]。

## ❸ 課　題

図表5-10に示されるように，浦和レッズおよびJリーグが発展するためには，チーム・リーグのブランド力の向上が必要不可欠である。まず，浦和レッズは，Jリーグ全体のチーム数のようなリーグの問題ではなく，自身の問題点

**図表5-10　浦和レッズが抱える問題点と解決策のフローチャート**

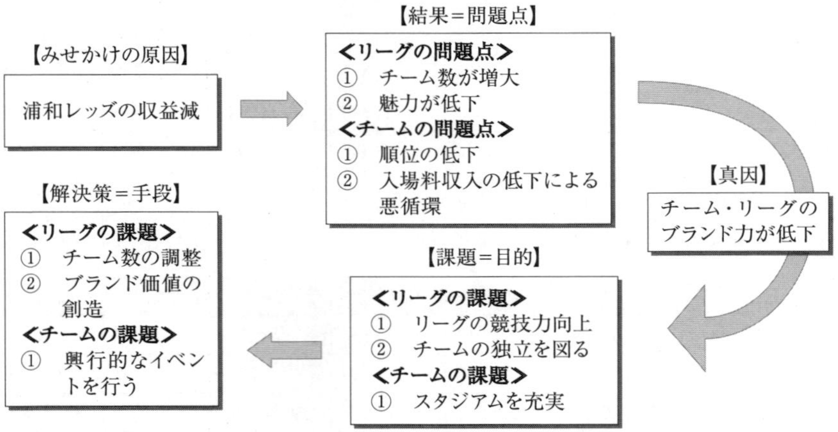

【みせかけの原因】
浦和レッズの収益減

【結果＝問題点】
＜リーグの問題点＞
① チーム数が増大
② 魅力が低下
＜チームの問題点＞
① 順位の低下
② 入場料収入の低下による悪循環

【真因】
チーム・リーグのブランド力が低下

【課題＝目的】
＜リーグの課題＞
① リーグの競技力向上
② チームの独立を図る
＜チームの課題＞
① スタジアムを充実

【解決策＝手段】
＜リーグの課題＞
① チーム数の調整
② ブランド価値の創造
＜チームの課題＞
① 興行的なイベントを行う

（出所）　筆者作成。

を改善すべきである。浦和レッズが改善すべき問題点として，立地の改善，イベントによる人寄せなど，スタジアムの充実があげられる。

　浦和レッズの本拠地は，最寄り駅からバスで行く必要がある。また，大きく稼げるのは，一年のうち試合のある30日ほどだけである。スタジアムを駅の傍に設置し，商業施設を併設するなど，試合以外の面も魅力的にすることにより，年間を通して収益をあげるシステムの構築が必要である。

　さらに，Jリーグがブランド価値を高めるためには，J1よりも上位の「新たなリーグ」の創設が望ましい。


**注）**

1）岸川[2006]164頁。
2）同上書14頁。
3）小寺昇二[2009]75頁援用。
4）原田[2008]200頁。
5）同上書47-59頁を援用。
6）Pine, B. J. II = Gilmore, J. H. [1999]訳書19頁。
7）小寺[2009]76頁を援用。
8）Crompton, J. L. = Lamb, C. W. Jr. [1986]訳書49-52頁，原田[2008]201-204頁を援用。
9）電通リサーチ HP〈http://www.dentsuresearch.co.jp/topics/pdf/2004-07_olympic.pdf〉。
10）文部科学省編[2005]15頁。
11）佐野＝町田[2006]123頁援用。
12）榊原清則[1992]6頁。
13）岸川[2006]88頁。
14）同上書91頁。
15）種子田[2002]，佐野＝町田[2006]等，NFLに関連する事例研究を参照し，筆者の調査を踏まえて作成。
16）Abell, D. F. [1980]訳書37頁。
17）榊原[1992]42頁。
18）岸川[2006]92頁。
19）岸川善光[2007a]122頁から123頁を筆者が一部修正。
20）橘川武郎＝奈良堂史[2009]155頁。
21）北海道日本ハムファイターズ[2007]12頁（橘川＝奈良[2009]99頁，所収）。
22）橘川＝奈良[2009]99頁。

23) 松野将宏[2005]142-143頁を一部抜粋し援用。
24) 橘川＝奈良[2009]100頁。
25) 北海道日本ハムファイターズ[2007]41頁（橘川＝奈良[2009]101頁，所収）。
26) 伊丹敬之[2005]103頁。
27) 岸川[2006]104頁。
28) 島田亨[2006]200-201頁。
29) 橋本純一編[2010]90頁。
30) 同上書91-92頁。
31) Kotler, P. ＝ Armstrong, G. [1997]訳書278頁。
32) 佐野＝町田[2006]110-111頁。
33) Davis, S. M. [2000]訳書234-235頁。
34) 同上書240頁，山下＝原田編[2005]52頁に基づいて筆者作成。
35) Aaker, D. A. [1991]訳書21頁。
36) 同上書146頁。
37) Keller, K. L. [2003]訳書43-44頁。
38) Aaker, D. A. [1991]訳書116-121頁を一部抜粋。
39) 原田[2008]161頁。
40) 同上書157頁。
41) 佐野＝町田[2006]112-133頁を一部抜粋。
42) 武藤[2006]74-111頁を援用。
43) 島田[2006]46頁を援用。
44) Lewis, M. [2003]訳書193頁。
45) Kotler, P. ＝ Armstrong, G. [1997]訳書62頁。
46) 佐伯年詩雄監修[2006b]186-190頁。
47) 『東洋経済，2010.05.15』49頁。
48) 同上書49頁。
49) 高津勝＝尾崎正峰編[2006]30頁。
50) 同上書26頁を援用。
51) Barney, J. B. [2002c]訳書下巻236頁。
52) 松野[2005]141頁。
53) 田中秀明[2008]92-93頁。
54) 『東洋経済,2010,05.15』45頁を援用。
55) 田中[2008]96頁。
56) 小寺[2009]56頁。
57) 『東洋経済,2010.05.15』42-45頁を基にして筆者作成。
58) 同上書42-45頁。

# 第6章
# スポーツビジネスの組織と管理

　本章では,スポーツビジネスの組織と管理について考察する。スポーツビジネスを提供する企業が組織体を運営する上で,組織の内外を管理することは重要である。本章では,以下の5つの観点から,スポーツビジネスの組織と管理について理解を深める。

　第一に,スポーツビジネスの組織設計について考察する。まず,スポーツ組織とは何かについて言及する。次に,スポーツビジネスの組織構造について概観する。さらに,スポーツ組織の文化について理解する。

　第二に,スポーツ組織の管理について考察する。まず,経営管理の定義について言及する。次に,スポーツ組織の資源管理について理解を深める。さらに,スポーツ組織のリスク管理について考察する。

　第三に,ステークホルダーの戦略的活用について考察する。まず,ステークホルダーとの適切な関係について理解する。次に,スポーツ組織の周辺に存在するステークホルダーについて概観する。さらに,地域社会・メディア・他のスポーツの内部化について言及する。

　第四に,スポーツビジネスの意思決定について考察する。まず,意思決定の過程について概観する。次に,スポーツ組織の意思決定と評価について理解を深める。さらに,ガバナンスの構築が適切な意思決定へ影響を及ぼすことについて言及する。

　第五に,スポーツビジネスの組織と管理のケースとして,千葉ロッテマリーンズについて考察する。問題点と課題を言及することにより,スポーツビジネスにおける組織と管理について理解を深める。

## 第1節　スポーツビジネスの組織設計

### ❶　スポーツ組織とは

　ヒックス（Hicks, H. G.）[1966]によれば，組織とは，「複数の人が目標に向かって，相互に作用しあっていく特定の構造をもったプロセスである」[1]。
　バーナード（Barnard, C. I.）[1938]は，組織が成立するためには，以下の3つの条件が必要であると述べている[2]。
① 共通目的（a common purpose）：人々が，共通目的の達成を目指すこと。
② 協働意欲（willingness to co-operate）：人々が，貢献しようとする意欲をもっていること。
③ コミュニケーション（communication）：相互に意思を伝達できる人々が存在すること。
　上述したバーナード[1938]の組織が成立するための基本的要件は，理論化され，「組織均衡論」といわれている。「組織均衡論」によれば，次の2つの均衡を達成し，各個人に対して，「貢献≦誘因」という均衡を保つことによって，組織は存続する[3]。
① 対内的な均衡：組織が，個人に提供・配分する誘因（inducements）が，個人が組織に提供する貢献（contributions）と等しいか，あるいはそれよりも大きいと個人が評価するときに，個人は満足を得て組織へ参加し，組織は存続が可能になる。
② 対外的な均衡：組織を維持存続させるために，企業は，貢献を引き出すのに十分な誘因を各個人に提供し，配分しなくてはならない。配分される誘因の原資は，各個人の貢献が生んだ組織的成果である。したがって，組織目的の達成度合いを高め，誘因の原資を大きくする必要がある。
　スポーツ経営の場合，その最終的な生産物が人々のスポーツ活動ということであるものの，それを生み出すためには，諸資源を種々のスポーツサービスに

変換する必要がある。このような，資源転換機構としての単位をスポーツ組織と呼ぶ[4]。

スポーツを事業とする組織は，特に，対内的な均衡，対外的な均衡の両面に気を配りつつ，選手のような特殊な従業員に対しても，「貢献≦誘因」の状態を保ち続ける必要がある。

スポーツ組織に所属する監督，コーチ，選手など，フィールドサイドの人間に対して，多くのスポーツ組織は，金銭による誘因を多用している。例えば，米国メジャーリーグのヤンキースは，贅沢税（基準以上に選手年俸などに支出を行うチームに課されるリーグとしてのペナルティ）を払ってまでも有力選手を集め，常にワールドチャンピオンを狙える戦力をキープすることによって，興行面での成功をも同時に達成しようとしている[5]。

また，スポーツ組織における一般社員に対する対内的均衡も重要である。広瀬編[2009]によれば，スポーツ組織における一般的社員の多くは，熱狂的なスポーツファンであることが多く，彼らに対する誘因は，金銭よりも「選手に近い位置での仕事」である[6]。つまり，ある程度選手との距離が近い仕事を与えることが，スポーツ組織で働く社員の対内的均衡を高めることになる。

スポーツ組織は，社員・選手に対して，様々な誘因を用いて対内的な均衡を達成しつつ，誘因の原資を大きくするために，社員・選手の能力を引き出し，勝利，普及，興行的成功，などの組織目的の達成度合いを高めるという，対外的な均衡の達成を目指す必要がある。

## ❷ スポーツビジネスの組織構造

スポーツ組織は，一般的に，機能別組織と事業部制組織のどちらの方が適しているのであろうか。機能別組織は，各部門が同種の専門的な知識を必要とする基本的職能ごとに分化し，トップのもとに製造，販売，研究開発などの基本的職能が配置され，それを支援する経理，財務，人事，法務，総務などの補助的スタッフ部門が付属する組織形態である[7]。

一方，事業部制組織とは，ライン部門に目的別の部門化の原理を適用したもので，複数の事業活動を行う企業に採用される。各事業部は，製品，事業，顧

客あるいは地域別に複数の事業部に分割され，それぞれ担当分野について，製造，販売，研究開発などの基本的職能をもつ[8]。

図表6-1に示されるように，スポーツ組織は，①組織目標を達成することに努める実行組織，②管理・運営や組織全体に共通するサービス業務を行う支援組織，の2つに大別される。さらに，支援組織は，①営業，②管理，③運営，に分けられる。この場合，スポーツ組織は，機能別組織である。

チャンドラー（Chandler, A. D. Jr.）［1962］は，「企業の拡大を計画し，実施することは戦略（Strategy）であり，戦略の採用によって，新しい型の人員と施設が加えられ，責任者の事業のビジョンが変化すれば，これは，企業の組織形態に甚大な影響を及ぼすことになる」と述べている[9]。つまり，「組織は戦略に従う」のである。

Jリーグ理事を務める武藤［2006］によれば，Jリーグクラブにおいて，機能別組織と事業部制組織のうち，どちらを採用すべきかを決定する要因は，「どちらが，より企業の構想や意思決定に適しているか」である[10]。

つまり，スポーツ組織における組織構造を規定する際は，自社の戦略および

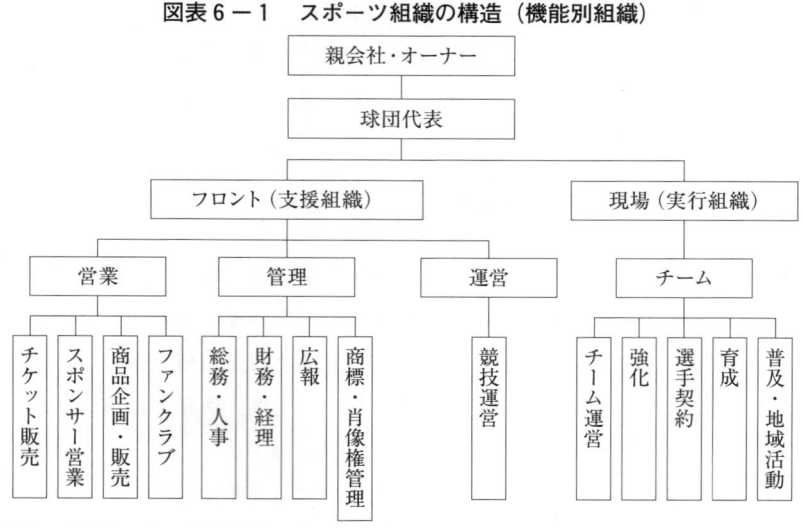

**図表6-1　スポーツ組織の構造（機能別組織）**

```
              親会社・オーナー
                   │
               球団代表
                   │
        ┌──────────┴──────────┐
   フロント（支援組織）         現場（実行組織）
        │                          │
   ┌────┼────┬────┐              │
  営業  管理  運営              チーム
   │    │    │                  │
 ┌─┼─┐┌─┼─┐│                ┌─┼─┬─┬─┐
 チ ス 商 総 財 広 商  競       チ 強 選 育 普
 ケ ポ 品 務 務 報 標  技       ー 化 手 成 及
 ッ ン 企 ・ ・   ・  運       ム   契     ・
 ト サ 画 人 経   肖  営       運   約     地
 販 ー ・ 事 理   像            営           域
 売 営 販       権              　          活
     業 売     　 管            　          動
              　 理
```

（出所）　武藤［2006］210頁，小寺［2009］36頁，山下＝畑＝中西＝冨田編［2006］204頁に基づいて筆者作成。

ビジョンに適した組織形態を選択することが重要であり,全ての組織に対して最適となる組織構造は存在しない.

## ❸ スポーツ組織の文化

コッター＝ヘスケット（Kotter, J. P. = Heskett, J. L.）[1992]によれば,文化とは,ある1つの集合体に共通して見出せる相互に関連しあう価値観と行動方式のセット,と定義することが可能であり,多くの文化は,長い期間にわたって持続する傾向をもつ[11]。

山下＝畑＝中西＝冨田編[2006]は,組織文化を,「組織構成員によって共有された価値観・思想様式・規範の集合体」であり,換言すれば,「組織員に共有されたものの見方や考え方」と定義している[12]。スポーツ組織においても,チームのリーダー（監督）の「価値観・行動規範」や,チームの伝統・方向性が,チームの作戦,能力,成績に直結する重要な要素であり,チームの文化であるといえよう。

スポーツ組織を含む,すべての組織の文化は,次の2つの機能をもつ[13]。
① 組織構成員の行動を規定する規範としての機能
② 構成員が意味を理解するための解釈的枠組みとしての機能

上述した機能は,換言すれば,①グループの行動規範,②共有された価値観,といえよう。図表6－2に示されるように,①グループの行動規範,②共有された価値観,といった組織文化の機能は,可視的であれば変革しやすく,不可視的であればあるほど変革が困難になる。特に,価値観のような不可視的な要素は,一度形成された後に変更することは容易でない[14]。

例えば,プロ野球において元監督の野村克也は,ヤクルトスワローズの監督時代に「野球への取組み方」という精神的なもの,試合中のデータの活用の仕方,「ピッチャーとはこうあるべきである」,「このポジションを守る選手に必要なのは,このような素質だ」,という行動規範,価値観を,選手やチーム全体に共有させていたという[15]。

元選手の古田敦也は,1992年〜2001年の10年間で,5度のリーグ制覇,4度の日本一になった理由として,上述した野村克也元監督の価値観が強く影響し

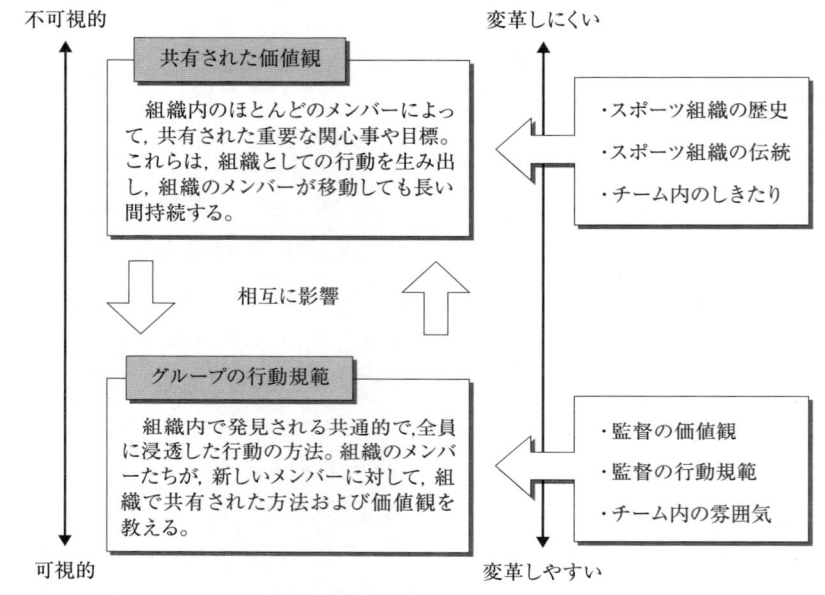

**図表6－2　組織における文化**

不可視的 ／ 変革しにくい

共有された価値観
組織内のほとんどのメンバーによって，共有された重要な関心事や目標。これらは，組織としての行動を生み出し，組織のメンバーが移動しても長い間持続する。

・スポーツ組織の歴史
・スポーツ組織の伝統
・チーム内のしきたり

相互に影響

グループの行動規範
組織内で発見される共通的で,全員に浸透した行動の方法。組織のメンバーたちが，新しいメンバーに対して，組織で共有された方法および価値観を教える。

・監督の価値観
・監督の行動規範
・チーム内の雰囲気

可視的 ／ 変革しやすい

（出所）　Kotter, J. P. = Heskett, J. L. [1992]訳書8頁に基づいて筆者作成。

ていると述べている[16]。

　関東学院大学ラグビー部元監督の春口廣は，選手をあまり叱らない監督として有名である[17]。決勝で敗北したあとに，記者会見で「全て私の責任」と述べ，選手の前でも同様に頭を下げるなど，選手に対して非攻撃的な監督であった。このように，選手を大切にすることによって，選手の長所を伸ばすことを心がけた春口廣は，リーダーの価値観を共有する野村克也とは異なる方法で組織文化を築き，関東学院大を97年に初の大学日本一に導いた。その後，7年連続でラグビーの大学選手権の決勝に進出し，うち5度制覇している。

　上述したように，スポーツ組織は，監督によってもたらされる組織文化が，成績，チームの関係性，モティベーションなどに大きく影響を与えると推察される。監督は，優れた文化を設定することによって，チームの能力を向上させることができる。

## 第2節　スポーツ組織の管理

### ❶　経営管理とは

　森本三男［1978］によれば，組織体が抱える経営管理の課題は，①効率化，②変革，の2つである[18]。
①　効率化：管理職能がもつマネジメントの各機能を有効に稼動させることであり，対内的な均衡の維持をさす。
②　変革：企業にとって画期的な企業内外の創造的成果を組織目的の達成のために内部化することであり，対外的な均衡の維持をさす。

　スポーツ組織における対内的な均衡の維持とは，マネジメント・プロセスを有効に稼働させるため，①ヒト・モノ・カネ・情報といった資源を管理すること，②経営意思決定をすみやかに行うこと，の2点に大別される。他方，スポーツ組織の対外的な均衡の維持とは，地域社会，メディア，等の外部ステークホルダーを内部化し，組織目的の達成を容易にしたり，より効果的な戦略を構築することをさす。本節では，対内的な均衡の維持について考察する。

　図表6-3に示されるように，管理職能は，時代ごとに異なる定義がなされている。多くの管理職能の異同点を比較することによって，ファヨール(Fayol, H.)の①計画，②組織化，③指令，④調整，⑤統制，という5つの要素が基本であり，兼子春三＝安彦正一編［1996］によれば，上述した管理の要素は，それぞれが個々に切り離されて存在するものではなく，相互に関連しあうものである[19]。

　スポーツ組織において，上述した管理の要素を効率的にするためには，①経営資源の管理という視点を徹底すること，②リスク管理を行うこと，の2点が特に重要である。経営資源やリスクを正しく管理することによって，組織内部の環境を効率的に組替えることが可能である。

　つまり，スポーツ組織は，自社のもつ資源に応じて，勝利・普及といった諸

図表6－3　管理職能の展開

| 年代 | 人名 | 計画 | 組織化 | 指令 | 調整 | 統制 | 結合 | 要員化 | 伝達 | 動機づけ | 決定 | 創造革新 | その他 |
|---|---|---|---|---|---|---|---|---|---|---|---|---|---|
| 1916 | ファヨール（Fayol, H.） | ● | ● | ● | ● | ● | | | | | | | |
| 1934 | デイビス（Davis, R. C.） | ● | ● | | | ● | | | | | | | |
| 1947 | ブラウン（Brown, A.） | ● | ● | | | ● | ● | | | | | | |
| 1947 | ブレック（Brech, E. F. L.） | ● | | | ● | | | | | ● | | | |
| 1949 | アーウィック（Urwick, L. F.） | ● | ● | ● | ● | | | | | | | | 予測 |
| 1950 | ニューマン（Newman, W. H.） | ● | ● | ● | | ● | ● | | | | | | |
| 1955 | クーンツ（Koontz, H.） | ● | ● | | | | | ● | | | | | |
| 1964 | アレン（Allen, L. A.） | ● | ● | | | | | | | | | | 指導 |
| 1964 | マッシー（Massie, J. L.） | ● | ● | ● | | ● | | | ● | ● | ● | | |
| 1964 | ミー（Mee, J. F.） | ● | ● | | | | | | | ● | ● | ● | |
| 1966 | ヒックス（Hicks, H. G.） | ● | ● | | | ● | | | ● | | ● | | |

（出所）　Wren, D. A.［1979］p.446（兼子春三＝安彦正一編［1996］151頁，所収）。

目標を設定・計画し，目標達成に最適な組織を作り，指令系統や階級の調整を行った上で，経営資源管理・リスク管理を通して組織内を統制することが必要である。

## ❷　スポーツ組織の資源管理

スポーツ組織がもつ「モノ」として，スタジアム・競技場などのスポーツ施設があげられる。しかし，広瀬［2005］は，スポーツ施設に対して，「わが国では，スポーツ施設運営に顧客という視点を欠いていた」と指摘している。その結果として，日本のスポーツ施設は，「競技」に重点を置き，「見やすい」，「歩きやすい」，「ゲートが分かりやすい」，「待ち合わせがしやすい」，などの顧客に対する配慮が，不十分であることが多い[20]。

顧客に対する配慮が欠けた施設設計の理由として，所有に関する問題があげられる。官僚的な人間や，第三セクターがスタジアムの管理を行っている場合，CS（Customer Satisfaction：顧客満足）の視点が欠如している場合が多い[21]。今後，スポーツ組織は，スタジアムに飲食，グッズ販売などの，多くのビジネスチャンスが存在していることを認識し，スタジアムなどの施設の管理を自身や，

第6章　スポーツビジネスの組織と管理

自身がモニタリング可能な民間事業者に委託する必要がある。

　2003年以降，スポーツ施設の指定管理者制度導入によって，民間事業者，NPOなども管理受託者となることが可能になった[22]。スポーツ組織は，顧客視点のスタジアムを設計することによって，新たなビジネスチャンスを得ると共に，CSを高めることができる。

　山下＝中西＝畑＝冨田編[2006]によれば，スポーツ組織がもつ情報資源は，次の3つの側面によって捉えられる[23]。

① 環境情報としての側面：情報環境とは，スポーツ組織の技術，運営に関するノウハウ，また市場や顧客に関する情報などをさす。

② 企業情報としての側面：企業情報には，企業のもつブランドイメージ，信用，広告のノウハウが含まれる。

③ 情報処理特性としての側面：情報処理特性とは，従業員のモラール，組織文化などである。

　情報資源は，日常業務を実行することによって，内部で情報が知識（ナレッジ）として蓄積される[24]。前述した施設に関する顧客視点の導入も，日常業務を通じて，顧客が何を求めているのかを調査することによって，導出された結論である。しかし，知識は企業に対する固定性が高く，蓄積に長い年月がかかる。つまり，情報資源は，①模倣困難性，②蓄積に長い期間が必要，といった特徴をもつ。そのため，上述した情報資源を手に入れることは，競争優位の確立のために重要である。

　バーニー（Barney, J. B.）[2002a]によれば，上述した経営資源の役割は，「企業のコントロール下にあって，企業の効率と効果を改善するような戦略を構想したり実行したりすることを可能にするもの」である[25]。経営資源は，企業の効率と効果の改善を通じて，競争優位の確立に必要である。

　原田宗彦＝小笠原悦子編[2008]は，「スポーツビジネスにおいては，同じような製品やサービスを複数の企業が提供しており，独自の価値創造がなければ競争優位を確立することはできない」と指摘している[26]。

　スポーツ組織が競争優位を確立するためには，ヒトやカネのような組織運営に絶対必要な資源だけでなく，スタジアムのような他の組織が管理しているモ

ノ，さらには，通常業務によって蓄積された情報を活用することによって，他の組織には模倣困難な戦略を採ることが必要である。

## ❸ リスク管理

　リスクとは，企業が所有する事業の不確実性をさす言葉である。組織を管理する上で，リスクを管理していくことは重要である。アーサーアンダーセン[2000]は，以下のように，組織体が抱えるリスクをあげている[27]。
① 外部経営環境リスク：企業の経営目標や経営戦略の基礎的条件を変更せざるを得ない外部要因が存在する際に発生するリスクである。
② 業務リスク：製品やサービスの品質，コストおよび時間管理が不十分で効率よく行われていないリスクである。
③ 権限リスク：管理職や従業員が適切な指揮命令系統下に統率されておらず，各人の職務を十分に理解できていないリスクである。
④ 誠実性リスク：経営者・従業員の不正，違法行為の発生するリスクで，市場における自社の名声や信用の失墜をもたらし，財務上の損失の原因となる。
⑤ 財務リスク：財務的なエクスポージャーを十分に管理できないリスクで，非効率的な財務活動によって，現実の財務上の損失や機会損失を招く。
⑥ 意思決定リスク：業務上，財務上，戦略上の意思決定に際して，適切で信頼できる情報が利用できないリスクである。

　これらのリスクの中でも，スポーツ組織が特に注意を払うべきリスクは，①外部環境リスク，④誠実性リスク，⑥意思決定リスク，の3つである。なぜならば，これらのリスクは，スポーツビジネスの収益を極端に左右する可能性を包含しているからである。
① スポーツ組織の外部環境リスク：ステークホルダーに対する依存度が高いスポーツ組織において，外部環境の変化は，収益に大きな影響をもたらす。
④ スポーツ組織の誠実性リスク：選手の動向が注目されるスポーツ組織において，選手の反社会的行動は，チーム・リーグだけでなく，資本提供者である親会社・スポンサーの信頼を損なう可能性がある。
⑥ スポーツ組織の意思決定リスク：情報開示している企業が少ないスポーツ

第6章　スポーツビジネスの組織と管理

図表6－4　リスク管理のフレームワーク

| | 項目 | 詳細 |
|---|---|---|
| 実施 | リスクの発見 | チェックリストなどを用いて，体系的にリスク（不確実な事象）を洗い出す |
| | リスクの評価 | リスクの発生の程度やその影響の大きさを見積もる |
| | リスクの対策 | 事前のリスク回避策や保険，および，事象対策を策定・実施する |
| 評価 | 監視と評価 | リスク発生の状況を監視し，また，対策の有効性を評価する |

（出所）　丹羽清［2006］258頁に基づいて筆者が一部修正。

　ビジネスにおいて，自社の情報のみを中心とした意思決定は，不確実性の高い将来に対する投資となる。

　また，スポーツビジネスが抱える特有かつ致命的なリスクとして，「選手の生命に関わること」があげられる。マンチェスター・ユナイテッドは，「ミュンヘンの悲劇」と呼ばれる飛行機の墜落事故によって，8人の選手と15名のコーチを失った。相撲協会は，このような選手の生命に関わるリスクを回避するため，海外巡業の際に，力士を2機以上に分乗させている[28]。

　図表6－4に示されるように，リスク管理の基本的なフレームワークは，実施と評価に大別される。さらに，実施は，リスクの発見⇒評価⇒対策，といったフローが存在している。スポーツビジネスでも，リスクの発見から対策までのフローを意識することによって，事業の不確実性を抑える必要がある。

# 第3節　ステークホルダーの戦略的活用

## ❶　ステークホルダーとの適切な関係

　スポーツ組織において，ステークホルダーを内部化したり，協調関係を築くことは，組織が存続する上で重要な課題となる。ステークホルダーの内部化とは，自社とステークホルダーの利益を共通化させ，双方の利害を一致させるこ

とによって，ステークホルダーが進んで協力してくれる関係を築くことである。

　企業がスポーツビジネスに効果的かつ効率的に取組むため，各ステークホルダーを内部化するには，各ステークホルダーの主張や利害の調整をバランスよく図り，それぞれと協調関係を構築する必要がある。したがって，まずは全ての利害関係者を抽出し，優先順位をつけることが重要である。

　重要度の高いステークホルダーの絞込みの方法について，エスティ＝ウィンストン（Esty, D. C. = Winston, A. S.）[2006]は，次の6つの手順をあげている[29]。

① ステークホルダーを洗い出す：自社が抱える環境問題に関心（友好的・敵対的）を示しているステークホルダーは誰か。
② 重要なステークホルダーを選別する：洗い出した全てのステークホルダーを，影響力，信頼性，緊急性の3点から選別を行う。
③ ステークホルダーとの関わり方を考える：重要度の高いステークホルダーとの関わり方を，協力的か敵対的か，現段階の問題が重要かそうでないか，の2つの基準から考える。具体的には，図表6-5に示されるように，評価マトリックスを作成することによって，協力の可能性と問題の深刻度を探り，多様なステークホルダーに対する適切な重み付けを実行することが想定され

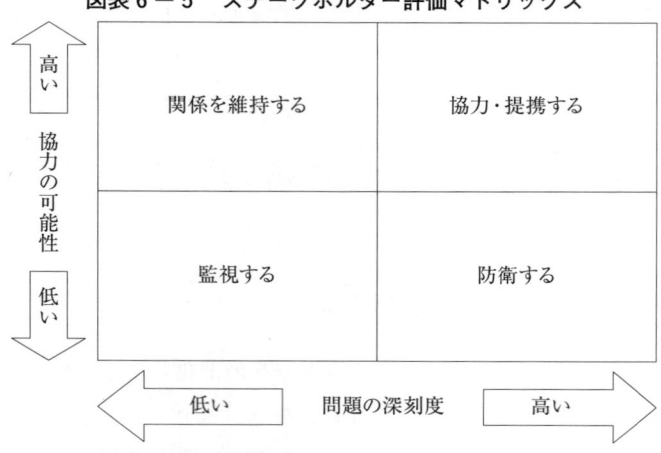

図表6-5　ステークホルダー評価マトリックス

| 協力の可能性 | 関係を維持する | 協力・提携する |
|---|---|---|
| （高い↑　低い↓） | 監視する | 防衛する |

問題の深刻度（←低い　高い→）

（出所）　Esty, D. C. = Winston, A. S. [2006]訳書412頁。

る。
④ 相性を評価する：相手の展望，思想，文化などから判断する。
⑤ パートナー候補を精査する：パートナー候補を決定し，トップの指導力，財務内容の健全さ，目標の達成度合いから相手の詳しい調査を行う。
⑥ パートナーシップ戦略を立てる：目標は何か，責任の分担はどうするか，といった戦略を立てる。

また，企業とステークホルダーとの関係は，協調的であると共に，Win-Winであることが必要である。Win-Winの関係とは，相互に利益を獲得する状態をさし，換言すれば，ステークホルダーを内部化している状態である。企業は，自社を取り巻くあらゆるものに対して，Win-Winの関係でなければ，存続・発展をすることができない。

以上にあげた手順のように，優先して対応すべきステークホルダーを抽出し，働きかけていくことが，幅広い利害関係者と協調的な関係を築いていくためには必要である。さらに，ステークホルダーに対する関係をWin-Winにすることによって，スポーツ組織は存続・発展をしていくことが可能になる。

## ❷ スポーツ組織の周辺

図表6－6に示されるように，スポーツ組織は，資本提供者（株主や親会社），ファン，スポンサーなどから得る資金によって成立している。さらに，地域社

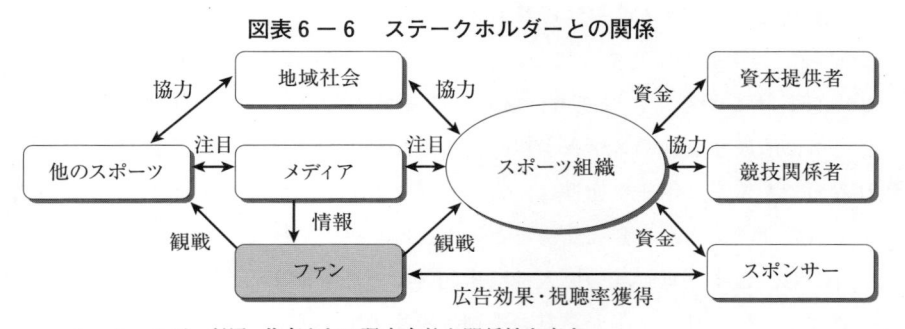

**図表6－6　ステークホルダーとの関係**

\* ⟷は，利用・共存などの双方向的な関係性を表す。
（出所）　武藤［2006］37頁，小寺［2009］188-191頁，広瀬一郎［2005］46頁に基づいて筆者作成。

会，メディア，競技関係者（リーグ，他のチーム）と相互に影響し合い関係性を深めることによって，ファンを増やしたり，スポンサーを味方につける。

また，他のスポーツとは，地域社会やファンを取り合う直接的なライバルであるといえよう。スポーツ組織は，顧客であるファンだけでなく，これら5つのステークホルダーと円滑な関係を築くことが望ましい。

まず，資本提供者に対する関係性について考察する。第2章で考察したように，スポーツ組織は，かつて親企業にとっての広告塔であった。スポーツ組織の赤字は，広告費として親会社が補填していた。しかし，企業が広告費について目に見える成果を求めるようになったため，スポーツ組織は，独自で利益を創出することが必要となった。スポーツ組織の収益性は，まだ未成熟な段階である。そのため，資本提供者との関係は，スポーツ組織にとって重要である。

90年代は，独立クラブの資本獲得手段として，株式上場が多くみられた。イタリアでは，株式上場したチームが，市場で得た資金を選手の補強に使って優勝を決めた。また，イギリスは，上場で得た資金をスタジアムに対する投資に使い，入場料収入とグッズ販売を伸ばした[30]。

しかし，スポーツ組織の財務状況が良好であればあるほど，投資ファンドの標的やM&Aの対象とされやすく，それが原因で成績を落とすクラブも多く存在した。このことから，スポーツ組織は，株式のような，安定性の低い資本でなく，大きな企業と提携した安定的な資本提供者と円滑な関係性を築くことが重要であることがわかる。

広瀬編[2006]は，スポーツビジネスの商品である「試合」がもつ特性として，① 単独での生産が不可能なこと，② 単独での品質の向上が不可能なこと，の2点をあげている[31]。つまり，スポーツ組織の商品である「試合」は，同じリーグに所属する他のスポーツ組織との連携をもってはじめて品質の向上が図れるのである。スポーツ組織は，常にリーグとしての競争力の向上を志向して，チームの運営に当たる必要があるといえよう。

しかし，日本プロ野球の巨人や，米国メジャーリーグのヤンキースは，巨額の資本を元に，リーグ中から有力な選手を集めている。このうち，ヤンキースはリーグに対して有効な関係を築き，巨人はリーグに対して非友好的な関係を

築いているといえる。

　なぜならば，ヤンキースは，「収入分配制度」，「贅沢税」といったリーグの戦力均衡制度を通じて，他のチームの強化を手助けしているためである[32]。一方，橘川＝奈良［2009］によれば，巨人は，自らの利益や本業に対する貢献を考え，セ・リーグおよびプロ野球全体の制度を，自らの都合に合わせ変更してきた[33]。米国におけるNBAやNFLのような，世界的に人気があるスポーツの多くは，制度を設置することによって，リーグの戦力均衡がなされている。スポーツ組織は，リーグ視点でのマネジメントが必須である。

　このように，スポーツ組織の運営や戦略について考察する際には，① 資本提供者を誰にすべきであるか，② リーグ全体を盛り上げるにはどうすべきであるか，というステークホルダーに対する視点を忘れずに導入すべきである。

## ❸　地域社会・メディア・他のスポーツの内部化

　スポーツビジネスにとって，地域密着型経営には，① 地域住民をヘビー・リピーター観戦者として取込むこと[34]，② 地域密着を推し進めることによって，地域自治体から特別な待遇を得られること，などの利点が存在する。特に，現在では，プロスポーツが親会社の広告塔から，単独ビジネスへ発展したため，安定的収益を得やすい地域密着型経営が一般的になりつつある。そのため，ステークホルダーとしての地域を戦略的に活用することは，スポーツ組織にとって重要な課題となっている。

　地域を内部化した好例として，楽天イーグルスがあげられる。第5章で考察したように，楽天イーグルスは，支店を仙台市内に登記し，宮城県に税金を納めたことによって，① 宮城県から支援金1,440万円の交付を受け，② フルキャストスタジアム宮城の管理許可期間が10年から15年に延長，などの援助を受けている[35]。これは，納税という金銭の流通を通じて，地域自治体を内部化した結果である。

　さらに，スポーツ組織が地域を内部化することは，他のステークホルダーの関係を円滑にする効果をもつ。その1つが，メディアである。今日では，ラジオ，新聞，テレビ，インターネットなど，多様なメディアが存在している。

メディアが試合結果を報道することは，スポーツ組織にとって，単なる試合結果だけでなく，強いチーム，弱いチーム，良い選手が在籍するチーム，といった一般的な興味をも大衆に向け配信していることを意味する[36]。また，スポーツの試合は，メディアにとって，視聴率を容易に稼げるキラーコンテンツである。

このように，スポーツ組織とメディアは，お互いを利用しあうことによって，協調関係を築いている。スポーツ組織がメディアを内部化するためには，まずは地元メディアとの提携からはじめることが重要である。

スポーツ組織が地域密着を思考することは，地元のメディアに対する関係をも友好的にする。スポーツ組織が地元メディアと提携して，チームの露出機会を高めることは，チームの知名度を上げることに貢献すると同時に，スポンサーから見た場合の，クラブチームのコンテンツとしての価値を高めることになる[37]。武藤[2006]によれば，新聞やテレビに取り上げられないチームより，取り上げられるチームのほうが，より多くのスポンサー料を得られる[38]。

メディア以外に，地域社会の内部化によって関係を円滑化できる対象として，他のスポーツがあげられる。第5章で考察したように，スポーツ組織における競合相手の1つは，他のスポーツ種目を提供する組織である。しかし，中には，他のスポーツと提携をすることによって，地域密着を促進している事例もある。

例として，プロ野球とJリーグがあげられる。橘川＝奈良[2009]によれば，プロ野球の球団とJリーグクラブの中には，日本ハムファイターズと札幌コンサドーレのように，協働イベントを実施することによって，地域のシンボルになっていこうとする動きが見られる[39]。他にも，同一地域で合同キャンプを行うことによる地域振興や，合同のファン感謝イベントなど，地域振興を核にすえることによって，他のスポーツと共存する方策が可能になる。

スポーツ組織は，地域社会の内部化を通して，地元メディア，他のスポーツ組織など，多くのステークホルダーとWin-Winの関係が構築できる。スポーツ組織を運営していく上で，地域社会に対する密着は，今後ますます重要度を増していく。

## 第4節　スポーツビジネスの意思決定

### ❶　意思決定のプロセス

　サイモン（Simon, H. A.）[1945]は，管理の理論において，「行為の過程」と同様に，「決定の過程」を重視すべきであると述べている。理由として，「行為」，「決定」という職務は，組織の至るところに存在していることがあげられる。両者を切離して考察することは，組織管理を考察する上において不適切である[40]。

　この場合の「決定の過程」とは，意思決定と同義である。森本[1978]によれば，意思決定は，「目標とそれに適した行動の選択」である[41]。木暮至[2004]は，意思決定を，「いくつかの行動の代替案から１つを選ぶという過程」と定義している[42]。

　さらに，サイモン[1945]によれば，すべての意思決定は妥協の問題である。最後に選ばれた案は，目的の完全無欠の達成を許すものでなく，その状況下で利用できる最良の解決法であるにすぎない。環境の状況は，必然的に，利用できる代替案を限定し，目的達成可能の水準に最高限度を設けている[43]。

　サイモン（Simon, H. A.）[1977]によれば，図表6-7に示されるように，意思決定の過程は，次の４つの活動によって構成される[44]。
① 情報活動：情報を収集し，解決すべき問題を認識する活動。
② 設計活動：実行可能な行為の代替案を探究する活動。
③ 選択活動：行為の代替案の中から，１つを選択する活動。
④ 検討活動：選択の結果を再検討する活動。
　一般の企業と同様に，スポーツ組織においても，目標を設定した後は，①情報活動⇒②設計活動⇒③選択活動⇒④検討活動，の４つの過程を通して意思決定を行うことが重要である。しかし，情報を開示しているスポーツ組織が少ないことから，情報活動は困難である。国や地域自治体の制度が障害とな

図表6－7　意思決定過程

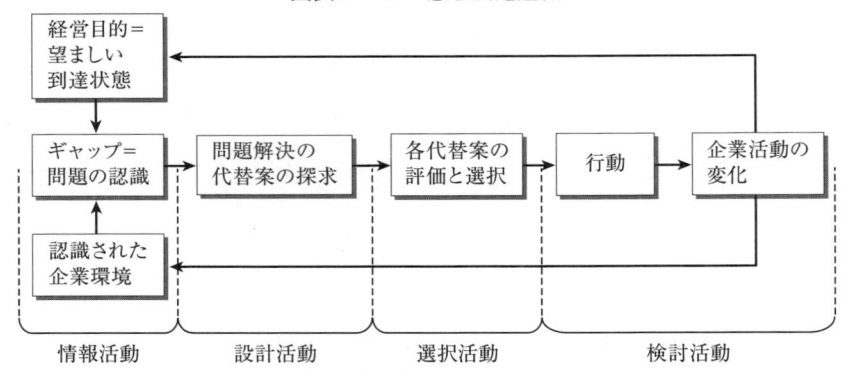

```
　　　経営目的＝
　　　望ましい
　　　到達状態
　　　　↓
ギャップ＝      問題解決の      各代替案の              企業活動の
問題の認識  →  代替案の探求 → 評価と選択  →  行動  →  変化
　　↑
認識された
企業環境

　情報活動　　　設計活動　　　選択活動　　　　　検討活動
```

（出所）　岸川[2006]22頁（Simon, H. A.[1977]訳書55-56頁に基づいて図表化）。

り，設計活動も難航するといえよう。適切で効果的な意思決定を行うためには，スポーツ組織の設計段階において，①効率的に有効な情報を収集し，②周辺ステークホルダーの制度を利用できるような組織作りが重要である。

　第3節で述べたように，スポーツ組織の管理をする上で，上述のような意思決定の過程を意識することは，非常に有効な組織変革の手段である。つまり，スポーツ組織は，意思決定を組織管理の一環として重要視することによって，対外的な均衡の維持を図ることが可能になる。

## ❷　スポーツ組織の意思決定と評価

　意思決定は，組織の階層，部門，事業部，対象市場，などによって，その内容は様々である。アンゾフ（Ansoff, H. I.）[1965]は，上で述べた多種多様な企業の意思決定を，経営資源の変換プロセスに対する意思決定の関与の違いによって，下記の3つに分類している[45]。

① 戦略的意思決定：主として企業と企業外部との関係に関わる意思決定で，その中心は製品・市場の選択に関するものである。それに付随して，目標，多角化戦略，成長戦略などが決定される。
② 管理的意思決定：経営諸資源の組織化に関する意思決定で，その中心は組織機構，業務プロセス，資源調達に関するものである。

③　業務的意思決定：経営諸資源の変換プロセスの効率化に関する意思決定で，その中心はマーケティング，財務などの各機能別の業務活動目標や予算などである。

さらに，スポーツ組織における意思決定において，山下＝中西＝畑＝冨田編[2006]は，① 人々のニーズにどのように対応していくか，② 他の組織の経営動向を見極め，自組織の経営上の特徴をどのように打ち出していくか，の2点が重要であると指摘している[46]。

上述した2つのスポーツ組織における意思決定は，3つの意思決定のうち，戦略的意思決定との関連が強い。そのため，スポーツ組織において戦略的意思決定は，特に重要であることがわかる。また，本章第3節で考察したように，スポーツ組織は，外部ステークホルダーとの関係性が非常に重要であることからも，適切な戦略的意思決定が必要とされることがわかる。

意思決定が適切かどうかの判断は，どうすべきであろうか。サイモン[1945]は，意思決定は，科学的手段によって評価できないと指摘している[47]。また，森本[1978]は，科学的手段によって評価できないことを認めた上で，意思決定の評価に対して「目標を所与とすることによって，目標実現にとってどのような意思決定が適切であるかは，目的・手段の関係性から事実的に判断が可能である」と述べている[48]。つまり，複数の意思決定を比較することによって，相対的な評価を下すことが可能であるといえよう。

スポーツ組織においても，同様のことがいえる。スポーツ組織では，組織の管理者に対して，常に外部ステークホルダーからの圧力がかかっている。また，外部ステークホルダーと協調関係を結ぶためには，自己の意思決定が適切であることを内外に示すことが必要である。そのためには，情報活動，設計活動，選択活動といった意思決定過程をステークホルダーと共有する仕組み作りが重要であるといえよう。

上述したように，スポーツ組織は，① 経営戦略の立案，② 外部ステークホルダーに対する協調的な関係の構築，を意識した戦略的意思決定が重要である。それと同時に，適切な意思決定が行えているか，経営者を監視し，客観的な評価を下す必要がある。

## 3 ガバナンス

　ガバナンス（統治）とは，組織目標に適合した経営管理が行われているかについて，経営者の行動を監視・コントロールする制度・慣行を意味する[49]。原田＝小笠原編[2008]は，地域密着型のスポーツ組織に対して，「意思決定に時間がかかる官僚的な統治機構をもつ組織ではなく，山積する課題を迅速に処理し，新しいアイデアを次々に実行に移すことのできる，活力ある統治モデルを考案しなければならない。しかし，日本では，ビジョンのないリーダーが君臨し，学閥支配による共同体的な競技団体が多く存在する」と指摘している[50]。

　ビジョンをもたないリーダーや，特定の集団が支配する組織体制が，日本のスポーツ振興の障害となっていた。そのため，今後のスポーツ組織では，経営者が組織目標に向かって適切な意思決定をしているか監視・コントロールすることが，スポーツ組織および外部ステークホルダーにとって，大きな利益をもたらすと推察される。

　では，現在のステークホルダーがスポーツ組織に対して，どのような期待と監視をしているのだろうか。武藤[2006]は，ステークホルダーのスポーツ組織に対する期待を以下のように述べている[51]。

① 　親会社など資本提供者の期待：チームの存続，強化を求めている。
② 　スポーツ組織の経営者の期待：資本提供者と同様である。

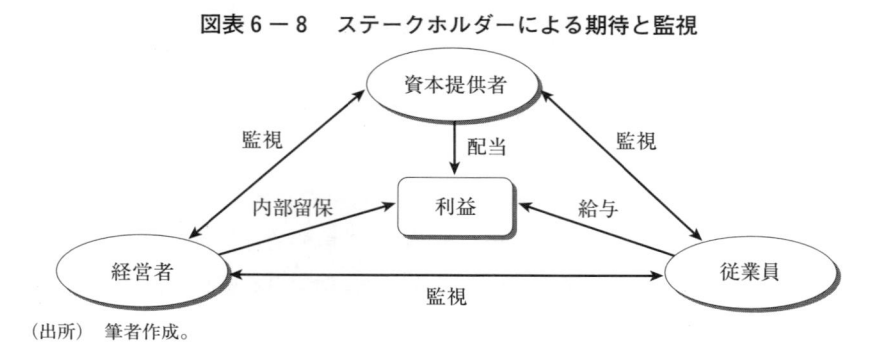

**図表6－8　ステークホルダーによる期待と監視**

（出所）筆者作成。

③ 従業員の期待：資本提供者と同様である。

　図表6－8に示されるように，一般的な企業における上記三者は，企業の利益の分配をめぐり緊張関係にあるのに対して，スポーツ組織では，資本提供者，経営者，従業員には，緊張関係が希薄である。そのため，スポーツ組織において，組織に対するガバナンスが機能しにくいという問題が存在する。

　このように，スポーツ組織においてガバナンス機能が欠如していることは，経営者の緊張感を削ぎ，適切な意思決定を行う上で問題であるといえよう。今後，スポーツ組織は，自社のガバナンスが弱いことを認識すると共に，意思決定が適切に行えているか監視する機関を整備する必要がある。

## 第5節　千葉ロッテマリーンズのケーススタディ

### ❶ ケース

　本項では，組織構造を大きく改善することによって，収益構造の改善に成功した千葉ロッテマリーンズ（以下，マリーンズ）について考察する。

　マリーンズは，1992年に，前身のオリオンズが千葉県に移転したことによって誕生した。移転時こそは観客動員数130万人を記録するなど，快調であったが，その後数年の業績不振によって，動員数は激減した。オリオンズ時代から続く「12球団最低の観客動員数」は，千葉に移転後も続くこととなった。

　マリーンズは，現在の千葉県に移転してくるまで，本拠地を5回も変更している。2軍は，埼玉県浦和市にあるロッテ浦和球場を本拠地にしている。そのため，地域との関わりも，他の地域密着を志向する球団ほど強くはない。

　改革以前のマリーンズの本拠地は第三セクターが運営しており，球場周辺は，マリンスタジアムの他に何もなく，東京ドームのようなエンターテインメントな設備は存在せず，閑散とした光景であった。その一方で，スタジアムのある幕張は，東京からの流入組によってファミリー層を中心とした人口増加という

状況にあった[52]）。

　さらに，マリーンズは，戦力面もさることながら，業績面においても不振であった。マリーンズのオーナーである重光昭夫は，日経新聞朝刊にて，2004年度のマリーンズの赤字額が37億4,000万円であることを発表した[53]）。

　2004年，日本のプロ野球では，大阪近鉄バッファローズとオリックスブルーウェーブスの合併，選手会のストライキ，東北楽天イーグルスの誕生など，大きな変革に直面することになった。マリーンズも，水面下で福岡ダイエーホークス（現，ソフトバンクホークス）との合併が模索され，上述したように，様々な問題点を抱えるマリーンズの経営陣の危機感を醸成するには，十分な雰囲気であったといえよう[54]）。

## ❷　問題点

　小寺［2009］によれば，マリーンズが抱える問題点として，①フランチャイズを何度も変えてきた経緯があり，地元から信頼されていなかったこと，②球場の運営は，千葉市の第三セクターが行い，運営を全て任せきっていたこと，③千葉は商圏が大きかったが，巨人ファンが多かったこと，④フロント職員に十分な人数がおらず，活気がなかったこと，などをあげている[55]）。この指摘は，第1項で述べたマリーンズの現状と照らし合わせて考察しても，正確であるといえよう。さらに，当時マリーンズは，収益のみならず，チーム戦績，選手年俸の面でも，他の球団に遅れをとっていた。

　橘川＝奈良［2009］によれば，日本においてプロ野球が経営を安定的に行うためには，概ね200万人の年間観客動員数が必要である[56]）。マリーンズの観客動員数は，前述したように，12球団の中では低い順位に位置していた。つまり，マリーンズが組織改革をして，安定的な球団として生まれ変わるためには，観客動員数の増加が必要不可欠である。

　しかし，第三セクターが運営する球場は，ポスター1枚自由に張れない状況であった[57]）。おりしも，2003年に施行された指定管理者制度を利用することによって，マリーンズは，球場の運営状態を改善し，千葉県に移住してきたファミリー層を取込むことが，安定顧客獲得のための火急の課題であった。

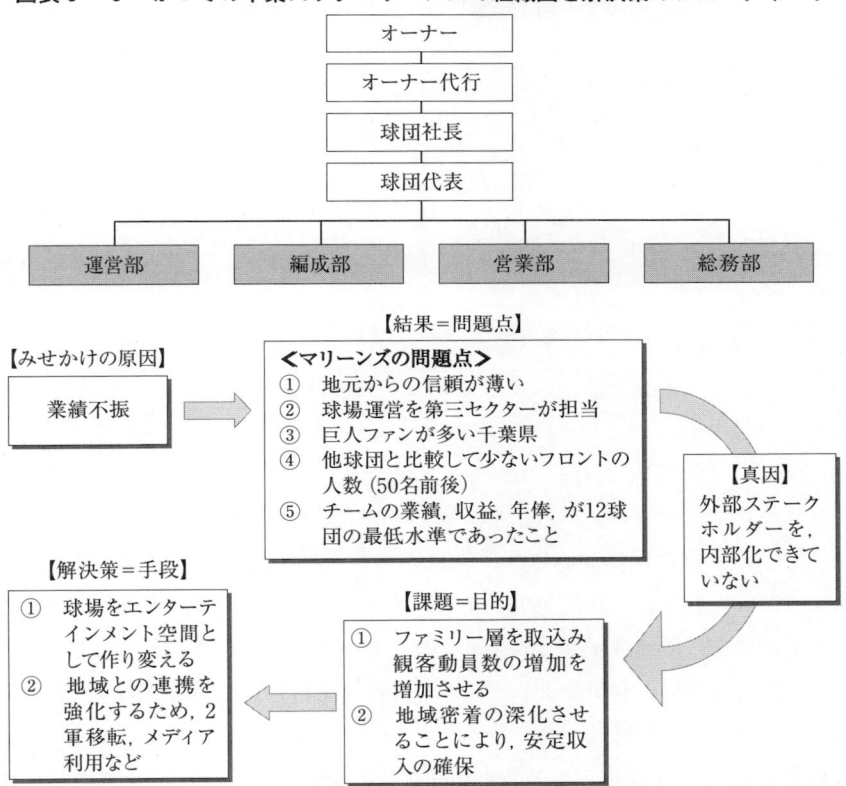

第6章　スポーツビジネスの組織と管理

**図表6－9　かつての千葉ロッテマリーンズの組織図と解決策のフローチャート**

```
                    オーナー
                       │
                   オーナー代行
                       │
                   球団社長
                       │
                   球団代表
        ┌──────┬───────┼───────┬──────┐
      運営部    編成部         営業部    総務部
```

【みせかけの原因】　　　　　【結果＝問題点】
　　　　　　　　　　　＜マリーンズの問題点＞
　業績不振　→　① 地元からの信頼が薄い
　　　　　　　　② 球場運営を第三セクターが担当
　　　　　　　　③ 巨人ファンが多い千葉県
　　　　　　　　④ 他球団と比較して少ないフロントの
　　　　　　　　　 人数（50名前後）
　　　　　　　　⑤ チームの業績，収益，年俸，が12球
　　　　　　　　　 団の最低水準であったこと

【真因】
外部ステークホルダーを，内部化できていない

【解決策＝手段】　　　　　　【課題＝目的】
① 球場をエンターテ　　　　① ファミリー層を取込み
　 インメント空間と　　　　　観客動員数の増加を
　 して作り変える　　　　　　増加させる
② 地域との連携を　　　　　② 地域密着の深化させ
　 強化するため，2　　　　　ることにより，安定収
　 軍移転，メディア　　　　　入の確保
　 利用など

（出所）上：小寺[2009]36頁，下：小寺[2009]33-35頁，広瀬編[2009]310-317頁，に基づいて筆者作成。

　図表6－9に示されるように，マリーンズが抱える問題点の真因は，地域，球場運営会社，ステークホルダーを内部化できていなかったことである。その結果，組織内外の均衡が保てず，収益，戦績，年俸の不振へと繋がった。

## ❸　課　題

　図表6－10に示されるように，マリーンズは，図表6－9の組織図から大きく改革を行った。まず，事業部を設置し，事業本部と位置づけることによって，ファンエンターテインメント，プロモーション，広報，法人セールス，グッズ，

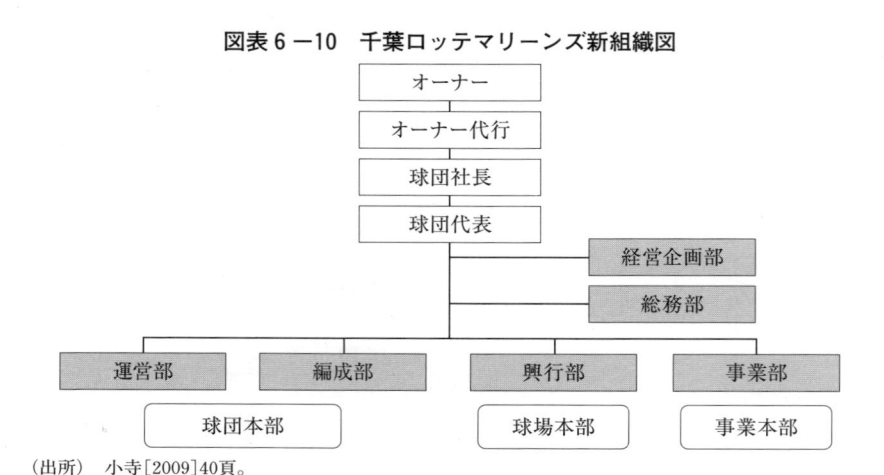

### 図表6-10 千葉ロッテマリーンズ新組織図

```
                    オーナー
                      │
                   オーナー代行
                      │
                    球団社長
                      │
                    球団代表
                      │
        ┌─────┬─────┼─────┬─────┐
        │     │     │     │     ├── 経営企画部
        │     │     │     │     │
        │     │     │     │     └── 総務部
        │     │     │     │
       運営部  編成部  興行部  事業部
        │           │           │
      球団本部      球場本部     事業本部
```

(出所) 小寺[2009]40頁。

飲食，放映権などのビジネスラインをフルラインで備えた[58]。

さらに，経営企画部を設置し，指定管理者の委託，自治体，親会社とのコミュニケーション，財務面からのマネジメント，管理部門の建て直し，球場運営体制の確立，事業部が行う収益事業のサポートを担わせることにした[59]。

指定管理者制度の利用による，球場の管理が開始されたのは2006年以降である。行政側は，プロ野球だけでなくアマチュア野球や一般利用にも供用される公共施設として球場をとらえ，マリーンズに要請された球場の管理委託を見送っていた。しかし，上述したダイエーとの合併案が取り沙汰されたことから，これまで設けていた規制を大幅に緩和した上で，2006年からマリーンズを球場の指定管理者に指名して施設管理権を球団に委譲した。

施設管理権を球団が得たことによって，球場場外での屋台・露店の営業が可能となり，場内においても様々なサービスが開始された。外野フェンスの広告掲出も開始されるなど，スタジアム内外でファンサービスの拡充や施設収益の改善を目的とした数多くの活動が実施されている。

このようにして，図表6-9に示されるように，課題①に対する解決策①は達成された。その結果として，37億4,000万円あった赤字は，2年間で28億円まで減少させることに成功した。

次に，課題②にあげた地域密着の深化について言及する。前述したように，フランチャイズを何度も変えてきた経緯があり，地元から信頼されていなかったことや，地元に元々巨人ファンが多かったため，マリーンズの地域密着は，まだ達成されていない。

今後，マリーンズが地域と密着するためには，①二軍を千葉県に移転することによって，選手を二軍時代から続けて応援できる環境を作ること，②千葉テレビと提携して試合を放映することによって，球場まで足を運ばない地元の人とも近しい関係を作ること，③市内・県内商店街にロゴ利用権の開放や，ボーイズ・シニアチームを球団が創出すること，などがあげられる。

このように，地域に根付いた活動を行うことによって，マリーンズは，今後ますます安定的な経営が可能となる。

注）
1）Hicks, H. G.［1966］訳書23頁。
2）Barnard, C. I.［1938］訳書87-95頁。
3）兼子春三＝安彦正一編［1996］130頁。
4）山下＝畑＝中西＝冨田編［2006］32頁。
5）小寺［2009］64頁。
6）広瀬編［2009］91頁を援用。
7）木暮至［2004］56頁。
8）同上書57頁。
9）Chandler, A. D. Jr.［1962］29頁を筆者が一部修正。
10）武藤［2006］211頁を援用。
11）Kotter, J. P. ＝ Heskett, J. L.［1992］訳書219頁。
12）山下＝畑＝中西＝冨田編［2006］207頁。
13）同上書207頁。
14）Kotter, J. P. ＝ Heskett, J. L.［1992］訳書6-7頁を援用。
15）岡田武史＝平尾誠二＝古田敦也［2003］19-20頁を筆者が一部修正。
16）同上書19頁。
17）日本経済新聞運動部編［2004］184頁を援用。
18）森本三男［1978］207頁を一部修正。
19）兼子＝安彦編［1996］149-151頁。
20）広瀬［2005］159頁を一部修正。
21）小寺［2009］110-111頁。

22) 黒田＝内田＝林＝平本[2010]202頁。
23) 山下＝中西＝畑＝冨田編[2006]72-73頁。
24) 佐久間信夫＝坪井順一編[2002]268頁を援用。
25) Barney, J. B.[2002a]訳書243頁。
26) 原田＝小笠原編[2008]87頁。
27) アーサーアンダーセン[2000]130-133頁より一部抜粋。
28) 広瀬編[2006]14頁を一部修正。
29) Esty, D. C. ＝ Winston, A. S.[2006]訳書410-413頁。
30) 『東洋経済, 2010.05.15』47頁。
31) 広瀬編[2006]15頁。
32) 橘川＝奈良[2009]130-131頁を援用。
33) 同上書130頁。
34) 広瀬編[2006]9頁。
35) 島田[2006]200-201頁を一部修正。
36) 上西康文編[2000]71頁を援用。
37) 武藤[2006]111頁を援用。
38) 同上。
39) 橘川＝奈良[2009]154頁。
40) Simon, H. A.[1945]訳書3頁を援用。
41) 森本[1978]211頁。
42) 木暮[2004]164頁。
43) Simon, H. A.[1945]訳書9頁。
44) Simon, H. A.[1977]訳書55-56頁。
45) Ansoff, H. I.[1965]訳書6頁。
46) 山下＝中西＝畑＝冨田編[2006]236-237頁。
47) Simon, H. A.[1945]訳書60頁。
48) 森本[1978]211頁。
49) 原田＝小笠原編[2008]140頁。
50) 同上書141頁。
51) 武藤[2006]40頁を一部修正。
52) 伊藤伸一郎[2005]197-199頁。
53) 日本経済新聞朝刊2005年6月27日。
54) 伊藤[2005]192頁援用。
55) 小寺[2009]33-34頁から一部抜粋。
56) 橘川＝奈良[2009]189頁。
57) 伊藤[2005]199頁。
58) 小寺[2009]39-40頁。
59) 同上書41頁。

# 第7章
# スポーツビジネスにおける人的資源管理

　本章では，スポーツビジネスの人的資源管理について考察する。スポーツをビジネスとして展開するために，現在，多くのスポーツ組織において，人的資源管理の視点の導入が急務となっている。

　第一に，スポーツ組織と人的資源管理の整合性について考察する。まず，人的資源管理の役割について理解を深める。次に，スポーツビジネスの人的資源について理解する。さらに，選手のモティベーションの低下要因について言及する。

　第二に，スポーツ・リーダーシップ・マネジメントについて考察する。まず，リーダーシップとスポーツ組織の関係性について理解を深める。次に，リーダーシップの実証研究について概観する。さらに，適切なリーダーシップについて言及する。

　第三に，スポーツ・モティベーション・マネジメントについて考察する。まず，モティベーションの役割について理解を深める。次に，ボランティアスタッフに対するモティベーション・マネジメントについて概観する。さらに，国際試合参加の動機について言及する。

　第四に，選手に対するモティベーション・マネジメントについて考察する。まず，目標管理による動機づけについて理解する。次に，業績評価による動機づけについて言及する。さらに，スポーツ集団内の関係性について概観する。

　第五に，スポーツビジネスの人的資源管理のケースとして，米国MLBのヤンキースについて考察する。ヤンキースは，世界で最も平均年俸の高いチームである。ヤンキースの動機づけについて，問題点とその解決策を考察する。

## 第1節　スポーツ組織と人的資源管理

### ❶ 人的資源管理の役割

　人的資源管理には，まだ統一された定義が存在しない。米国のハーバード大学の教科書として使われているブラットン＝ゴールド（Bratton, J. = Gold, J.）[2003]によれば，人的資源管理とは，「リーダーシップと人的資源管理の諸施策が個人の心理的契約に作用し，コミットメントとモティベーションを引き出すことによって期待以上の業績を生み出すこと」である[1]。

　また，マティス＝ジャクソン（Mathis, R. L. = Jackson, J. H.）[2007]は，人的資源管理を，「組織目標を効果的かつ効率的に達成するために，人材活用を確実なものとする組織システムの管理」と定義している[2]。

　スポーツ組織の目標は，時代と共に変容してきた。例えば，1980年代のプロスポーツの株主は，主として新聞会社，鉄道会社であった。株主にとって，プロスポーツチームは，広告塔であった。企業の実業団も同様である。1990年代後半以降，広告の効果に懐疑的な企業が増えたため，多くのスポーツチームは，休部，廃部，規模の縮小，という事態に直面した[3]。

　第1章で考察したように，スポーツビジネスには，① 試合での勝利，② スポーツの普及，③ 興行的な成功，などの様々な目的が存在している。目的が「親会社の広告」でなくなったため，近年では，企業に属さない独立系のクラブが増加した。このように，プロスポーツチームは，いかに独自で収益をあげつつ，効果的・効率的に他の目的を達成するかが焦点となっている。

　年々，プロスポーツにおける選手の年俸は高騰していることも，スポーツ組織における人的資源管理の重要性を高めている[4]。現在，選手の年俸は，チームの収益の4割から6割に相当している[5]。

　スポーツ組織は，リーダーシップと人的資源管理の諸施策によって，選手のモティベーションを高め，① 選手の能力・忠誠心の向上，② 試合での勝利，

②興行的成功，といった目標の達成を図る。このように，適切な人的資源管理の実行は，選手・組織双方の満足を高める効果をもつ。

## ❷ スポーツ組織の人的資源

図表7－1に示されるように，スポーツ組織は，オーナーを頂点とした階層組織である。日本では，GMが存在せず，GMの位置にオーナーが存在しているスポーツ組織も数多く存在する。

太田眞一[2002]によれば，「米国のチームは，GMをトップにした階層組織であり，監督と選手の立ち位置は同等である。一方，日本のチームは，監督を頂点に置き，コーチ，選手が統制下に置かれる縦社会」である[6]。そのため，日本において，監督やコーチが適切なリーダーシップを発揮することは，チームの目標を達成するために必要不可欠である。

監督とは，各種スポーツにおいて全体の指示や作戦を立てる責任者である。団体競技や個人競技では，監督が選手の育成を行うなど，コーチの役目を兼任する種目もある。コーチとは，監督の方針の下でチームの勝利のために選手の育成・調整を行う指導者である。

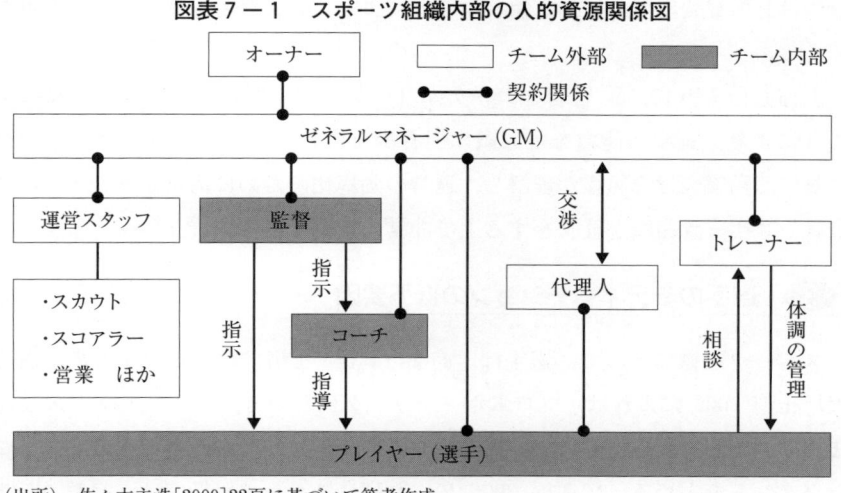

**図表7－1　スポーツ組織内部の人的資源関係図**

(出所)　佐々木主浩[2009]22頁に基づいて筆者作成。

リーダーシップは，端的にいうと，「組織の目的・目標の達成に向けて個人および集団を働かせるための影響力」である[7]。前述したように，現在，スポーツビジネスにおけるチームの目的・目標には，勝利以外にも様々なものが存在する。監督やコーチは，組織目標を効果的かつ効率的に達成するため，選手を最大限に活用する必要がある。

　また，組織外部の人材であるボランティアスタッフは，外部の業者に委託しなければならない業務を，わずかな交通費の支給，物品の提供，チケットの配布などの優遇措置と引換えに行ってくれる。そのため，ボランティアスタッフは，スポーツ組織の運営にとって非常に重要な人的資源である。

　Ｊリーグには，ボランティアスタッフに試合運営業務の一部を委託しているクラブが多く存在する。多くの場合，ボランティアスタッフには昼食のお弁当や，グッズ，試合のチケットを礼品として提供する。しかし，クラブ・チームによっては，完全に無償でボランティアスタッフに業務を委託しているクラブも存在する[8]。

　ボランティアスタッフに任される業務は，入場口でのチケットのもぎり作業や座席案内，警備などの多くのスタッフを必要とするものが多くあり，クラブの経費削減に貢献している[9]。そのため，組織は，ボランティアスタッフを動機づけして経費削減の一端を担わすことにより，運営費用を減らすことが可能である。

　上述したように，①監督・コーチがリーダーシップについて理解を深めることにより，選手の能力を最大限に引き出すこと，②ボランティアスタッフに対する動機づけを組織が理解し，運営の効率化のために活用すること，の２点は，スポーツ組織が経営をする上で非常に重要である。

### ❸　選手のモティベーションの低下要因

　スポーツ組織にとって，選手は，商品（試合）を構成する重要な要素である。大坪正則[2002]によれば，プロスポーツリーグにおいて，選手は主役である[10]。また，スポーツ組織において，選手に支払う年俸は，費用の中でも最も大きなセグメントを占める。広瀬編[2006]によれば，スポーツ組織では，収益の５割

前後が選手に対する人件費にあてられる[11]。さらに，選手は，チームと契約を締結した従業員でもある。つまり，選手は，①商品の一部，②チームにおける大きな費用，③組織の従業員，といった性質をもつ。

選手は，様々な性質をもつために，様々な期待に応える必要がある。組織・ファンの期待が大きいため，選手にかかる心理的負担は大きいと推測される。例として，①商品の一部やファンの憧れであるために，プライベートでの素行に注目が集まる，②費用が大きいために活躍が期待される，③従業員であるために，能力次第では解雇される可能性がある，などがあげられる。

次に，選手の抱える不安について考察する。選手は様々な心理的不安を抱えている。例えば，選手は，プロスポーツ選手になった後も，安定的雇用とはかけ離れた世界に位置することとなる。成績を残せない選手は，トレードで放出されたり，雇用関係を打ち切られてしまうためである。また，選手には，セカンドキャリアの問題もある。一般的なプロスポーツ選手は，引退年齢が通常の組織と比較して非常に低い。例えば，Jリーグの平均引退年齢は，26歳といわれており，野球は，29歳が平均引退年齢である[12]。

図表7－2に示されるように，選手は多くの不安を抱えつつ，チームやファンからの期待に応え続ける必要がある。しかし，多くの期待や不安は，選手のモティベーションを低下させ，十分にパフォーマンスを発揮できない状況にさ

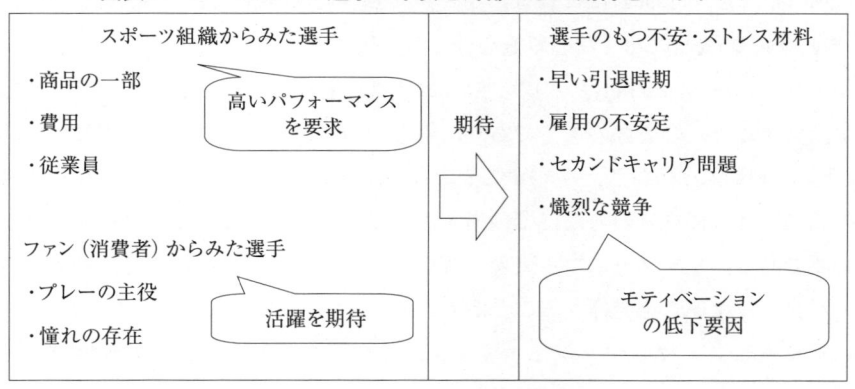

**図表7－2　スポーツ選手の不安と外部からの期待とのギャップ**

| スポーツ組織からみた選手 | | 選手のもつ不安・ストレス材料 |
|---|---|---|
| ・商品の一部<br>・費用<br>・従業員<br>（高いパフォーマンスを要求） | 期待 → | ・早い引退時期<br>・雇用の不安定<br>・セカンドキャリア問題<br>・熾烈な競争 |
| ファン（消費者）からみた選手<br>・プレーの主役<br>・憧れの存在<br>（活躍を期待） | | （モティベーションの低下要因） |

（出所）　筆者作成。

せている可能性がある。

　さらに，選手に支払われる年俸の役割についてみてみよう。選手に対する給与は，年俸と呼ばれる。年俸とは，1年単位で支払われる報酬のことである。高額の年俸は，選手の動機づけに役立つ。FA（フリーエージェント制度）が認められ，活用されるようになった現代では，高額の年俸を提示されることにより，① 選手のやる気の向上，の他にも，② 選手が球団に残り続けるための動機づけ，として使われる。しかし，高額年俸の契約を行った選手は，成績が急落するケースが多く確認されている。

　つまり，選手に対するモティベーション・マネジメントは，金銭だけでは，不十分であると推測される。図表7－2に示されるように，選手の抱えるストレス材料を緩和するような組織作りや，人的資源管理の諸施策が必要である。

## 第2節　スポーツ・リーダーシップ・マネジメント

### ❶　リーダーシップとスポーツ組織

　ハーシィ＝ブランチャード＝ジョンソン（Hersey, P. ＝ Blanchard, K. H. ＝ Johnson, D. E.）[1996a]によれば，ダイナミックで効果的なリーダーシップは，「成功する組織と成功しない組織を分ける要因」である[13]。

　ドラッカー（Drucker, P. F.）[1954]は，「管理者のリーダーシップなくしては，生産資源はただの資源のままであり，管理者の能力と仕事ぶりが，事業の成功さらには事業の存在さえ左右する」と指摘している[14]。つまり，優れた仕事の成果には，従業員の力だけで創出するのではなく，優れたリーダーシップが必要である。リーダーによる管理・統制や目標設定の支援を通じて，初めて高いパフォーマンスを発揮することができる。

　グロービス・マネジメント・インスティテュート編[2006]によれば，リーダーシップとは，① 理念や価値観に基づいて複数の目標を創造すること，②

目標を設定し，その実現のための体制（仕組み）を構築すること，③目標実現のために部下の意欲や能力を活用し成長させること，④目標実現のための課題や障害を解決すること，という4つの行動の集合である[15]。

上述した定義は，スポーツ組織においても例外ではない。スポーツ組織における監督やコーチは，①チームの目的に向けて複数の目標を各選手に対して提示し，②目標を達成するためのトレーニングや組織づくりを行い，③目標実現のために選手の動機づけを行い，④課題を抱えている選手に適切なアドバイスを行う，といった非常にリーダーシップに近い行動を，その意図に関わらず行っている。適切なリーダーシップの実行は，上述したような活動を通じて，①組織の目標の達成，②選手のモティベーションを高める，という2つの目的を達成することができる。

日本のスポーツ組織は，監督を頂点にしたタテ社会であるため，監督のリーダーシップはより重要である。監督は，監督自身が注目を浴び，ファン層を獲得し，集客効果をもつ場合もある。米国のNFLは，NFLチームのブランド価値を創出するために，積極的に人気選手を監督にして注目を集めている。

監督が選手に対して取るべきリーダーシップのあり方は，監督より上位の存在（米国におけるGM，またはオーナー）が監督に対して取るべきリーダーシップのあり方としても検討することができる。特に米国におけるGMは，選手・監督・コーチの上位に位置するため，このようなリーダーシップの役割を適切に把握し，実行可能な能力が必要とされる。

現在，多くの監督のリーダーシップに関する研究は，「選手の個性を尊重する優しい人物が良い」「楽観主義的なほうが良い」「熱く指導して，熱意を伝えるのが良い」「人を惹きつけるスター性があれば良い」といったように，学問的・理論的よりも，リーダーの生まれついての性格に関わる考え方が普及している。

## ❷ リーダーシップの実証研究

杉野欽吾他[1999]によれば，リーダーシップの研究は，①特性論，②類型論，③機能論，④状況適合論，の4つの分類が一般的である[16]。本項では，

その中の①〜③について考察する。

特性論とは，あるべきリーダー像を，人物としての属性や特性から把握することを指す。リーダーに必要な特性として，「知性」，「指導力」，「自信」，「説得力」，「人間性」，「創造性」，「実績」，「自己コントロール」，「自己認識」，「ユーモア」などがあげられる[17]。

一般的な監督のリーダーシップに関する研究は，特性論に基づいて述べられているものが多くみられる。しかし，特性論では，リーダーを特徴づける普遍的な特性を明らかにすることは困難であり，それが特性論の限界といわれる[18]。

古典的でかつ，現在でも有力なリーダーシップとして，類型論があげられる。類型論とは，リーダーの性格をいくつかのタイプに分類し，リーダーとして適正の高い性格を把握するアプローチである。

レヴィン（Lewin, K.）[1939]らによる類型論では，リーダーの性格を，①専制型，②放任型，③民主型，の3つに分類している[19]。

① 専制型：リーダーは，1人で判断を下し，成員に対して盲目的に従属を求める。
② 放任型：リーダーは，成員に干渉せず，各自に任務を任せる。
③ 民主型：リーダーは，専制と放任の中間にあたり，集団の意思決定を尊重する。

類型論をスポーツ組織に当てはめたジャーヴィス（Jarvis, M.）[1999]によれば，専制型のリーダーの最大の長所は，①チームが疲弊していたり，ストレス下にあっても，成員を所期の目的に方向づけられること，②リーダー以外からの情報は，意思決定に有効であっても否定される統制のとれた組織となること，の2点である。また，ジャーヴィス[1999]は，短所として，リーダーがいなくなると成員の動機づけが困難になると指摘している[20]。

機能論的なアプローチとして，三隅二不二[1966]が提唱したPM式リーダーシップがあげられる[21]。PM式リーダーシップとは，図表7−3に示されるように，集団目標達成機能（Performance）と集団維持機能（Maintenance）の組み合わせによってリーダーを4つのタイプに分類したものである[22]。集団

## 図表7−3　PM式リーダーシップ図とスポーツ組織における PM 機能

|  | pM<br>チームのまとめは上手。目標へ引っ張るのが苦手。 | PM<br>技能的・人間的に信頼されている，理想のタイプ。 |
|---|---|---|
|  | pm<br>P機能もM機能も強調しない，放任的なタイプ。 | Pm<br>チームの目標達成は上手だが，まとめるのが苦手。 |

縦軸　強　P：集団維持機能　弱
横軸　弱　M：集団目標達成機能　強

凡例：PM型，Pm型，pM型，pm型

グラフ横軸：戦績での強さ，モラール，成員性，練習参加率，チームワーク，満足度
グラフ縦軸：2.5, 3.5, 4.5

P：Performance
M：Maintenance

（出所）三隅二不二[1966]122-129頁，丹羽劭昭[1978]123-140頁（杉原隆＝船越正康＝工藤孝幾＝中込四郎[2000]169頁，所収）。

の生産性は，PM ⇒ Pm ⇒ pM ⇒ pm の順に高い。集団における仕事の満足度やモラール[23]は，PM ⇒ pM ⇒ Pm ⇒ pm の順番に高くなる。

図表7−3に示されるように，機能論をスポーツ集団に当てはめた丹羽劭昭[1978]によれば，チームの戦績は，PM型がもっとも強く，成員性とモラールはM機能の強さと，練習参加率はP機能の強さとそれぞれ関係している[24]。監督は，自身がPM理論のマトリックスでは，どの位置に存在するのかを常に把握し，チームの目標に対してP機能・M機能のどちらに力を入れるかを決める必要がある。

### ❸ 適切なリーダーシップ

上で述べたリーダーの分類方法は，組織における最良のリーダーシップを1つに定めてしまう方法論である。しかし，実際には，常にある一定のリーダー像が最も優れているという状況は存在しない。なぜなら，必要とされるリーダーシップは，フォロワーたちのもつ欲求，フォロワーとの関係，集団の置かれている状況，などによって異なるからである。

異なるフォロワーや集団の状況に応じて，より適切なリーダーシップを選択することを「状況適合リーダーシップ」と呼ぶ。リーダーの行動は，集団の人

間関係の良さと課題行動の程度によって決定する。

　図表7－4に示されるように，ハーシィ＝ブランチャード＝ジョンソン［1996］によれば，状況適合リーダーシップは，「他人に影響を及ぼすための最善の策は存在せず，どのリーダーシップスタイルを使うにしても，影響の対象となる個人，または集団の成熟度のレベルに合わせるべきである」[25]。

　状況適合リーダーシップの考え方を，バスケットボールチームに応用して実証したケイス（Case, B.）［1978］の研究では，熟練度が低いチームでは人間関係を，熟練度が中程度のチームでは人間関係より課題行動を強調すると成功につながり，プロなどの熟練度の高いチームでは選手自身が強く動機づけられているので，コーチは人間関係に配慮するだけで十分であると述べている[26]。

　上記のリーダーシップとは異なるが，米国のNFLや日本のプロスポーツでは，往年のスター選手が監督として第一線に復帰する事例がしばしば見られる。彼らにスポットライトが当たることも多い[27]。元スター選手の監督の中には，集客効果をもつリーダーも少数ながら存在する。

　例えば，楽天の野村元監督の「ぼやき」は，時には新聞に載ることもある。監督に注目が集まることで，自然とチーム全体の注目度が上がる。さらに，第5章で考察したように，NFLでは，かつての有名選手を監督に起用すること

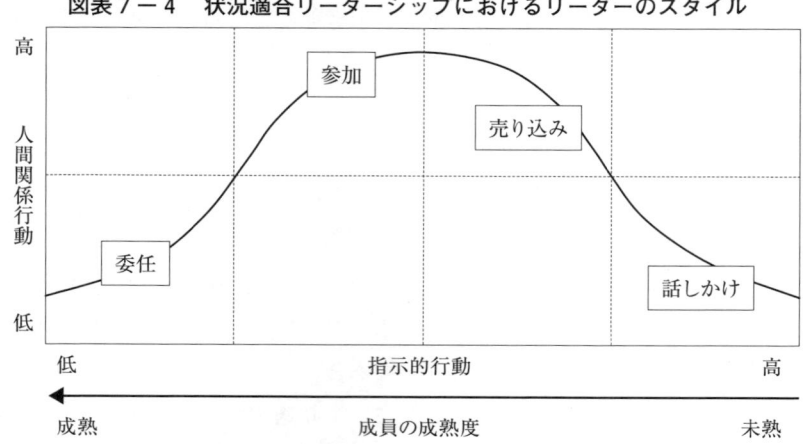

**図表7－4　状況適合リーダーシップにおけるリーダーのスタイル**

（出所）　Hersey, P. = Blanchard, K. H. = Johnson, D. E.［1996］訳書291頁を筆者が一部修正。

によって，チーム全体のブランド力を高めようとしている。

このように，スポーツ組織におけるリーダーは，チームが置かれている状況や，所属する選手個々人の状況に応じたリーダーシップを発揮することが求められている。さらに，話題性や注目率の高い監督が集客効果につながり，その結果として収益につながる事例も少なからず存在している。

## 第3節　スポーツ・モティベーション・マネジメント

### ❶　モティベーションの役割

現代は，個人と企業がお互いにお互いを選びあう，人材流動化の時代である[28]。組織は，人材流動化の時代では，優秀な社員が他の企業へ転籍しないようにするため，常に社員に対して，「現在の企業に在籍し続けたい」という動機づけ（モティベーション・マネジメント）を行う必要がある。

マティス＝ジャクソン[2007]によれば，組織は，優秀な社員が他の企業へ移らないようにするために，社員の「職務満足」と「組織コミットメント」を喚起する必要があると指摘している[29]。

組織は，社員のモティベーションを高めることによって，①努力をうながすことによる業績向上，②職務満足，③組織コミットメント，の3つを同時に達成することができる。

モティベーションの管理は，スポーツ組織の成果や収益に直結する問題である。例えば，スポーツ組織において，選手を放出することは，これまで育成してきた社員を手放すことと同義である。予防策として，チームに対する選手の忠誠心を養うことが求められる。

上記の他に，選手に対する動機づけには，①厳しいトレーニングへの参加を促進させる効果，②試合におけるパフォーマンスを向上させる効果，③賃金報酬以外の満足感を感じさせる効果，などが存在する。

また，監督に対する動機づけも重要である。2008年，ヤンキースは，監督として2,000勝している名将トーリ（Torre, J. P.）に対して，単年かつ出来高を含む高額年俸を提案した。しかし，トーリは単年契約であることや出来高を含む年俸を侮辱であると考え，他球団と比較して破格の年俸にもかかわらず，オファーを断る事態となった[30]。

　さらに，オリンピックのような巨大なイベントにおいては，人的資源としてのボランティアに対する期待が高まっている。多くのボランティアを集め，能力を高め，活動の継続を促すための効果的なマネジメントを行うため，ボランティアに対する動機づけも重要視されている[31]。

　米国の経済政策担当補佐官であったピンク（Pink, D. H.）は，図表7－5に示されるように，動機づけを3つの分類に体系化している。第一に，生物学上の「食べたい」，「飲みたい」といった生存を目的とした動機づけ（モティベーション1.0）があげられる。第二に，成果主義社会において，お金や地位などの報酬による動機づけ（モティベーション2.0）があげられる。第三に，「面白いからやりたい」，「やりがいがあるからやりたい」といった個人の内的感情に基づく動機づけ（モティベーション3.0）があげられる。

　多くの企業は，報酬に基づいた外的動機づけを行っている。しかし，元経済政策担当補佐官のピンクは，「ルーチンワークにおいて，外的動機づけは有効な手段であった。一方，クリエイティブな仕事において，外的動機づけは正しい戦略ではなく，内的動機づけを重視すべきである」と指摘している[32]。

　スポーツ組織においても，外的動機づけを支持する研究結果は得られていない。ジャーヴィス[1999]は，「過去の研究をみると，高額の契約を結んだ直後に，選手の成績が急落する事例は多い」と述べている[33]。

　また，もともと金銭的報酬のないボランティアスタッフには，いかに内的動

**図表7－5　モティベーションの段階**

| | |
|---|---|
| モティベーション1.0 | 生存を目的とした行動。「食べたい」，「飲みたい」など。 |
| モティベーション2.0 | いわゆるアメとムチ。報酬等に基づく外的動機づけ。 |
| モティベーション3.0 | 自分の内面から湧き出るやる気。内的動機づけ。 |

（出所）『日経ビジネス Associe，2010.09.21』107頁を一部修正。

機づけを高めるかが重要である。

## ❷ ボランティアスタッフのモティベーション・マネジメント

　先述したように，ボランティアスタッフは，スポーツ組織を運営する上で非常に重要な存在である。ボランティアスタッフは，経費削減の役割を果たすと共に，Jクラブにおいては，地域住民との良好な関係づくりに一役買っている。Jリーグにおけるボランティアスタッフは，以下の職務内容を担当している[34]。

① スタジアム運営：チケットもぎり，チラシ配布，受付，場内案内，清掃，チケット販売，VIP・報道・関係者などへの対応。

② イベント補助：スタジアムで行われるイベントの補助，地域イベントのサポート要員。

③ マスコット：マスコットの中に入ってのマスコット活動，マスコットの補助活動。

④ 記者・カメラ：マッチデイプログラム[35]に掲載する原稿作成，写真撮影活動。

　上述したように，Jリーグでは，試合以外の様々な運営項目において，ボランティアスタッフに頼っている。しかし，図表7-6に示されるように，1993年のJリーグブームの頃に比べ，ボランティアスタッフの数は年々減少傾向にある。ボランティアスタッフの人数が減少すると，運営業務を外注する必要が出てくる。当然，外注には費用もかかる。

　オリンピックのような国際大会においても，ボランティアスタッフは，Jリーグと同様の役割を担う。そのため，Jリーグやオリンピックでは，ボランティアスタッフに対してモティベーション・マネジメントを実行することによって，ボランティアスタッフを増大し維持することが必要である。

　ボランティアスタッフが抱える不満足要因として，高橋伸次［2001］によれば，① メンバーが集まらないこと，② スタッフ・役員が不足していること，③ 時間的負担が大きいこと，④ 活動費や運営費が不足していること，の4点があげられる[36]。一方，満足要因として，① 色々な人と出会いたい，② 新しい知

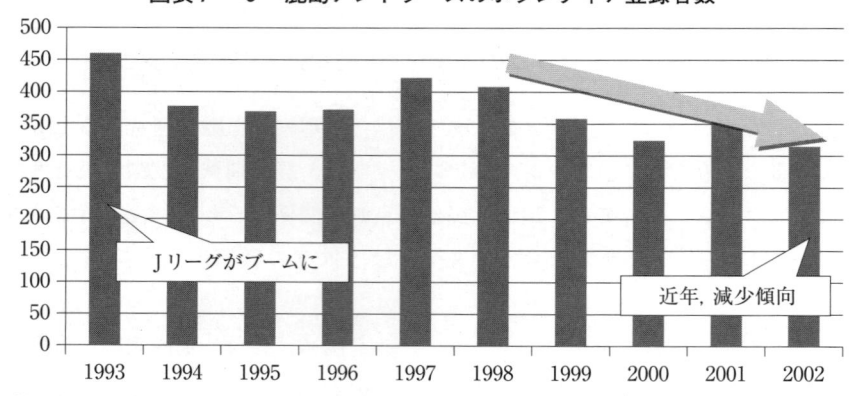

図表7－6　鹿島アントラーズのボランティア登録者数

（出所）　山口泰雄編[2004]125頁，カシマスポーツボランティアHP〈http://www.sopia.or.jp/kcs/suports/〉に基づいて筆者作成。

識を得たい，③社会的な視野を広げたい，④普段では得られないことを体験したい，⑤何事にも挑戦したい，の5点がアンケートによって判明した[37]。

　今後，スポーツ組織は，ボランティアスタッフの数を増加させていく必要がある。そのためには，ボランティアスタッフの満足要因を満たす必要がある。さらに，ボランティアスタッフの不満足要因を解消することにより，長期間に渡ってボランティア活動への参加を促すことが重要である。

### ❸　国際試合参加の動機

　近年，FIFAクラブ・ワールドカップや，ワールド・ベースボール・クラシック，その他国際試合の開催が活発化してきた。国際試合においては，出場チームや優勝チームに賞金が支払われるのが一般的である。

　FIFAクラブ・ワールドカップは高額の賞金を設けており，優勝チームには約6億円が支払われる。チームに対する賞金は，一部が選手に分配される。ワールド・ベースボール・クラシック第2回大会においては，賞金が約3億円支払われた。これは第1回大会の倍の金額である。このように，近年の国際試合は，参加の動機づけとして，金銭的インセンティブに頼っていることが伺える。

　次に，オリンピックに参加する選手の動機づけ要因について考察する。オリ

ンピックでは，五輪委員会からの賞金は存在しない。優勝者や入賞者に対して自国から報奨金が支払われ，それが大会に参加した選手の収入となる。

　発展途上国の中には，国内における生活に必要な所得水準と比較して，莫大な額の報奨金を設定している国が存在する。国が金銭的インセンティブを活用することにより，代表選手を動機づけるのである。また，個人技であれば，優勝や目立つ成績をあげることによって，世間における自身の認知度を高められる。そうすれば，以後，スポンサーの獲得やCM収入が見込めるといったような金銭的インセンティブが働く。

　しかし，メジャースポーツ（野球，サッカーなど）になると，平均年俸が数千万[38]のプロスポーツ選手が代表に選ばれていることが多い上，報奨金をチーム内で分配するため，個人に対して支払われる報奨金は，それほど大きな金額ではない。さらに，翌年度の年俸の増減は基本的にはチームに対しての貢献度によって決まるものであり，国際試合で活躍しても年俸は変化しない。このことから，団体戦におけるプロスポーツ選手が国際大会に参加するのは，収入のためでないことがわかる[39]。

　中村敏雄編[2005a]は，プロスポーツ選手が国際大会の代表となる理由として，次の4点をあげている[40]。

① 自国が「国民意識」高揚期にある場合：「国」へ参加する意欲を選手がもっているとき，国際大会への参加が促される。
② 祖国の選手とともにプレーする喜び：国外のチームに所属している選手が国際大会に参加する理由の1つとして，ナショナリズムがある。
③ 代表の活躍が自国のスポーツ振興をもたらす場合：スポーツの発展と待遇の改善を選手が期待しているとき，世間的な注目度を高めるために国際大会への参加を行う。
④ 自国のチームにおける待遇が低い場合：より待遇のいいチームへ移籍するため，他国のチームを含めた他のチームへのアピールする場所として選手が国際大会を利用する。

　上述したように，国際試合において，サッカー選手や野球選手が代表としてプレーすることは，金銭的インセンティブとは異なるインセンティブが働いて

いることがわかる。代表になることにより，怪我をするリスクや，国内試合にマイナスの影響を及ぼすことが懸念される。しかし，選手は，① 国民意識，② 自国のスポーツ振興，のために努力をする場合がある。

## 第4節　選手に対するモティベーション・マネジメント

### ❶　目標管理による動機づけ

　目標管理は，従業員に自らの業務目標を設定させ，その進捗や実行を従業員が主体的に管理する手法を指す[41]。目標設定には，勝利や順位といった結果を重視した「結果目標」と，特定の結果を導くために必要な具体的な行動や協議内容を重視した「行動目標」が存在する。

　結果のみを対象とする結果目標は，競技内容に関わらず試合結果のみを対象とするため，敗北時に大きく選手の動機づけにマイナスの影響を及ぼす結果となる。他方，行動目標は，具体的な行動や競技内容など，自分の競技能力を高めることを重視しているため，内的動機づけに繋がりやすい[42]。

　上述した目標管理は，日本のプロ野球チームでも行われている。例えば，選手に対して，シーズンで30本塁打を記録したら成功報酬を支払う，といった出来高契約である。

　本塁打数，盗塁成功数，奪三振数，出場試合数などを目標にする場合の目標は，結果目標である。結果目標では，目標達成が不可能と選手が判断した場合，選手のモティベーションを保てなくなる可能性もある。

　日本プロ野球の楽天イーグルスでは，「第2インセンティブ制度」を設けて目標管理を行っている。第2インセンティブ制度とは，例えば30回盗塁を試みた場合は成功しようと失敗しようといくら支払うという契約である。第2インセンティブ制度は行動目標である。この目標設定は，積極的な行動を促すための目標を導出している。

上述した目標管理制度は，個人の目標を重視した制度である。しかし，目標には，個人の目標だけでなく，集団の目標が存在する。平野文彦＝幸田浩文編[2003]は，「集団の目標を重視すると，他人まかせの意識や集団内でのコンフリクトが発生しやすい。個人の目標を重視し，集団の目標を全く無視した目標管理は，個人プレーに走りやすくチームの和を乱す」とそれぞれの問題点を指摘している[43]。

つまり，スポーツビジネスにおいて，個人目標だけでなく，集団目標を設定し，2つの目標のバランスを取ることが重要である。スポーツチームでも，選手が自己の目標だけを重視しては，試合で勝利することが困難になる。そのため，集団目標をチーム全体で共有することは重要である。

## ❷ 業績評価による動機づけ

業績評価は，モティベーションと密接な関わりがある。西川清之[1997]によれば，業績評価は，次の4つの効果をもつ[44]。
① キャリア機会やキャリア計画の議論を通じて組織へのコミットメントを発達させる。
② 認知や支援を通じて従業員を動機づける。
③ 上司と部下の関係を強化する。
④ 個人や組織の問題点を診断する。

スポーツ組織において，業績評価を監督・GM・オーナーと選手の間で行うことによって，上述したように，①選手の抱える問題の改善，②コミットメントの発達，③動機づけ，④監督・チームと選手の関係強化，⑤チーム全体の問題点の解決，など様々な効果を得ることができる。

業績評価には，次の3つのタイプがある[45]。
① パーソナリティ特性：積極性，勤勉性，外向性，協調性，指導力，企画力，などに基づいた評価基準。特に，かつての日本企業に多くみられた。
② 職務行動：組織の職務要求に対して従業員が行使しなければならない行動を評価基準にしたもの。行動ベースの評価システムとも呼ばれる。
③ 仕事の成果：客観的な仕事の成果（売上高・生産量・費用節減額）によって

図表7－7　一般的な評価者の誤り

| 一般的な評価者の誤り | | 現実的な影響 |
|---|---|---|
| 様々な基準 | ⇒ | 類似の業績が異なって評価される |
| 新近効果・初頭効果 | ⇒ | 情報のタイミングが評価に影響を及ぼす |
| 中央化傾向，寛大化，厳重さの誤り | ⇒ | 全ての人が同じように評価される |
| 評価者の偏見 | ⇒ | 評価者の価値や先入観が評価に影響を及ぼす |
| ハロー効果 | ⇒ | 1つの高成績をもつ人に，総合的に高評価 |
| ホーンズ効果 | ⇒ | 1つの低成績をもつ人に，総合的に低評価 |
| 対比エラー | ⇒ | 業績基準でなく他者との比較を行なう |
| 私と類似/私と異なるというエラー | ⇒ | 評価者が従業員を自分自身と比較する |
| サンプリング・エラー | ⇒ | 全体のうちのわずかなサンプルだけを基に評価 |

（出所）　Mathis, R. L. = Jackson, J. H. [2007]訳書144頁に基づいて一部修正。

　業績を評価する手法。

　近年，成果主義は，業績評価制度の主流である。しかし，成果に基づく業績評価には，①短絡思考を生む，②結果第一主義を生む，③努力しても達成できそうにないと思う目標には意欲がわかなくなる，④努力のプロセスを評価しないため評価自体に不公平感を抱く，といった4つの欠点が存在する[46]。

　そのため，業績評価を行う際は，成果を単一の基準とせずに，他の基準と組み合わせるべきである。スポーツ選手に対する業績評価も，成果だけでは，個人プレー中心のチームとなってしまう。そのため，職務行動を目標管理の「行動目標」と関連させることで，チームにとって最良の行動を行った場合も正当に評価することで，チームプレーを促すことが可能になる。

　業績評価の注意点として，評価者は，被評価者の内的動機づけにマイナスの影響を与えないよう注意を払う必要がある。内的動機づけにマイナスの影響を与える評価者の誤りとして，図表7－7のようなことがあげられる。スポーツ組織における評価者も，図表7－7のような誤りに気を配る必要がある。

## ❸ スポーツ集団内の関係性

スポーツスキルのような運動スキル遂行時に，他者の存在は，認知，行動，パフォーマンスに影響を与える[47]。そのため，監督やGMは，集団の関係性に気を配る必要がある。

日本のスポーツ組織は，上下関係，規律，伝統重視の問題が頻繁に発生する。これらの問題は，集団の中で自分の地位を維持するための行動である[48]。チームを管理する監督は，このような人間関係の出現を予測し，上手にマネジメントを実行する必要性が出てくる。そのため，チームの内に人間関係集団が発生した場合，監督は，新しくできた集団の性質を見極める必要がある。

集団は，① 同質性の強い集団，② 異質性の強い集団，に大別できる[49]。

同質性の強い集団は，同じ考えをもった人間同士の集まりである。スタートも意思決定も機敏であり，短期集中型の活動に向いている。反面，意見が偏り易く，新規性はそれほど強くない。さらに，継続する力に欠け，飽きてしまうと取組みを放棄する可能性もある。

一方，異質性の強い集団は，考えの異なった人間同士の集まりである。多角的な検討を行うことができ，新機軸やブレイクスルーを生み出しやすい。しかし，自然発生的に異質性の強い集団が発生することはない。監督が異質性の強いチームを作ろうと試みても，チーム作りそのものに時間が取られる上，意見をまとめるのにも時間と労力がかかるというデメリットが存在する。

スポーツ組織の監督は，同質性の強い集団だけでなく，自ら異質性の強い集団を組織内に作り上げることによって，バランスの取れたチーム作りをすることが必要である。

次に，集団の凝集性について考察する。ハガー＝チャズィザランティス（Hagger, M. = Chatzisarantis, N.）［2005］によれば，チームの凝集性は，「試合結果を決める多くの要因に影響を与える」ものである[50]。

なぜなら，チームの凝集性は，図表7－8に示されるように，パフォーマンスに関連する結果と，心理的な結果の両面に影響を与えるからである。凝集性が高いチームは，集団レベルでの動機づけだけでなく，個人レベルでの動機づ

**図表7-8 集団凝集性における概念的枠組み**

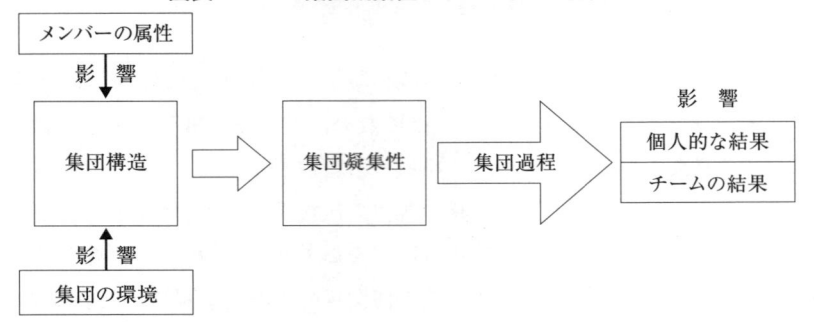

```
        メンバーの属性
             ↓影響
                                              影響
                                        ┌──────────┐
  集団構造 ⇒ 集団凝集性 ⇒ 集団過程 ⇒  │ 個人的な結果 │
                                        │ チームの結果 │
                                        └──────────┘
             ↑影響
         集団の環境
```

（出所）Carron, A. V. = Hausenblas, H. A. [1998] p.20 (Hagger, M. = Chatzisarantis, N. [2005] 訳書175頁，所収)。

けにも影響を与える。

　さらに，高い凝集性は，①チームのメンバーの目標やパフォーマンスへの満足感を高め，②妨害要因に対する対策となり，③メンバーの脱落を減らし，④社会的手抜きを減らし，⑤不安などの好ましくない状況が生じる確立を減らす，といった効果をもつ。

　集団の凝集性は，協働によって高まる。監督は，組織内で形成された同質的・異質的な集団に対して，集団目標の設定や，評価のフィードバックを参加的に行うなどの協働体験を提供することで，チームの凝集性を高めることが要求される。

# 第5節　ニューヨーク・ヤンキースのケーススタディ

## ❶ ケース

　本ケースでは，ニューヨーク・ヤンキース（以下，ヤンキース）が採用している人的資源価値を高める諸施策について考察する。

　ヤンキースは，本拠地をニューヨーク州ニューヨーク・ブロンクスにおく米

第7章　スポーツビジネスにおける人的資源管理

国メジャーリーグ，アメリカンリーグ東地区所属のプロ野球チームである。リーグ優勝回数40回，さらに，ワールドシリーズ制覇27回である。ヤンキースは，名実共に，メジャーリーグにおける名門球団である。

図表7-9に示されるように，2008年の時点で，メジャーリーガーの年俸トップ10のうち上位3位は全てヤンキースの選手であった。3人の総額だけで，73億円超の額である。また，この年の選手1人当たりの平均年俸が6億8,000万円であり，メジャーリーグの平均年俸2億9,300万円と比較して，非常に高い報酬金額であることが伺える[51]。

2009年には，ヤンキースは，総額400億円以上もの大補強を行った。2010年

**図表7-9　メジャーリーガー＆スポーツチームの年俸のランキング**

| | メジャーリーガー年俸（2008年） | （億円） | メジャーリーガー年俸（2010年） | （億円） |
|---|---|---|---|---|
| 1位 | アレックス・ロドリゲス（ヤンキース） | 28 | アレックス・ロドリゲス（ヤンキース） | 33 |
| 2位 | ジェイソン・ジアンビー（ヤンキース） | 23.4 | CC・サバシア（ヤンキース） | 24 |
| 3位 | デレク・ジータ（ヤンキース） | 21.6 | デレク・ジータ（ヤンキース） | 23 |
| 4位 | マニー・ラミレス（レッドソックス） | 18.9 | マーク・テシェイラ（ヤンキース） | 21 |
| 5位 | カルロス・ベルトラン（メッツ） | 18.6 | ヨハン・サンタナ（メッツ） | 20 |
| 6位 | イチロー（マリナーズ） | 17.1 | ミゲル・カブレラ（タイガース） | 20 |
| 7位 | ヨハン・サンタナ（メッツ） | 17 | カルロス・ベルトラン（メッツ） | 19 |
| 8位 | トッド・ヘルトン（ロッキーズ） | 16.6 | ライアン・ハワード（フィリーズ） | 19 |
| 9位 | トリー・ハンター（ドジャース） | 16.5 | カルロス・リー（アストロズ） | 19 |
| 10位 | ボビー・アブレイユ（ヤンキース） | 16 | アルフォンソ・ソリアーノ（カブス） | 19 |

| | スポーツチームの平均年俸（2010年） | （億円） |
|---|---|---|
| 1位 | ニューヨーク・ヤンキース（米：野球） | 7.1 |
| 2位 | レアルマドリッド（スペイン：サッカー） | 6.4 |
| 3位 | FCバルセロナ（スペイン：サッカー） | 6.1 |
| 4位 | チェルシー（英：サッカー） | 5.4 |
| 5位 | ダラス・マーベリックス（米：バスケ） | 5.3 |
| 6位 | ロサンゼルス・レイカーズ（米：バスケ） | 5.1 |
| 7位 | デトロイト・ピストンズ（米：バスケ） | 5.1 |
| 8位 | クリーブランド・キャバリアーズ（米：バスケ） | 5.0 |
| 9位 | ボストン・セルティックス（米：バスケ） | 4.9 |
| 10位 | ニューヨーク・ニックス（米：バスケ） | 4.9 |

（出所）『東洋経済，2010.05.15』34頁，佐々木[2009]82頁，の数値データに基づいて筆者作成。1＄＝100円で換算。

現在，メジャーリーグ年俸ランキングの上位4位がヤンキースの選手である。さらに，ヤンキースは，欧州のフットボールリーグを抑え，世界のチームの平均年俸ランキングの中でトップである[52]。

次に，ヤンキースの監督について考察する。様々な人間がヤンキースにおいて監督を務めているが，1996年から2007年まで監督を務めたトーリは，歴代監督の中でも非常に優秀な監督であった。トーリは，1996年にヤンキースを18年ぶりにワールドシリーズに導き，1998年から2000年にかけてワールドシリーズ3連覇を達成した。トーリは，長らく低迷していたヤンキースを名門チームに蘇らせた名将として名前が知られている[53]。

トーリは，選手との関係性を重視するタイプの人間であった。例えば，メジャーリーグ移籍後にゴロキングと揶揄された松井秀喜選手に対し，打順を下げる際も，プライドを傷つけないように気を配った記録が残されている[54]。

2007年，トーリは，ヤンキースから，①基本給500万ドル，②プレーオフで1勝するごとに100万ドルを加算，③ワールドシリーズへ進出すれば2009年は800万ドルで契約延長，という3つの条件を提示された。基本給の500万ドルは，他球団よりもはるかに高い報酬金額を設定されながらも，①自身が単年のインセンティブ契約を結ぶことによって，「選手に監督解任の危機という余分なプレッシャーを与える」こと，②出来高報酬を含む報酬設定は，これまでの実績を否定した行為であること，の2点を理由に，2008年のヤンキースとの契約を拒否し退団している。

上述したように，現在のヤンキースでは，選手・監督に最高のパフォーマンスを発揮させるため，外的動機づけとしての金銭的インセンティブ中心のモティベーション・マネジメントを実行していることが分かる。

## ❷ 問題点

ヤンキースの報酬管理について問題点を抽出する。ヤンキースの報酬は，図表7-9に示されるように，他のメジャーリーグ球団，ひいては世界中のスポーツ組織と比較して，非常に高い水準であることが分かる。

現在，メジャーリーグの観客動員数は2年連続で下落している。メジャー

リーグ全体の観客動員数の減少にあわせて，ヤンキースの観客動員数も減少し，減収している。ヤンキースは，収益をあげるために，適切なモティベーション・マネジメントの実行と共に選手年俸を抑えることが，1つの手段として考えられる。

選手年俸が高いということは，組織内の固定費率が高くなる。固定費を低減することは，あらゆる組織において，利ざやを増やすための手段の1つである。ヤンキースの場合，総収入の55％超が選手年俸である[55]。もし，選手が他球団へ移籍しないように動機づけをしつつ，年俸の高騰を抑えられるのであれば，ヤンキースの収益構造は，今以上に良好なものとなる。つまり，ヤンキースは，モティベーション・マネジメントの改善が必要である。

次に，選手のモティベーション・マネジメントの問題点について言及する。前述したように，ヤンキースは，選手・監督のモティベーションを高めるために，金銭による動機づけを中心にモティベーション・マネジメントを実践している。しかし，金銭面での契約を重視するあまり，内的動機づけを高める努力を怠っている可能性がある。金銭的インセンティブによる外的動機づけだけでは，トーリのように，優秀な人材を放出する結果となる。

上記のように，ヤンキースは，現在まで優秀な選手・監督を活用するために，金銭的インセンティブに頼った外的動機づけを行っていたことがわかる。しかし，外的動機づけに頼り切った姿勢が，トーリ監督の放出や，選手の年俸の際限のない高騰となって表れた。つまり，ヤンキースが抱える真の問題点は，適切な内的動機づけが組織レベルで行えていないことである。

## 3 課　題

ヤンキースは，外的動機づけに頼った組織運営を続けることにより，今後も際限なく選手に支払う年俸の増大に悩まされることになる。しかし，ただ単純に選手年俸を削減するだけでは，問題は解決しない。選手年俸の削減は，①年俸と戦績は，強い相関があるため，そのまま実力の低下に繋がること，②年俸を削減する目的のためにスター選手を失うと，ファンが減り，結果的に収入の減少に繋がること，というリスクを抱えている[56]。

しかし，これまでに選手年俸が収益の8割近くまで上昇した多くのチームは，財政破綻をきたしている。ヤンキースの観客数が減少している現在，今以上の年俸の高騰は，避けるべき事態である。

　上述したように，ヤンキースが抱える真の問題は，外的動機づけに過度に依存し，適切な内的動機づけが行えていないことである。つまり，ヤンキースは，優秀な選手・監督を放出しないように年俸の額を高めるのではなく，内的動機づけを活用することによって，人材を放出せずに最大限に活用できるシステムを構築する必要がある。

　具体的には，第4節で考察した選手に対する人的資源管理の諸施策が有効である。業績評価，報酬管理，チーム内の関係性，によって選手のモティベーションに働きかけることが有効である。また，チーム内で活躍した選手に「称号」を与えるなど，金銭以外のインセンティブを新しく創出することも重要である。

　以上をまとめると，図表7－10に示されるように，今後のヤンキースの課題は，① 納得のできる業績評価と報酬体系の設定，② 監督やGMがチーム内の

**図表7－10　ヤンキースが抱える問題点と解決策のフローチャート**

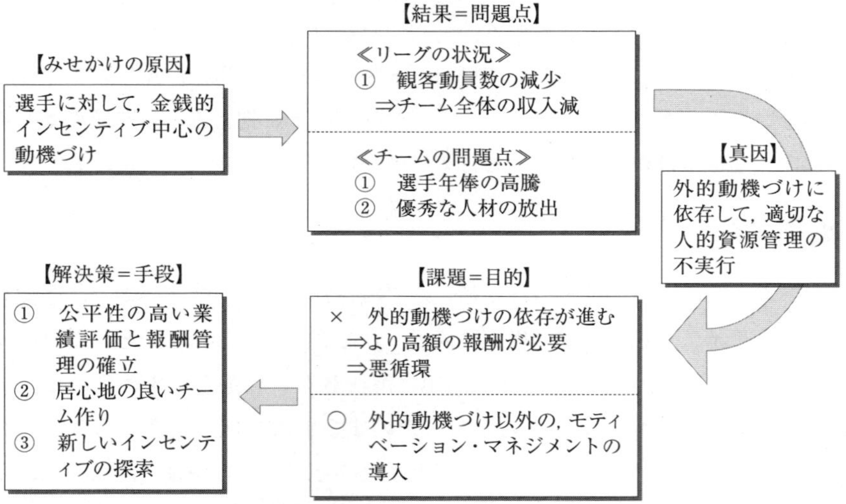

【みせかけの原因】
選手に対して，金銭的インセンティブ中心の動機づけ

【結果＝問題点】
≪リーグの状況≫
① 観客動員数の減少
⇒チーム全体の収入減

≪チームの問題点≫
① 選手年俸の高騰
② 優秀な人材の放出

【真因】
外的動機づけに依存して，適切な人的資源管理の不実行

【解決策＝手段】
① 公平性の高い業績評価と報酬管理の確立
② 居心地の良いチーム作り
③ 新しいインセンティブの探索

【課題＝目的】
× 外的動機づけの依存が進む
⇒より高額の報酬が必要
⇒悪循環

○ 外的動機づけ以外の，モティベーション・マネジメントの導入

（出所）　筆者作成。

関係性を管理することで，居心地の良いチーム内関係を生み出す，③選手が求める金銭以外のインセンティブとなるものを調査する，という3つの方策を積極的に採用することである。

**注)**
1) Bratton, J. = Gold, J. [2003]訳書22頁を援用。
2) Mathis, R. L. = Jackson, J. H. [2007]訳書1頁。
3) 松野[2005]142-143頁。
4) 大坪正則[2002]176頁を援用。
5) 同上書168頁。
6) 太田眞一[2002]186頁。
7) 平野文彦＝幸田浩文編[2003]54-55頁。
8) 山口編[2004]123頁を援用。
9) 同上書126頁。
10) 大坪[2002]23頁。
11) 広瀬編[2006]13頁を援用。
12) 日本プロ野球選手会HP 〈http://jpbpa.nt/topics/〉。
13) Hersey, P. = Blanchard, K. H. = Johnson, D. E. [1996]訳書88頁。
14) Drucker, P. F. [1954a]訳書上巻2頁を筆者が一部修正。
15) グロービス・マネジメント・インスティテュート編[2006]18頁。
16) 杉野欽吾他[1999]129-133頁。
17) Martens, R. [1987]訳書42-43頁を援用。
18) Stogdill, R. M. [1948] pp.35-71（杉原隆＝船越正康＝工藤孝幾＝中込四郎[2000]168頁，所収）。
19) Lewin, K. = Lippitt, R. = White, R. K. [1939] pp.271-299を援用。
20) Jarvis, M. [1999]訳書119-120頁。
21) 三隅二不二[1966]117頁。
22) 三隅二不二[1986]70-72頁。P機能とは，集団における目標達成を指向した機能であり，課題解決に向けて仕事の計画を立てたり，部下を統率するなどの行動を意味する。M機能とは，集団を維持し強化しようとする機能であり，人間関係に配慮したり，部下の意見を求めたりするなど成員の満足度や凝集性高める行動を意味する。
23) モラールとは，従業員のモティベーションのことである。倫理観・道徳観を意味するモラルとは，異なる概念である。
24) 丹羽劭昭[1978]123-140頁。（杉原＝船越＝工藤＝中込[2000]169頁，所収）。
25) Hersey, P. = Blanchard, K. H. = Johnson, D. E. [1996]訳書185-186頁。
26) Case, B. [1978] p.256-268（杉原＝船越＝工藤＝中込[2000]171頁，所収）。

27) 大坪［2002］23頁。
28) 小笹芳央［2006］110頁。
29) Mathis, R. L. = Jackson, J. H.［2007］訳書27頁を援用。
30) 『スラッガ，2008.01』46-48頁。
31) 原田＝小笠原編［2008］57-58頁。
32) 『日経ビジネス Associe，2010.09.21』107頁を一部修正。
33) Jarvis, M.［1999］訳書126頁。
34) 川崎フロンターレHP〈http://www.frontale.co.jp/volunteer/contents.html〉を援用。
35) マッチデイプログラムとは，スポーツの試合において発行される情報誌（紙）のこと。
36) 高橋伸次［2001］34頁。
37) 佐藤仁美他［2003］244頁。
38) 佐々木主浩［2009］83頁によると，プロ野球選手の平均年収は3,631万円。
39) 中村敏雄編［2005a］86頁。
40) 同上書112-113頁。
41) 提唱者はドラッカーであるといわれている。
42) 杉原＝船越＝工藤＝中込［2000］97頁。
43) 平野＝幸田編［2003］134頁。
44) 西川清之［1997］132頁から一部抜粋。
45) 林伸二［1993］11-18頁。
46) 同上書14頁。
47) Hagger, M. = Chatzisarantis, N.［2005］訳書174頁。
48) 日本スポーツ心理学会編［1998］89頁。
49) 堀公俊＝加藤彰＝加留部貴行［2007］46頁。
50) Hagger, M. = Chatzisarantis, N.［2005］訳書186頁。
51) 佐々木［2009］82-83頁。
52) 『東洋経済，2010.05.15』34頁。
53) 『スラッガ，2008.01』46-48頁。
54) 広岡勲［2006］35-38頁。
55) 同上書67頁の数値を参考に試算。
55) 『東洋経済，2010.05.15』44-46頁を援用。

# 第8章
# スポーツ・マーケティング

　本章では，スポーツ・マーケティングについて考察する。近年，スポーツ・マーケティングは，独立的な学問分野として急速に成長してきた。本章では，以下の5つの視点から，スポーツ・マーケティングについて理解を深める。

　第一に，スポーツ・マーケティングの意義について考察する。まず，スポーツ・マーケティングの定義について理解する。次に，スポーツ・マーケティングの発展過程について理解を深める。さらに，スポーツ社会学の視点から，スポーツ・マーケティングの分類について言及する。

　第二に，マーケティング・マネジメントについて考察する。まず，マーケティング・マネジメントの意義について理解する。次に，STPについて言及する。さらに，マーケティング・ミックスについて理解を深める。

　第三に，顧客創造について考察する。まず，顧客の意義について理解する。次に，スポーツビジネスにおける消費者心理について言及する。さらに，多様化しつつある顧客志向について理解を深める。

　第四に，顧客維持について考察する。まず，CRMの基本概念について理解する。次に，関係性マーケティングについて理解を深める。さらに，関係性マーケティングおよび従来のマネジリアル・マーケティングの異同点について言及する。

　第五に，スポーツ・マーケティングのケーススタディとして，ナイキについて考察する。まず，ナイキの優れたマーケティング戦略について考察する。次に，ナイキの問題点について理解を深める。さらに，ナイキの課題および解決策について言及する。

## 第1節　スポーツ・マーケティングの意義

### ❶　スポーツ・マーケティングとは

　スポーツ・マーケティングは，生まれて30年しか経過していない新しい研究分野である。しかし，スポーツ・マーケティングの知識体系および実践活動は，スポーツ産業の発展に伴い，目覚ましい発展を遂げてきた。

　ピッツ＝ストットラー（Pitts, B. G. ＝ Stotlar, D. K.）[2002]によれば，スポーツ・マーケティングは，「消費者のニーズないしは願望を充足し，企業の目的を達成するために，スポーツ製品の製造，価格設定，プロモーション，そして流通のための諸活動を計画し，実行するプロセスである。それは，すべてのスポーツビジネスに関係する複雑かつダイナミックな要素である」[1]。

　このスポーツ・マーケティングは，マーケティングの原理に基礎をおいている[2]。しかし，スポーツ・マーケティングには，独自の部分が存在する。

　小林淑一[2009]によれば，スポーツ・マーケティングは，次の5つの特性を有している[3]。

①　無形性と主観性：スポーツ・マーケティングで取り扱う商品（スポーツイベント）は，購入しても消費者の手元に「形があって目に見えるモノ」が残らない。また，同一商品（スポーツイベント観戦のための入場券）を購入しても，個人個人によってその商品に対する評価は様々である。

②　非一貫性と非予測性：消費者は，スポーツイベントの結果が分からないまま商品を購入する。

③　不可逆性：スポーツイベントは，そのイベントの開催日を過ぎると商品としての価値を失う。

④　商品の価格決定の難しさ：一般的に，商品の価格は，商品の原価に付加価値を加え，利益を加算して決定する。スポーツイベントでは，価格決定の前提となる原価計算が難しく，商品の価格決定に合理性の欠くケースがある。

図表8−1　スポーツ・マーケティングの領域

| | するスポーツ | | 見るスポーツ | |
|---|---|---|---|---|
| | 公共センター | 民間センター | 公共センター | 民間センター |
| スポーツのマーケティング | ・スポーツ振興戦略<br>・公共スポーツ施設の集客戦略 | ・民間スポーツクラブの会員獲得戦略<br>・スポーツ用品メーカーの新製品キャンペーン | ・公共スタジアムの経営<br>・プロスポーツチームへの出資 | ・民間スタジアムの経営<br>・プロチームの経営 |
| スポーツを利用したマーケティング | ・公共広告（種々のキャンペーンや広報活動におけるスポーツ選手の活用） | ・フットサルや3on3を使った企業のPRや商店街の販促活動 | ・スポーツによるまちづくり<br>・スポーツを触媒（キャタリスト）とした都市経営 | ・実業団チームによる企業イメージの向上<br>・スポーツスポンサーシップ |

（出所）　原田宗彦[2008]28頁。

⑤　その他：スポーツ・マーケティングにおける商品は，突然その商品価値が変化する。例えば，選手の怪我による試合の中止，屋外の競技大会の場合，天候などで中止や中断されるケース，などがあげられる。

　以上で，スポーツ・マーケティングの特性について概観した。次に，スポーツ・マーケティングの対象領域について考察する。図表8−1に示されるように，スポーツ・マーケティングの守備範囲は広く，民間センターだけでなく公共センター，そして営利目的だけでなく，非営利目的にも活用されている[4]。

## ❷　スポーツ・マーケティングの発展

　原田[2008]によれば，スポーツ・マーケティングの考えは，従来のマーケティング論の延長線上に存在するものであり，他のマーケティング領域から，多くの理論的な援用を受けることによって成立している[5]。本項では，まずマーケティングの歴史的発展過程について考察する。次に，スポーツ・マーケティングの発展について考察する。

　岸川善光[2007b]は，マーケティングの変遷を，次の3つの時代に分けて簡潔なレビューを行った[6]。

①　1960年代まで：マス・マーケティング

米国においてマス・マーケティングがその絶好期を迎えた。不特定多数の人々をターゲットとし，同一製品・大量生産をコンセプトにその製品をあらゆる店舗で販売し，幅広く宣伝活動を行うことによって，多額の利益を生み出した。

② 1970年代〜1980年代：セグメンテッド・マーケティング

大量生産が有効であった時代は終わりを迎え，セグメンテッド・マーケティングの傾向が強くなった。企業は，不特定多数の顧客よりも狭い範囲，すなわち，ある程度顧客ターゲットを絞り，特定することによって，多様なセグメントがそれぞれ満足を得られるようになり，多品種の製品を提供し始めた。

③ 1990年代以降：ワン・トゥ・ワン・マーケティングおよび関係性マーケティング

近年，ICT（情報通信技術）の進展に伴い，企業は顧客一人ひとりを把握し，顧客一人ひとりと対話することが可能になった。また，顧客から直接得た情報を製品開発に活用する。これがワン・トゥ・ワン・マーケティングであり，現代マーケティングの主流の1つになりつつある。また，近年，急速に台頭しつつあるマーケティング手法として関係性マーケティングがあげられる。関係性マーケティングは，顧客ロイヤルティをキー・コンセプトとし，各種利害関係者を企業の長期的パートナーと捉え，CS（Customer Satisfaction：顧客満足）の向上を図る。

以上，マーケティングの発展について概観した。次に，スポーツ・マーケティングの発展について考察する。スポーツ・マーケティングは，1970年代末に誕生し，「メディア価値」が中核となった[7]。スポーツ・マーケティングの対象は，見るスポーツでありその守備範囲が極めて狭かった。1984年のロサンゼルスオリンピックは，スポーツ・マーケティングを全世界に普及させたといえる。

ユベロス（Ueberroth, P. V.）（ロサンゼルスオリンピックの組織委員長）は，スポーツの民営化を実施し，スポーツビジネスに大きなイノベーションをもたらした。今やスポーツビジネスは，オリンピックやワールドカップのようなメガ・イベントの領域から，各国のスポーツリーグやスポーツ選手のマネジメン

ト，マーケティング，スポーツ施設運営，スポーツ用品の企画・販売など，広い裾野をもつ産業として認知されるようになり，スポーツビジネスの現象を扱うマーケティング科学の必要性が増してきた[8]。

## ❸ スポーツ・マーケティングの構造

広瀬編[2009]によれば，スポーツ社会学において，スポーツ・マーケティングは，次の2つに分類される[9]。

① マーケティング through スポーツ：スポーツを通して広告キャンペーンなどの企業活動を行うことである。ここでは，スポーツを手法して捉える。

② マーケティング of スポーツ：競技団体がその競技の普及と競技レベルの向上を図る，そのスポーツ自体のマーケティングを指す。ここでは，スポーツを対象物として捉える。

図表8-2は，スポーツ・マーケティングにおける対象物と手法との関係を表したものである。広瀬一郎編[2007]によれば，of 座標軸の値は，スポーツ内部の基準（人気，競技人口，強さなど）で規定され，through 座標軸の値は，外部的基準（経営や販売などの企業戦略，業界動向，社風，トップの好み，地元対策など）で規定される[10]。それぞれの象限の意味は以下のように解釈される[11]。

① 第1象限：人気があり，そのためスポンサーがついたり，テレビ放送の対象となったりする。第2・3・4象限と比べると，ビジネス価値が最も高い象限である。

② 第2象限：ファンにとって人気はあるが，スポンサーはつかず，テレビ放送も地上波のよい時間帯で扱うのは極めて難しい。

③ 第3象限：一部の人たちにとってのみ価値のあるスポーツであり，スポーツ・マーケティングというビジネス分野で扱う価値はあまりない。

④ 第4象限：特定のスポンサーにとっては価値あるものの，ファンに人気がないため，テレビ放送などで取り上げられるメジャーな競技とはいえない。

ピタゴラスの定理[12] (Pythagorean Theorem) に従い，図表8-2でバランスがとれた状態は，第1象限の of 軸と through 軸で形成された直角を二等分

図表 8 − 2　through と of の座標軸

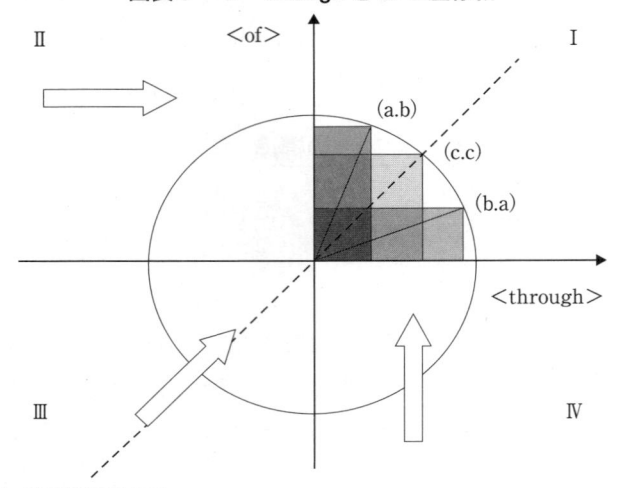

（出所）　広瀬一郎編[2007]162頁。

する線上に位置するといえる。第 2・3・4 象限に位置している場合は，上述した二等分線上にもっていくことが課題である。現実のビジネスでは，of 軸と through 軸が二等分される状況は稀であるといっても過言ではない。スポーツビジネスにおいて，複数の異なった価値基準のバランスを取りながら，最大の効果と利益を目指すのは基本課題であるといえよう[13]。

# 第 2 節　マーケティング・マネジメント

### ❶　マーケティング・マネジメントの意義

コトラー＝ケラー（Kotler, P. = Keller, K. L.）[2007]は，「マーケティング・マネジメントとは，ターゲット市場を選択し，優れた顧客価値を創造し，提供し，伝達することによって，顧客を獲得し，維持し，育てていく技術および科学である」と定義している[14]。また，マネジメント論の第一人者であるド

ラッカー（Drucker, P. F.）[1973]は，「マーケティングの狙いは，顧客を理解し，顧客に製品とサービスを合わせ，自ら売れるようにすることである。理想は，すぐにでも買いたくなるようにすることである」と述べている[15]。これらの定義を概観すると，マーケティングは，顧客との関係を重視する傾向がうかがえる。

近年，マーケティング・マネジメント・パラダイムの中心は，①刺激・反応パラダイム⇒②交換パラダイム⇒③関係性パラダイム，と変遷してきた[16]。

① 刺激・反応パラダイム：企業が顧客に対してその購買動機を刺激するマーケティング・ミックス政策を打ち，そこから顧客の購買反応を引き出そうとする。このパラダイムは，売り手から買い手への一方的な方法で，販売時点での瞬間的顧客満足を高めることができる。しかし，長期的な顧客価値向上の視点が欠けている。

② 交換パラダイム：売り手は製品・サービスを含めたベネフィットを提供し，買い手は金銭を代価として提供することによって，取引交換が成立（提供する価値より受取る価値のほうが自分に有益であると納得できるとき）する。このパラダイムは，1回の交換を通じて，売り手は企業成長，買い手はCSを得ることができる。しかし，現代マーケティングは，このような1回のみでの取引交換ではなく，双方の長期関係の維持を重要視している。

③ 関係性パラダイム：このパラダイムは，多様なステークホルダーとの長期的な信頼関係作りによって，全体価値の向上を目指している。現代の複雑で成熟しつつある社会において，企業が長期的な顧客との共存共栄型のマーケティングを展開するにあたって，関係性パラダイム（関係性マーケティング）が適応である。

上述した理論を踏まえつつ，スポーツ・マーケティング・マネジメントについて理解を深める。図表8－3は，スポーツ・マーケティング・マネジメント・モデルを図表化したものである。スポーツ・マーケティング・マネジメント・モデルは，マーケティングの要素，要素と機能の連続性，管理プロセス，そしてそれらの相互依存関係を示している[17]。

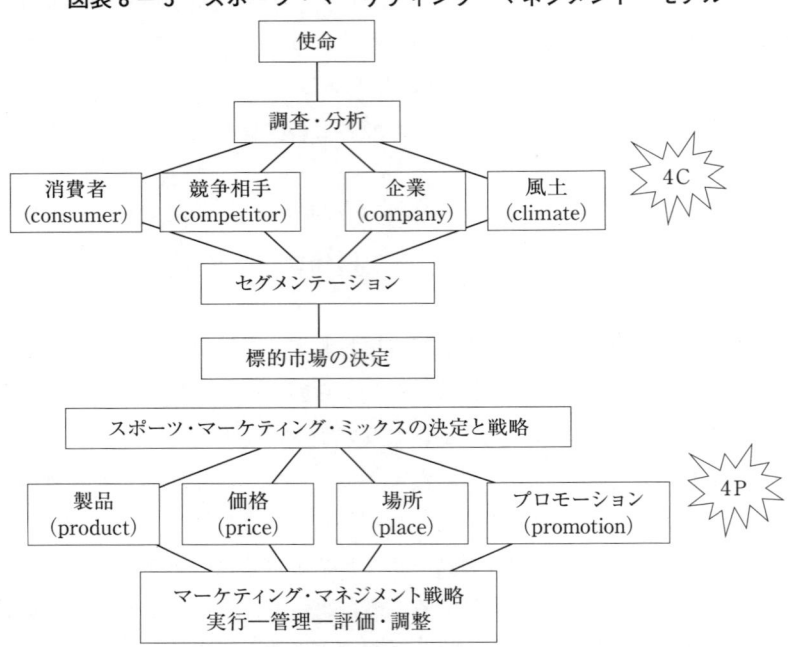

**図表 8 − 3　スポーツ・マーケティング・マネジメント・モデル**

```
                        使命
                         │
                      調査・分析
          ┌──────┬──────┼──────┬──────┐
        消費者   競争相手    企業    風土         4C
      (consumer)(competitor)(company)(climate)
          └──────┴──────┼──────┴──────┘
                   セグメンテーション
                         │
                    標的市場の決定
                         │
            スポーツ・マーケティング・ミックスの決定と戦略
          ┌──────┬──────┼──────┬──────┐
         製品     価格      場所    プロモーション    4P
       (product) (price)   (place)  (promotion)
          └──────┴──────┼──────┴──────┘
                 マーケティング・マネジメント戦略
                   実行―管理―評価・調整
```

（出所）　Pitts, B. G. = Stotlar, D. K.［2002］訳書140頁に基づいてを筆者が一部修正。

## ❷　STP 分析

　第1章で考察したように，わが国のスポーツ市場の規模は小さい。そのため，いかにマーケットを拡大していくかが課題の1つである。本項では，スポーツ市場の分類について言及する。図表8−4に示されるように，スポーツ市場は，主要市場と二次的市場に分類できる。これらの市場をいかに細分化し，ターゲットとして選定すべきかについて考察する。

　STP は，スポーツビジネスにおいて必要不可欠な概念である。STP は，①セグメンテーション（segmentation），②ターゲッティング（targeting），③ポジショニング（positioning），の3つに大別される。原田［2008］は，それぞれの意味を下記のように述べている[18]。

①　セグメンテーション：様々な欲求やニーズをもった人々の集合（マーケッ

第8章　スポーツ・マーケティング

**図表8－4　スポーツ市場**

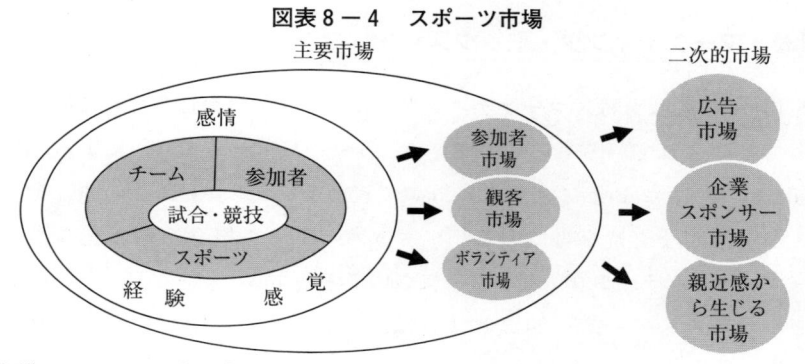

（出所）　Brooks, C. M. [1994]訳書97頁。

ト）を，似た特性や欲求，ニーズをもつ人々の集合（セグメント）へ細分化することである。スポーツ産業において企業は，市場セグメントに対して，「人口統計的基準」，「心理的基準」，「地理的基準」，「個人的基準」，「ライフスタイル」，の5つの基準のうち，1つあるいはそれ以上を利用している[19]。

② ターゲッティング：細分化された市場の中から，スポーツ組織がアプローチを試みる1つあるいは複数の集団，ターゲット・マーケットを選択する。コトラー＝アームストロング（Kotler, P. = Armstrong, G.）[1989]によれば，ターゲット・マーケットは，「非差別化マーケティング」，「差別化マーケティング」，「集中化マーケティング」の3つの代替案に分類できる[20]。

③ ポジショニング：スポーツ組織によって提供される製品が，消費者からどのように認識されているかを指している。

以上，STPそれぞれの定義について簡潔なレビューを行った。スポーツビジネスは，上述したSTPによって，ターゲット・マーケットに適切なマーケティング戦略を策定することができる。セグメンテーションは，消費者集団を理解し，標的集団を選定し，マーケティング・ミックスとポジショニング戦略を構築することに向けた第1段階である[21]。それゆえ，セグメンテーション基準の選択は極めて重要である。

## ❸ マーケティング・ミックス

　岸川［2007］によれば，マーケティング・ミックスの概念は，多くの研究者によって提唱されているものの，マッカーシー（McCarcy, E. J.）による4P（① Product：製品，② Price：価格，③ Place：流通チャネル，④ Promotion：販売促進）が圧倒的な支持を得ている[22]。マッカーシーの概念を踏まえつつ，スポーツ・マーケティング・ミックスについて考察する。

　ピッツ＝ストットラー［2002］によれば，スポーツビジネスにおける4Pを以下のように定義している[23]。

① 　製品：消費者のスポーツおよびフィットネス，リクリエーションに関係したニーズまたは願望を充足する有形ないしは無形の属性をもつすべての商品，サービス，人，場所，またはアイデアである。
② 　価格：消費者が製品と交換するものである。
③ 　流通チャネル：製品を生産者から消費者の手元に届けたり，消費者を製品のある場所に来させる方法である。
④ 　プロモーション：スポーツ企業の製品，地域への関与，イメージについて，人々に伝え，影響を与える機能である。

　上述した4Pの中で製品は最も重要な要素である。なぜならば，近年，単なるモノづくり（有形要素）だけではなく，価値づくり（無形要素）の重要性が高まりつつあるからである。小林［2009］によれば，スポーツ・マーケティングにおける商品である「スポーツ（競技団体，選手，施設，イベント，番組）」も，付加価値を含めた商品として捉える必要があるという[24]。消費者のニーズに応えるために，新製品の開発または既存製品の改良を行ったりする。

　スポーツビジネスにおいて重要な課題の1つは，いかに4P戦略を策定して，顧客を最大限満足させ，競合他社より優れ，企業の目的を達成するかということである。

　さらに，ピッツ＝ストットラー［2002］は，スポーツビジネスを継続するために，①消費者（consumer），②競争相手（competitor），③企業（company），④風土（climate），の4Cが必要不可欠であると述べている[25]。図表8－3に

示されるように，スポーツ・マーケターは，マーケティング調査を通じて4Cに関する情報を取得することができる。また，スポーツ・マーケターは，得られた4C情報によって，消費者が最も満足でき，そして企業目的にあうような4P戦略を策定する必要がある。

## 第3節 顧客の創造

### ❶ 顧客の意義

ドラッカー[1954a]は，「事業（ビジネス）の唯一の目的は顧客創造である」と述べた[26]。企業において，「顧客創造」は最優先すべき課題である。顧客は，対価の支払いを通じて，企業の存続に大きな影響を与えるからである。

まず，スポーツビジネスにおける顧客の定義について検討する。広瀬[2005]によれば，スポーツビジネスにおいて顧客は，次の3つに分類できる[27]。

① 一般顧客（ファン）：入場料，テレビの視聴料，スポーツ商品の購入費，などスポーツに関わる消費という形で，対価を支払う人たちである。最も大きなポイントはCSである。
② スポンサーシップ：企業がスポンサーシップという形で対価を支払う。
③ 放送権：テレビ局が放送権料という形で対価を支払う。

スポンサーシップは，専属スポンサー，主要スポンサー，従属スポンサー，オフィシャルスポンサー，の4つに区分できる[28]。スポーツ・スポンサーシップ活動を展開するには，スポンサーシップと宣伝目標との関連を考えることが重要である[29]。

次に，一般顧客に焦点を絞り理解を深めるため，一般顧客の求めるベネフィットについて理解を深める。ワンケル＝バーガー（Wankel, L. M. = Berger, B. G.）[1990]によれば，スポーツ参加者のベネフィットは，次の4つに分類できる[30]。

①　個人的楽しみ：スポーツ実施時の興奮，目標達成，技術向上を通して得られる楽しみ。
②　個人的成長：身体的および心理的な健康の維持・増進への効果。
③　社会的調和：スポーツ活動を通じて求められる社会化あるいは社交の機会。
④　社会的変化：スポーツ活動を通じて，周囲の人から認められる社会的地位の確立と向上。

　また，第3章で考察したように，プロ野球観戦者の求めるベネフィットは，「達成」，「美的」，「ドラマ」，「逃避」，「知識」，「技能レベル」，「交流」，「所属」，「家族」，「エンターテインメント」の10要素に区分できる。顧客は様々なベネフィットを求めている。一人の顧客が複数のベネフィットを求める場合もある。

　さらに，企業と顧客との接点の1つである「真実の瞬間」（Moment of Truth）について考察する。ノーマン（Norman, R.）は，スペインの闘牛で使用される「真実の瞬間」という言葉で，サービス・エンカウンターの重要性を強調した。真実の瞬間は，顧客が企業のサービスに接し，その品質を評価するその時その場面のことを指している[31]。スカンジナビア航空（SAS）のCEOを務めたカールソン（Carlzon, J.）は，「1986年，1,000万人の旅客がそれぞれ5人のSAS従業員に接した。1回の応接時間は平均15秒，1年間に5,000万回SASと接している。これら5,000万回の真実の瞬間がSASの成功を左右する。その瞬間こそ私たちが，SASが最良の選択だったと顧客納得させなければならない時である」と述べている[32]。このように，わずか数秒間の真実の瞬間は，顧客の意思決定に大きな影響を与える。

　では，スポーツビジネスにおける真実の瞬間についてみてみよう。顧客は，スポーツイベント開催の案内を受け取った瞬間，入場券を購入した瞬間，スタジアムに足を運んだ瞬間など，複数の真実の瞬間を経て，サービスを享受する。顧客価値の評価は，真実の瞬間における企業の対応によって左右される。スポーツビジネスにおいて，顧客の真のニーズを掘り出し，真実の瞬間におけるサービスの質を高める必要がある。

## ❷ 消費者心理

　CS を向上させるために，消費者行動を明らかにすることは必要不可欠である。図表 8 － 5 に示されるように，消費者行動は，① インプット（刺激変数），② プロセス，③ アウトプット，の 3 段階に区分できる。一般的に消費者は，購入した製品および提供されたサービス，などに不満を感じると再び同じ製品は買わない。しかし，スポーツビジネスにおけるファンは，チームに多少の不満を感じたとしても，観戦したり，関連グッズを買ったり応援し続ける。これが一般の消費者と異なるスポーツ消費者の心理（プロセス）である。

　消費者に何らかの刺激を与え，反応を起こさせることは極めて重要である。レスポンデント条件付け[33]理論を用いて詳しく検討する。有名なパブロフの犬の実験では，犬に唾液分泌という特定の反応を引き起こす刺激としての肉片と，もともと特定の反応を引き起こさない刺激としてのメトロノームの音を同時に繰り返し提示するうちに，メトロノームの音だけを提示しても，犬は唾液を分泌するようになった[34]。この理論は，スポーツビジネスにも適応できる。例えば，消費者にスポーツ関連新商品の情報を含む DM（ダイレクトメール）を送る。何度も送るうちに，消費者はメールアドレスを見るだけで，「今回はど

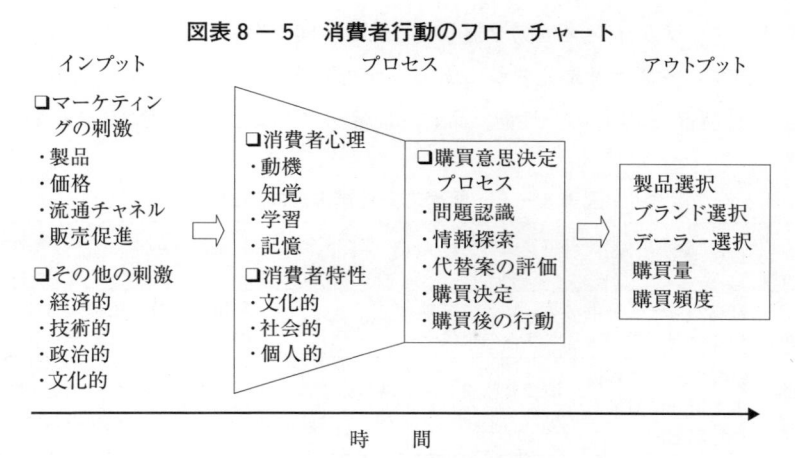

**図表 8 － 5　消費者行動のフローチャート**

| インプット | プロセス | アウトプット |
|---|---|---|
| ❏マーケティングの刺激<br>・製品<br>・価格<br>・流通チャネル<br>・販売促進<br><br>❏その他の刺激<br>・経済的<br>・技術的<br>・政治的<br>・文化的 | ❏消費者心理<br>・動機<br>・知覚<br>・学習<br>・記憶<br><br>❏消費者特性<br>・文化的<br>・社会的<br>・個人的 | ❏購買意思決定プロセス<br>・問題認識<br>・情報探索<br>・代替案の評価<br>・購買決定<br>・購買後の行動 | 製品選択<br>ブランド選択<br>デーラー選択<br>購買量<br>購買頻度 |

時　　間 →

（出所）　Kotler, P. = Keller, K. L. [2007] 訳書 102 頁に基づいて筆者が一部修正。

のような新商品があるか」という好奇心が生まれ，さらに詳しい情報を求めて，購買意思決定を行うようになる。

スポーツ・マーケティングにおいて，重要な課題の1つは，一度来場した参加者あるいは観戦者に再度来場してもらうことである[35]。それゆえ，企業は，顧客ロイヤルティの向上，顧客との長期関係の維持に重点を置く必要性がある。企業の利益のほとんどは，ロイヤルティの高い顧客によってもたらされるためである。この点については，次節において詳しく考察する。

### 3 顧客志向

野口智雄[1994]によれば，顧客志向を「顧客のニーズとウォンツを調べ，それを満たし，消費者が喜ぶような製品を提供していこうとするもの」と定義した[36]。図表8－6に示されるように，クロンプトン＝ラム（Crompton, J. L. = Lamb, C. W.）[1986]は，①組織の焦点，②ビジネスの本質，③サービスの対象，④最重要目標，⑤目的達成の手段，の5つの視点から，販売志向と顧客志向を比較している。販売志向は，サービスやプログラムの提供を通じ，短期利益を追求する。しかし，顧客志向はCSを通して，長期的利益の向上を求めている。

図表8－6に示されるように，顧客志向は，顧客グループの欲求や選好から始まり，マーケティング活動を通して，CSの向上を目指している。しかし，近年，顧客ニーズは多様化しつつある。伊丹敬之[2003]によれば，顧客のニーズを，①製品そのもの（性能，品質，付帯ソフトなど），②価格，③補助的

**図表8－6 販売志向と顧客志向の比較**

|  | 組織の焦点 | ビジネスの本質 | サービスの対象 | 最重要目標 | 目的達成の手段 |
|---|---|---|---|---|---|
| 販売志向 | 組織のニーズを重視した内部指向 | サービスやプログラムの提供 | すべての人々 | 利用者人数の最大化 | 主に強力なプロモーション |
| 顧客志向 | 顧客グループの欲求や選好に対応した外部志向 | 消費者欲求の満足 | 特定のグループ | 顧客満足 | マーケティング活動の利用 |

（出所）　Crompton, J. L. = Lamb, C. W. Jr. [1986]訳書34頁。

サービス（アフターサービス，支払い条件，購入のしやすさなど），④ブランド（製品や企業のイメージ，社会的評価など），の4つに区分している[37]。これらのニーズは，時間的にも空間的にも変化している。顕在化しているニーズも潜在化しているニーズもありうる。潜在化しているニーズの発掘，すなわち，「顧客創造」は極めて重要である。

　経済の発展につれ，人々は物質的生活の享受から，精神的生活を求めるようになってきた。換言すれば，今日の消費者が求めるのは，こころのゆとりであり，精神的な豊かさ，すなわち，「大量生産・大量流通・大量消費」を超えた「一人ひとりの豊かさ」である[38]。一人ひとりの豊かさを満足させるために，顧客の真のニーズを発掘し，それらに応えられる製品あるいはサービスで個別的に対応（ワン・トゥ・ワン・マーケティング）する必要がある。ワン・トゥ・ワン・マーケティングについては，次節において詳しく考察する。

　次に，スポーツビジネスにおける顧客志向の変化についてみてみよう。日本の総人口に占める動機別スポーツ潜在人口の割合では，健康スポーツ人口は総人口の70％，遊びのスポーツ人口は総人口の70％以上，能力スポーツ（競技スポーツ）人口は総人口の3.5％を占めているという[39]。競技そのものを求める人口は非常に少なく，スポーツへの参加あるいは観戦を通じて，楽しみや健康などを求める傾向が強くなってきた。企業は，変化しつつある顧客志向を満足させるため，適切なマーケティング戦略を策定する必要がある。

## 第4節　顧客維持

### ❶　CRMの基本概念

　先述したように，顧客との長期関係の維持は，スポーツ・マーケティングの重要な課題である。広瀬編[2009]によれば，CRM（Customer Relationship Management：カスタマー・リレーションシップ・マネジメント）を「全社横断的に顧

客情報を一元的に管理し,その分析結果から顧客満足度を高める商品・サービスの提供を行い,顧客との取引関係を維持拡大していく活動である」と定義している[40]。

サンディエゴ・パドレス(米国MLB,ナショナルリーグ西地区所属のプロ野球チーム)は,1995年いち早くCRMを導入した。ファンは,会員カードを入手し,カードをスタジアムに設置されたカードリーダーに通すことで,前売り券・チームグッズの割引サービスが利用できる。顧客の利用頻度によって割引率が変わる仕組みになっている。観客動員数は,1996〜2008年まで200万人を下回ったことはない。1995年まで200万人を超えたことはあまりなかった。サンディエゴ・パドレスは,このシステムを通じファンの情報を手にし,より満足度の高い環境が提供でき,結果売上も上がるという「Win-Winの関係」を構築している[41]。

CRMの定義におけるキー・コンセプトは,CSと顧客との関係維持である。それぞれの意義についてみてみよう。コトラー＝ケラー[2007]は,満足とは「顧客の期待に対して製品の知覚されたパフォーマンスを比較評価したものである。パフォーマンスが期待どおりあるいは上回れば,顧客は満足する。しかし,パフォーマンスが期待を下回れば,顧客は不満を感じる」と述べている[42]。CSは高いほうが望ましい。コトラー(Kotler, P.)[2000]によれば,顧客維持の鍵はCSであり,満足度の高い顧客は下記のような特性がある[43]。

① 長期間ロイヤルティをもち続ける。
② 当該企業の新製品や改良製品が出れば購入する。
③ 企業とその製品について好意的な口コミを広めてくれる。
④ 競合ブランドやその広告に関心が薄く,価格に影響されにくい。
⑤ 企業に製品やサービスのアイデアを提供してくれる。
⑥ 習慣的に買ってくれるため,新規顧客より営業活動にコストがかからない。

顧客が長期にわたり企業にもたらす収益は,顧客生涯価値で測ることができる。顧客生涯価値とは,顧客の生涯にわたる購買活動に期待できる将来の利益の流れを,現在価値で表したものである[44]。割引率を考慮しない単純化した事例で考察すると,例えば,月1万円のスポーツグッズを購入する人がいたと

する。この人が企業にもたらす利益は，1年に12万円，5年間で60万円，10年間で120万円である。企業は，製品・サービスの品質の低下によってこの顧客を失うと，上で述べたような利益を失うことになる。

顧客生涯価値は，1回のみの取引によって生まれる利益をはるかに上回る。企業は，利益を得ると同時に，消費者に価値のあるものを提供しながら，誰がその恩恵を受ける消費者であるかを見分けることが極めて重要である[45]。企業は，収益性の高い顧客を選別し，集中的に管理することによって，より価値の高い製品・サービスが提供できる。

## ❷ 関係性マーケティング

近藤隆雄[2007]によれば，顧客についての新しい見方は次の4つに分類できる[46]。

① 新規顧客より再購入顧客：新規顧客がなければ2回目以上のリピーターもいない。新規顧客を満足させ，再購入顧客に変えていくことが最重要課題である。
② 売上高より顧客維持率：企業は，大きな利益をもたらす再購入顧客との関係維持，すなわち，顧客維持率に経営戦略の重点をおく必要がある。
③ 市場シェアより顧客シェア：市場シェアは，その時点での市場占有率を示すものである。顧客シェアは，財布の中の総金額に占める特定カテゴリーへの出費の割合である。高い顧客シェアは，顧客が製品・サービスに高い割合で出費し，高い忠誠心をもつことによって，売上高を拡大させる。
④ 顧客の短期的価値より顧客の生涯価値：企業は，顧客との1回のみの取引だけでなく，ある程度継続した期間での関係の構築が必要である。そのためには，製品とサービスの組み合わせによって，顧客に長期間魅力を感じさせなければならない。

RM（Relationship Management：リレーションシップ・マネジメント）について考察する。レビット（Levitt, T.）[2001]によれば，RMとは，「顧客は製品ではなく期待（顧客との接点で提供される付加価値）を購入している。付加価値を提供できる企業とリレーションシップを構築し，それをマネジメントすること

である」と述べている[47]。従来，企業と顧客との接点は，直接顧客と接する窓口，店舗，電話などであった。インターネットの登場以来，顧客との接点は，インターネットのホームページへと拡大している[48]。富士通がNECを勝ち抜き成功した鍵は，インターネットとCRMであるといえる。

　元大丸会長の下村正太郎は，「百貨店に限らず小売業は，顧客の顔が見える商売をしなくてはならない。大丸の発祥である江戸時代の呉服屋は，顧客の顔や家族構成まですべて頭の中に入っていて，新しい物が入るとあの人に似合うから勧めようとすぐ結びついた」と述べている[49]。今日は，ビジネス環境が大きく変化し，顧客の顔が見えなくなってきた。顔が見えない顧客をいかに顔が見える顧客に変えるかは，ビジネスにおいて極めて重要な課題である。

　上で述べたのは，スポーツビジネスにおける課題でもある。インターネットの普及により，顧客はインターネットでチケットやグッズを購入したり，試合を観戦したりする。顧客のライフスタイルは変化してきた。CRMシステムの導入など，様々なチャネルから蓄積された顧客情報を分析することによって，顧客の顔が見えてくる。個々の顧客の特性を基に，顧客が望んでいる製品やサービスを提供する。

### ❸ 関係性マーケティングとマネジリアル・マーケティング

　和田充夫[1998]は，図表8－7に示されるように，マネジリアル・マーケ

図表8－7　マネジリアル・マーケティングと関係性マーケティング

|  | マネジリアル・マーケティング | 関係性マーケティング |
| --- | --- | --- |
| 基本概念 | 適合（フィット） | 交互作用（インタラクト） |
| 中心点 | 他社（顧客） | 自他（企業と顧客） |
| 顧客観 | 潜在需要保有者 | 相互支援者 |
| 行動目的 | 需要創造・拡大 | 価値共創・共有 |
| コミュニケーション | 一方向的説得 | 双方向的対話 |
| タイムフレーム | 一時的短期的 | 長期継続的 |
| マーケティング手段 | マーケティング・ミックス | インタラクティブ・コミュニケーション |
| 成果形態 | 購買・市場シェア | 信頼・融合 |

（出所）　和田充夫[1998]72頁。

ティングと関係性マーケティングの違いを，①基本概念，②中心点，③顧客観，④行動目的，⑤コミュニケーション，⑥タイムフレーム，⑦マーケティング手段，⑧成果形態，の8つに分けて比較している[50]。

今後のスポーツビジネスにおいて，データベースやウェブを活用して，顧客との関係を維持する関係性マーケティングは必要不可欠である[51]。データベースは，単に氏名，住所，電話番号だけでなく，消費者についてのデモグラフィックス（年齢，収入，家族構成，誕生日），サイコグラフィックス（活動，関心事，思想傾向），過去の購買状況などの幅広い情報を含むことが重要である[52]。企業は，このようなデータベースを通じて，どの顧客にどのような提案をすべきかを判断する。

また，近年，インターネットの普及に伴い，ウェブを利用したサービスの提

図表8－8　ワン・トゥ・ワン・マーケティングにおける転換点

| | 従来の思考 | 新たな思考 |
|---|---|---|
| 思想としてのワン・トゥ・ワン | 平均的人間，標準的人間<br>合理的意思決定<br>マスメディアによる画一化<br><br>物的生産中心<br>客観的実在としての需要<br>距離化，客観化<br>プロの手詰まり<br>規模の経済 | 異質な個別的人間<br>プロセスとしての人間<br>デジタル・メディアによる個人の表出と個別対応<br>意味と価値の創出中心<br>関係を通じた需要の創出<br>参加と相互作用<br>生活現場への回帰<br>「結合と関係」の経済 |
| 戦略としてのワン・トゥ・ワン | 顧客獲得<br>販売取引中心短期的一回性<br>売上高志向<br>市場シェア中心<br>標準化大量生産方式<br>競争志向 | 顧客維持<br>関係づくり長期的継続性<br>顧客生涯価値の重視<br>顧客シェア中心<br>マス・カスタマイゼーション<br>共働・共創・共生志向 |
| 手法としてのワン・トゥ・ワン | 販売促進中心<br>製品差別化<br>製品マネジメント<br>満足度測定<br>プロダクト・マネジャー<br>効率化のためのIT | 顧客サービス中心<br>顧客差別化<br>顧客エンパワーメント<br>継続的対話<br>顧客マネジャー<br>ネットワークのためのIT |

（出所）　井関利明[1997]103-104頁に基づいて筆者作成。

供も増えつつある。企業は，ウェブを活用することによって顧客とのインタラクティブ・コミュニケーションを行うことにより，より顧客のニーズに応えられる製品・サービスを提供できる可能性が高くなる。

また，消費者のニーズは多面的であり，企業は個別的に対応していく必要性が高まりつつある。すなわち，今後，ワン・トゥ・ワン・マーケティングが欠かせなくなる。図表8－8は，ワン・トゥ・ワン・マーケティングと従来のマス・マーケティングを比較したものである。例えば，㈱北海道日本ハムファイターズ（以下，北海道日本ハム）は，データベースを通じて，ファンの趣味などの属性について分析している。ファンの特性を基に，そのファンが好きな選手の試合日程，グッズの情報などを定期的に送っている。顧客の満足度を向上させ，個々の顧客のロイヤルティを高めることによって，北海道日本ハムの利益も向上できる。すなわち，Win-Winの関係を構築することができる。

今後，スポーツビジネスにおいて，ワン・トゥ・ワン・マーケティングの思考を基に，4Pを策定し，イノベーションを行うことが必要となっている。個々の顧客との長期的関係を維持しながら，企業の成長および利益の向上を図ることが重要である。

## 第5節　ナイキのケーススタディ

### ❶　ケース

ナイキは，米国のオレゴン州に本社を置く有名なスポーツ用品メーカーである。シューズ，スポーツウェア，スポーツ用品だけでなく，ライフスタイル，スポーツ文化に関する製品も扱っている。スウッシュは，1971年に商標登録されたナイキのロゴマークであり，世界でも有名なロゴマークとして知られている。スウッシュは，ギリシャの神話に登場する勝利の女神ニケの翼をかたどったものであるという[53]。スポーツに関する雑誌，バスケットボール・ゴルフ

など試合の観戦，テレビCMなどでスウッシュを目にすることができるであろう。このロゴマークの知名度を見ると，ナイキの優れたマーケティング戦略が分かる。

　ナイキは，自社の優れた製品を，有名なスポーツ選手を宣伝に起用し，売り込む戦略を実施してきた。ナイキは，どのスポーツにおいても，そのスポーツ界で最も有名な選手を起用し，派手なプロモーション，人々の注目を浴びる宣伝に数億ドルを投入した。しかし，ナイキの優れたマーケティングは，プロモーションによる売り込みと契約ではなく，顧客の真のニーズに応えられる価値を提供し続けていることである。ナイキは，顧客価値創造の活動にも力を入れてきた[54]。

① 　スローガン「just do it!」による宣伝シリーズの最新ものは，女性のスポーツを強く応援している。それゆえ，ナイキは，スポーツを楽しむ少女や若い女性に人気がある。
② 　あまり知られていないスポーツに対して，自社のマーケティングに利益をもたらさないものであっても，投資を行っている。

　ナイキジャパンの運営するナイキIDサイト〈http://nikeid.nike.com/〉では，オーダーメイドのナイキ製品が入手できる。すなわち，自分の気に入った色，デザイン，サイズなどを選ぶことができ，世界でたった1つしかない製品となる。ワン・トゥ・ワン・マーケティングを重視する傾向がうかがえる。

　上述したような活動により，ナイキは，優れたスポーツ用品メーカーというだけでなく，顧客への思いやりのある企業と位置づけられてきた。図表8－9は，ナイキの主要なアイデンティティを図表化したものである。ナイキは，図表8－9に示される要素を実施することによって，顧客との関係を創り出し，トップのスポーツ用品メーカーにまで成長できた。ナイキの成功には，①業界をリードする製品開発および技術革新，②真の顧客ニーズに応えられる価値提供，③トップ選手によるブランド連想，の3点があげられよう。

### 2　問題点

　ナイキは，消費者の欲求とニーズを調査し，トップ選手に結び付くブランド

図表8-9　ナイキのアイデンティティ

| |
|---|
| ■コア・アイデンティティ<br>• 製品の目的：スポーツとフィットネス<br>• ユーザー：トップの運動選手とフィットネスや健康に関心をもつ人<br>• 性能：優れた技術に基づく高性能シューズ<br>• 生活の向上：運動を通じて生活の質を高める |
| ■拡張アイデンティティ<br>• ブランドパーソナリティ：興奮，刺激，元気，革新的，精力的健康やフィットネスとエクセレンスの追求<br>• 関係の基礎：衣服やシューズなどすべてに最高を目指すマッチョと付き合う<br>• ロゴ：「スウッシュ」シンボル。「勢いよく動く」という意味で，その形は躍動感やスピード感を表す<br>• スローガン：just do it<br>• 組織連想：運動選手やスポーツと結びつき，それを応援する革新性<br>• エンドーサー：ジョーダン（Jordan, M. J.），ウッズ（Woods, E. T.）を含むトップ運動選手<br>• 伝統：オレゴンのトラック競技用のシューズとして開発された |
| ■価値提案<br>• 機能的便益：性能がよく，快適な高性能シューズ<br>• 情緒的便益：運動性能のよさを刺激する。また，熱中，活発，健康を感じさせる<br>• 自己表現的便益：有名な運動選手と結びついた強力なパーソナリティをもつシューズを履くことによって自己表現する |
| ■信頼性<br>• 高性能のシューズやウェアをスタイリッシュにする |

（出所）Aaker, D. A. [1996]訳書113頁を筆者が一部修正。

　連想を強化するマーケティングを使い，消費者がパーソナライズしたデザインで自己表現できるようにしている[55]。米国のスポーツ市場におけるナイキのシェアは5割弱で，リーボック（2005年，アディダスに買収され，現在子会社となっている）の2倍に達している。ナイキは，トップの座を維持するため，抱えている問題をいち早く解決すべきである。以下，自社および顧客の視点から，ナイキの問題について検討する。

　ナイキでは，海外の委託工場における労働問題が続いている。ナイキは，製品デザインは自社で行うものの，自社工場を持たずに生産は外部の工場に委託しており，1997年，東南アジアに点在する委託工場における，児童労働，低賃金労働，長時間労働，強制労働などの問題でNGOから批判を受けた。国際

第8章　スポーツ・マーケティング

ニュース（2008年4月3日）によれば，ナイキの靴を製造するベトナム南部ロンアン（Long An）省のChing Luh工場では2008年3月31日から，労働者1万5,000人以上が月額20万ドン（約1,275円）の賃上げを要求しストライキに入った[56]。安い賃金，劣悪な労働環境，児童労働などの実態がマスコミを通じて報道され，ナイキの企業イメージは大きく低下した。

上述したような労働問題は，ナイキの利益にマイナスの影響をもたらした。1997年までに，ナイキの売上高は順調に伸び，営業利益率は40％（1997年）に達していたが，1998年，営業利益は3,488百万ドル（前年度3,684百万ドル），営業利益率は36.5％，売上総利益は400百万ドル（前年度796百万ドル）にまで低下した。

ナイキの労働問題が報道された後，米国の学生たちは，インターネットや大学キャンパスを通じて反対キャンペーンを行った。学生たちは，大学名などを使うスポーツウェア（大学のロゴ入りTシャツ，帽子など）の製造状況について情報公開を要求し，デモを行った。ナイキの不買運動は，インターネットを通じて，カナダ，オーストラリアなど全世界に広がったのである。

ナイキは，マスコミによる労働問題の報道に反論すると同時に，公開質問状をマスコミに送付し，記事広告の掲載などを行った。しかし，反スウェットショップ運動家は，ナイキの記事内容に虚偽があり，消費者保護法違反であるとナイキを訴えた。

ナイキの企業イメージは，上述したような活動によって，大きく低下した。消費者は，ナイキの代わりに，アディダス，リーボック，プーマなどの製品を購入するようになった。すなわち，ブランドスイッチングを行った。ストライキ，不買運動などは，ナイキに莫大な損失をもたらした。

### ❸　課　題

1998年，ナイキは，海外工場での労働をなくし（従業員年齢下限を16歳から18歳に引き上げ），NGOによる工場内査を認めるなど，労働条件改善に向けた対策を約束する声明を発表した。以降，積極的にNGOと連携し，途上国への労働環境改善という課題に取り組んできた。さらに，ナイキは，CSR報告書を

作成し,「労働」,「環境」,「社会貢献」などに関する現状を公開し,課題解決に向けて取り組んでいる。図表8-10は,ナイキの問題点,解決策を図表化したものである。

　第4章で考察したように,経営資源は,一般的に,① ヒト,② モノ,③ カネ,④ 情報,の4つに分類できる。ここでは,人に焦点を当てて考察する。岸川［2006］は,ヒトとは「作業者,熟練工,セールスマン,技術者,研究者,経営者などのことであり,人的資源,人材（人財）といわれることもある。これらのヒトが提供する便益がなければ,企業活動は成り立たない」と述べている[57]。従来,ヒト（従業員）はコストと見なされていた。それゆえ,数多くの企業は,発展途上国に工場を立ち上げ,賃金を最低限に抑えることによって,コストを低減しようとした。しかし,人的資源理論の展開に伴い,ヒトも資産であると考えられるようになった[58]。上述したように従業員は資産であり,従業員を満足させることは極めて重要である。従業員の満足は,個人によって差異は存在するものの,大きく① 人材フロー管理,② 報奨制度,③ 従業員による影響力の管理,④ 業務システム,の4つに影響される[59]。CSと従業員満足は,ビジネスの最終目標ではない。重要なのは,CSと従業員満足がいか

**図表8-10　ナイキが抱える問題点と解決策のフローチャート**

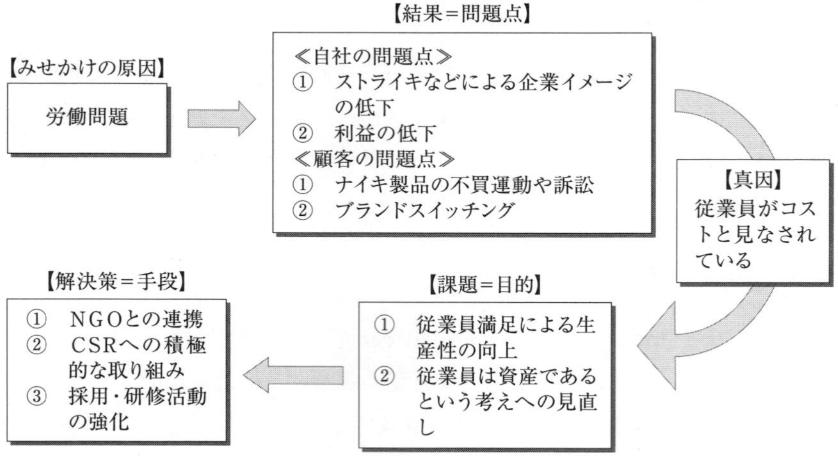

【みせかけの原因】
労働問題

【結果＝問題点】
≪自社の問題点≫
① ストライキなどによる企業イメージの低下
② 利益の低下
≪顧客の問題点≫
① ナイキ製品の不買運動や訴訟
② ブランドスイッチング

【真因】
従業員がコストと見なされている

【課題＝目的】
① 従業員満足による生産性の向上
② 従業員は資産であるという考えへの見直し

【解決策＝手段】
① NGOとの連携
② CSRへの積極的な取り組み
③ 採用・研修活動の強化

（出所）　筆者作成。

に利益に結びつくかということである。採用・教育の強化 ⇒ 従業員の満足 ⇒ 従業員モティベーションの高まり ⇒ 高品質の製品・サービスの提供 ⇒ 顧客満足 ⇒ 顧客との長期関係の維持 ⇒ 利益率の向上，のような好循環を維持することが大事である。上述したのは，ナイキの今後の課題ともいえる。

注）
1）Pitts, B. G. = Stotlar, D. K.［2002］訳書129頁。
2）同上書130頁。
3）小林淑一［2009］11頁。
4）原田［2008］iii頁。
5）同上書14頁。
6）岸川善光［2007b］195頁。
7）広瀬編［2009］225頁。
8）原田［2008］23頁。
9）広瀬編［2009］231頁。
10）広瀬一郎編［2007］162頁。
11）同上書163頁。
12）James, G. = James, R. C.［1992］訳書368頁。ピタゴラスの定理：直角三角形を挟む2辺の長さの平方の和は，斜辺の長さの平方に等しい。図表8－2では，$c^2 = a^2 + b^2 \Rightarrow c*c > a*b$。すなわち，(a, b) (c, c) (b, a) によって形成される方形の面積は，(c, c) によるものが一番大きい。
13）広瀬［2000］58頁。
14）Kotler, P. = Keller, K. L.［2007］訳書5頁。
15）Drucker, P. F.［1973］訳書78-79頁。
16）嶋口充輝［1994］175-182頁。
17）Pitts, B. G. = Stotlar, D. K.［2002］訳書140頁。
18）原田［2008］100-105頁。
19）Pitts, B. G. = Stotlar, D. K.［2002］訳書213頁。
20）Kotler, P. = Armstrong, G.［1989］訳書300頁。
21）Pitts, B. G. = Stotlar, D. K.［2002］訳書207頁。
22）岸川［2007b］193頁。
23）Pitts, B. G. = Stotlar, D. K.［2002］訳書156,326,349,369頁。
24）小林［2009］11頁。
25）Pitts, B. G. = Stotlar, D. K.［2002］訳書143頁。
26）Drucker, P. F.［1954a］訳書47頁。
27）広瀬［2005］121頁。

28）Brooks, C. M.［1994］訳書228頁。
29）同上書223頁。
30）Wankel, L. M. = Berger, B. G.［1990］pp.167-182（原田［2008］69頁，所収）。
31）近藤隆雄［2007］159-160頁。
32）Carlzon, J.［1985］訳書5-6頁。
33）堀内圭子［2001］20頁。レスポンデント条件付けとは，もともと何の反応も引き出さない刺激を，特定の反応を引き出す刺激と対にして繰り返し提示した結果，もともと何の反応も引き起こさない刺激だけを提示してもその反応を引き起こすようになることである。
34）同上書39頁。
35）原田［2008］81頁。
36）野口智雄［1994］16頁。
37）伊丹敬之［2003］36頁。
38）和田充夫［1999］43頁。
39）福岡孝純［1988］21頁。
40）広瀬編［2009］245頁。
41）広瀬［2005］125頁。
42）Kotler, P. = Keller, K. L.［2007］訳書19頁。
43）Kotler, P.［2000］訳書64頁。
44）Kotler, P. = Keller, K. L.［2007］訳書87頁。
45）Peppers, D. = Rogers, M.［1993］訳書43頁。
46）近藤［2007］6-11頁。
47）Levitt, T.［2001］訳書364-380頁。
48）荒井久［2000］25頁。
49）『日経ビジネス』1999.7.5, 3頁。
50）和田［1998］72頁。
51）原田［2008］191頁。
52）Kotler, P.［2000］訳書796頁。
53）Kotler, P. = Armstrong, G.［2001］訳書3頁。
54）同上書4頁。
55）Kotler, P. = Keller, K. L.［2007］訳書102頁。
56）国際ニュースサイト〈http://www.afpbb.com/article/economy/2373503/2799291〉。
57）岸川［2006］140頁。
58）Looy, B. V. = Gemmel, P. = Dierdonck, R. V.［2003］訳書中巻270頁。
59）同上書272頁。

# 第9章
# 多様化するスポーツビジネス

　本章では，多様化しつつあるスポーツビジネスについて考察する。近年，ICT（情報通信技術）の発展によって，スポーツビジネスの多様化が進展しつつある。コンテンツビジネス，コミュニティビジネスおよびライセンスビジネスという3つの視点から，スポーツビジネスの多様化について考察する。

　第一に，スポーツビジネスの多様化について考察する。まず，スポーツに含まれる領域について理解する。次に，スポーツビジネスの多様化の背景について理解を深める。さらに，スポーツビジネスにおける製品について言及する。

　第二に，コンテンツビジネスとしてのスポーツについて考察する。まず，コンテンツビジネスの重要性について理解を深める。次に，コンテンツビジネスの展開の方策としてのメディアおよびコンテンツについて言及する。

　第三に，コミュニティビジネスとしてのスポーツについて考察する。まず，コミュニティビジネスの必要性について理解を深める。次に，期待されるスポーツビジネスの効果について言及する。さらに，コミュニティビジネスにおける収入構造について理解する。

　第四に，ライセンスビジネスとしてのスポーツについて考察する。まず，ライセンス管理の必要性について理解を深める。次に，知的財産の種類について言及する。さらに，日本におけるライセンス市場の特徴について理解する。

　第五に，多様化するスポーツビジネスのケーススタディとして，楽天について考察する。まず，楽天におけるスポーツビジネスの現状について理解する。次に，楽天の問題点を検討し，課題および解決策について言及する。

## 第1節　スポーツビジネスの多様化

### ❶　「スポーツ」に含まれる領域

　スポーツビジネスの発展によって，スポーツに含まれる領域が拡大しつつある。通商産業省産業政策局[1990]は，スポーツ産業を「スポーツに関わるすべての産業」と捉えたうえで，スポーツ産業の課題や将来展望について検討した。スポーツ産業の分類は，『レジャー白書1990』が規定した4分類に，「スポーツ旅行」，「スポーツ会員権売買手数料」，「スポーツ放送」などの11分類が加えられた[1]。

　また，平田竹男＝中村好男編[2006a]のトップスポーツビジネスの概念モデルによれば，①メディア産業（情報提供），②サポート産業（ナレッジの供給），③スポーツ用品・サービス産業（モノ・サービスの供給），がスポーツビジネス

図表9-1　「スポーツ＋」に含まれている様々な領域

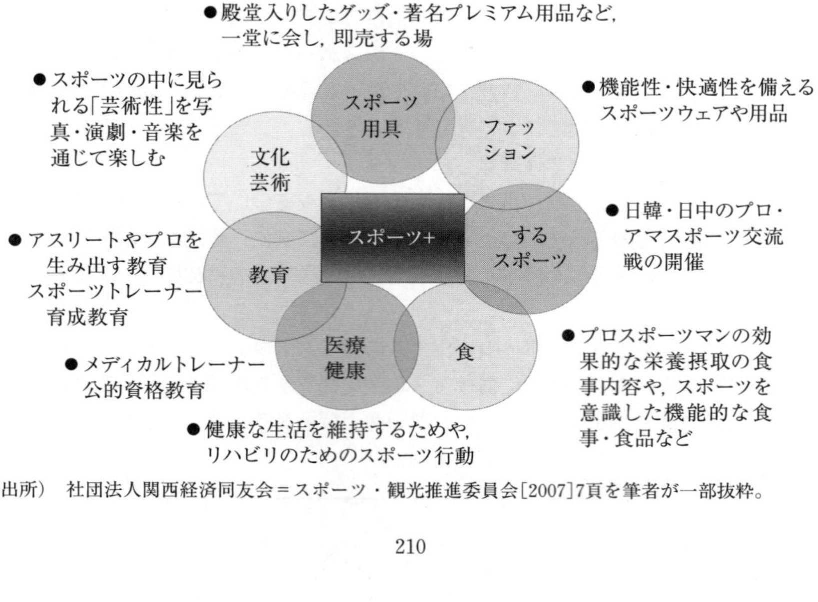

- ●殿堂入りしたグッズ・著名プレミアム用品など，一堂に会し，即売する場
- ●スポーツの中に見られる「芸術性」を写真・演劇・音楽を通じて楽しむ
- ●機能性・快適性を備えるスポーツウェアや用品
- ●日韓・日中のプロ・アマスポーツ交流戦の開催
- ●アスリートやプロを生み出す教育　スポーツトレーナー育成教育
- ●メディカルトレーナー公的資格教育
- ●プロスポーツマンの効果的な栄養摂取の食事内容や，スポーツを意識した機能的な食事・食品など
- ●健康な生活を維持するためや，リハビリのためのスポーツ行動

（スポーツ＋：スポーツ用具，ファッション，文化芸術，するスポーツ，教育，医療健康，食）

（出所）　社団法人関西経済同友会＝スポーツ・観光推進委員会[2007]7頁を筆者が一部抜粋。

の外的要因として位置づけられている[2]。すなわち，スポーツビジネスは，逆に言えばこの3つの産業に影響を及ぼしている。

社団法人関西経済同友会＝スポーツ・観光推進委員会[2007]は，図表9－1に示されるように，スポーツが多様な領域を含んでいることを提起した[3]。「スポーツ＋」についての研究は，様々な社会的関心・市場ニーズとスポーツの新しい関係を見つける視点で，スポーツと関わる業際的な研究である。例えば，スポーツ産業「プラス」教育業は，スポーツトレーナー育成教育の新しい業界を創出する。つまり，スポーツだけでなく，スポーツに様々な「プラス」の要素を含めて，新しい業界を創出する。

上述したように，「スポーツ」によって，新しい市場領域を創り出すことは極めて重要である。新しい領域の創出によって，さらなるスポーツビジネスの多様化が期待できる。

## ❷ スポーツビジネスの多様化

スポーツビジネスが多様化する原因は，①顧客シェア，②記号的意味，の2つの視点によって考えることができる。

まず，顧客シェアの視点からみてみよう。企業は，ICTの発達・普及によって，顧客データベースの構築，顧客との双方向コミュニケーションを実現することができるようになり，同じ製品をある特定期間内にできるだけ多くの人々に売るのではなく，一人の顧客に対して，できるだけ多くの製品やサービスを売ることに力を注ぐ[4]。これがワン・トゥ・ワン・マーケティングである。

ワン・トゥ・ワン・マーケティングは，市場シェアではなく，顧客シェアの拡大に重点が置かれている。市場シェアの拡大とは，できるだけ多くの顧客にできるだけ多くの製品を売ることを意味する。一方，顧客シェアの拡大とは，自社ブランドの製品を購入した一人ひとりの顧客が，その製品に満足し，いかなる時にも他社の製品ではなく自社の製品を確実に購入することを意味する[5]。

ペッパー＝ロジャース（Peppers, D. ＝ Rogers, M.）[1993]は，企業間競争戦略における究極の目標は，従来の市場シェアから「顧客シェア」─その企業が顧客の人生にどのぐらいを占めることができるか─の獲得へ移行すると述べた[6]。

スポーツビジネスにおいても，顧客シェアの拡大は重要である。近年，スポーツビジネスにおける顧客志向は大きく変化してきた。顧客は，競技そのものを求めるのではなく，スポーツへの参加あるいは観戦を通じて，楽しみや健康を求めている。変化しつつある顧客ニーズに応えるため，顧客との接点・データベースの活用を通じて，個別的に対応する必要がある。その結果，顧客満足度の向上 ⇒ 長期的関係の維持 ⇒ 顧客シェアの拡大 ⇒ 利益の改善を図ることができる。

　次に，記号学の視点から，スポーツビジネスの多様化の原因を検討する。

　記号学とは，言語，コード，信号標示などという記号体系を研究する科学である[7]。記号は，機械的なものから，より人間化した温かみのあるものまで様々である。そして，多様な記号には，様々な用途が存在する[8]。

　それぞれの球団やリーグには，各種の記号が使われている。例えば，球団の名前やロゴは，一種の記号である。また，球団の採用するカラーも記号の1つである。楽天の球団ロゴの色は，えんじ色である。つまり，球団は，「えんじ色＝楽天球団」の印象をファンに与えることができる。タオルを販売するにしても，球場では，えんじ色のタオルが白色のタオルより好まれる。

　他にも球団の名前やカラーなどのような記号によって，大衆にその球団が身近にあるという印象を与えることは，マーケティング的にみると，もっとも重要な自己PRの1つである。

　また，エンブレムや服装による識別もよく使われる。統一したエンブレム，統一した服装が，ファンのロイヤルティにプラスの影響を与えることがあげられる。エンブレムなどは，球団としての考え方を訴求することもある。様々な場面で，同一記号と触れ合う機会が増えれば，記号に対する親近感が高まり，人の心に残るようになる。

　付加価値の高い識別記号を生み出すことは，スポーツビジネスの発展に対して，非常に良い影響を与える。すなわち，マーケティングでは，市場に臨む前段階の記号化の程度とその準備が，活動の成果に大きな影響をもたらす。

　顧客シェアの拡大および付加価値の高い記号を生み出すことは，スポーツビジネスの多様化を促進し，スポーツビジネスのさらなる発展をもたらすことが

第9章 多様化するスポーツビジネス

可能である。

## ③ スポーツビジネスの例——製品

　第8章で考察したように，スポーツビジネスにおける製品とは，消費者のスポーツ，フィットネス，リクリエーション関連のニーズと欲求を充足させる有形および無形的属性を伴った商品，サービス，人，場所，アイディアである[9]。例えば，ゴルフ用のクラブケースや，野球のバットやグローブだけでなく，ランニングする高齢者向けのウェアやスポーツジムの運動後のマッサージも，スポーツ製品に含まれる。

　スポーツ製品の分類のために，様々なモデルが存在している。スポーツ産業セグメンテーション・モデルは，ポーター（Porter, M. E.）［1985］の業界セグメント・モデルの一部を用いて，スポーツ産業を細分化するために，製品機能と買い手のタイプを用いたモデルである[10]。

　図表9-2に示されるように，スポーツ産業セグメントは，①スポーツ・パフォーマンス産業セグメント，②スポーツ製品物セグメント，③スポーツ・プロモーション・セグメント，の3つに分類できる。この分類は，スポーツ・マーケターにとって，企業製品が適合するスポーツ産業内の製品セグメントを理解し，競争状況を明らかにすると同時に，製品マネジメント戦略の意思決定をするのに重要である。

　例として，スポーツ製品物セグメントに属しているアパレルを取り上げ，市場規模を分析する。日本におけるスポーツアパレル市場は，2009年が前年比0.4％減の4,968億円（見込み）である。金融危機後の世界的な景気後退の余波で若干の減少を見込むものの，同市場は，過去10年で1,000億円近く拡大してきた[11]。

　また，アディダス，ナイキのような大手スポーツ製品企業は，スポーツ産業に大きな影響を与えている。例えば，アディダスは2007年から2014にかけて，FIFAのスポンサーとなっている。MLBチームのプロモーションのデータによれば，2003年には，シャツ，傘，帽子のようなスポーツ製品の提供によって，シーズンの観客数はそれぞれで，前シーズンより20.1％，14.1％と7.7％増加

**図表 9 − 2　スポーツ産業セグメント・モデル**

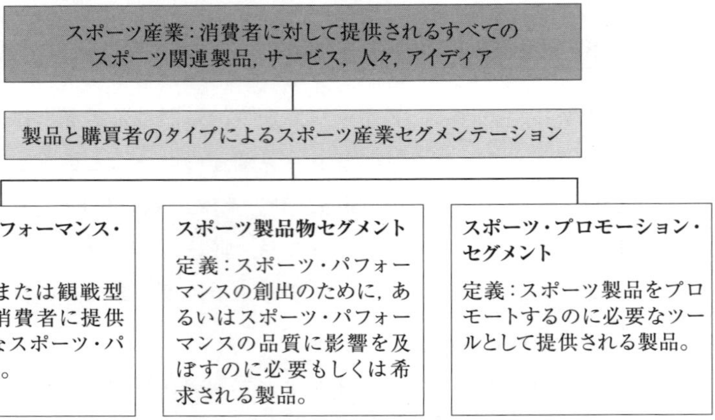

```
┌─────────────────────────────────────────────────────┐
│  スポーツ産業：消費者に対して提供されるすべての      │
│  スポーツ関連製品, サービス, 人々, アイディア         │
└─────────────────────────────────────────────────────┘
                          │
┌─────────────────────────────────────────────────────┐
│  製品と購買者のタイプによるスポーツ産業セグメンテーション │
└─────────────────────────────────────────────────────┘
```

| スポーツ・パフォーマンス・セグメント | スポーツ製品物セグメント | スポーツ・プロモーション・セグメント |
|---|---|---|
| 定義：参加または観戦型製品として消費者に提供されるようなスポーツ・パフォーマンス。 | 定義：スポーツ・パフォーマンスの創出のために，あるいはスポーツ・パフォーマンスの品質に影響を及ぼすのに必要もしくは希求される製品。 | 定義：スポーツ製品をプロモートするのに必要なツールとして提供される製品。 |

（出所）　Pitts, B. G. = Fielding, L. F. = Miller, L. K. [1994] p.15-24 （Pitts, B. G. = Stotlar, D. K. [2002]訳書296頁に基づいて，筆者が一部抜粋）。

した[12]。

　上述したように，様々なスポーツ製品の提供によって，スポンサーの獲得および観客数の増加が可能となる。換言すれば，スポーツ製品の提供は，スポーツビジネスに大きな影響を与えている。

# 第2節　コンテンツビジネスとしてのスポーツ

## ❶　コンテンツビジネスの重要性

　岸川善光編[2010c]によれば，コンテンツビジネスとは，「人間の創作的活動によって作られた，各種表現要素やそれらを組み合わせた情報を媒介し，消費者へコンテンツ（情報の内容）を提供する活動」である[13]。

　近年，コンテンツビジネスは，スポーツビジネスとの関係が注目される。スポーツビジネスは，①するスポーツ，②見るスポーツ，③支えるスポーツが

第9章　多様化するスポーツビジネス

含まれる。コンテンツビジネスが対象としているのは、見るスポーツである[14]。コンテンツの活用は、スポーツビジネスに大きなメリットをもたらす。例として、種子田[2002]によれば、メディアの利用によって、金銭面の収益の他に、①リーグの人気に関わる、②製品の再利用、という2つのメリットがある[15]。

　NFLの放映権料収入は、国連の通常予算額に匹敵するほどの巨額である。この点からも明らかなように、NFLにとって、メディア戦略は極めて重要である。NFLのメディア戦略は、主に下記の5点があげられる[16]。
① 放映権のパッケージ販売：リーグは、レギュラーシーズンとポストシーズンの試合を一括して、テレビ局と契約する。NFLは、時間帯によって異なる局と契約を行っている。これは、メディア各社の放映権獲得競争をもたらし、放映権収入を増加させる。
② ブラックアウト：ブラックアウトは、「試合開始72時間前までにチケットが売り切れていない場合は、スタジアムから75マイル以内の地域で、試合のテレビ放映を規制する」というルールである。スタジアム近郊の人々に、直接スタジアムで観戦してもらい、家族・友人・ファン同士間で感動の共有を経験してもらおうというシステムである。
③ フレキシブル・スケジュール：フレキシブル・スケジュールは、シーズン後半に放映するサンデーナイトゲームの試合を、シーズン開幕当初にあらかじめ定めず、シーズン前半の各チームの戦績に基づいて、最も注目度の高い試合を放映するものである。
④ NFLフィルムズ：NFLは、映像美のため、撮影にコストのかかるフィルムを使用している。いち早くスローモーション技術を取り入れたのも、NFLフィルムズである。
⑤ NFLネットワーク：NFLネットワークは、NFLフィルムズが制作した映像や番組を放映する。それと同時に、一般のテレビ各社と同様、自ら番組制作を行うことで、メディア各社を介さない独自の収益システムを確立させた。

　以上のようなメディア戦略によって、NFLは他のプロスポーツを圧倒する

放映権料を獲得している。スポーツビジネスの成功のカギは，メディア戦略であると言っても過言ではない[17]。

近年，ICTの発展に伴い，スポーツビジネスにおいて，インターネットの活用が増えてきた。MLBは，「MLB Advanced Media」という会社を設立し，全球団のウェブサイトを制作・管理・運営している。MLBの全試合をネットで観戦できる「MLB.TV」が莫大な利益を生んでいる[18]。日本のスポーツビジネスにおいて，MLBのようにインターネットを活用したメディア戦略の実施が必要不可欠である。

## ❷ コンテンツビジネスの展開——メディア

長谷川文雄＝福冨忠和編[2007]によれば，コンテンツビジネス展開の方策は，① メディア展開方策，② コンテンツ展開方策，の2種類に区分できる[19]。
① メディア展開方策：コンテンツそのものを異なるメディアを用いて，供給チャンネルに展開することによって収益の確保と拡大を図る。
② コンテンツ展開方策：コンテンツの構成要素であるワンシーン，キャラクター，メカデザイン，ストーリーなどを抽出して，模倣あるいは二次的創作を行うことによって商品化を行い，収益の確保と拡大を図る。

メディア展開方策の理念モデルとして，ウィンドウイング（windwing）モデルがある。ウィンドウイングモデルは，同一コンテンツを提供時期と画面の大きさが異なるメディア（映画館上映→衛星放送→CATV→DVD→ビデオ→インターネット→地上波放送）に対して価格差異化を行い，メディアと結びつけて，それぞれ異なる時期に供給を開始するというメディア展開方策の模型である[20]。

ウィンドウイングモデルは，同一コンテンツの異種メディア同時販売による機会喪失の回避，投資回収期間の延長による全体的利益の最大化を目指した理念モデルである[21]。米国映画作品のメディア展開のほとんどは，ウィンドウイングモデルに基づいている。

図表9－3に示されるように，ウィンドウイングモデルは，価格と需要量の関係によって展開される。斜線は，需要量の増減を示し，地上波放送の下の横

第9章 多様化するスポーツビジネス

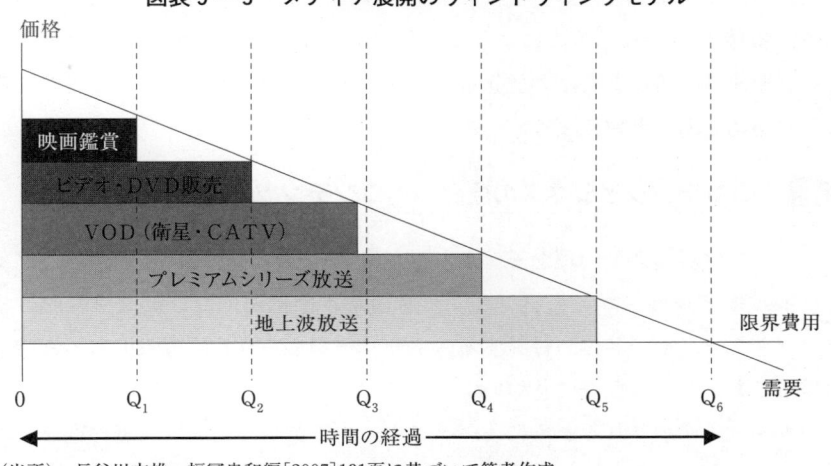

**図表 9－3　メディア展開のウィンドウイングモデル**

価格

- 映画鑑賞
- ビデオ・DVD販売
- VOD（衛星・CATV）
- プレミアムシリーズ放送
- 地上波放送

限界費用

0　$Q_1$　$Q_2$　$Q_3$　$Q_4$　$Q_5$　$Q_6$　需要

←――時間の経過――→

（出所）長谷川文雄＝福冨忠和編[2007]131頁に基づいて筆者作成。

線は限界費用，すなわち，視聴者が無料でコンテンツを楽しめることを示している。ウィンドウイングモデルの展開について詳しく考察する[22]。

① 第1段階のコンテンツ配信―映画：人々は，早くコンテンツを観たい，大画面で高音質の動画を観たいという欲求を満たすため，比較的高額な映画鑑賞券を購入する。

② 第2段階のコンテンツ配信―ビデオ・DVD販売：人々は，繰り返して見たい，家で手軽にコンテンツ楽しみたいという欲求を満たすため，比較的高価なビデオ・DVDを購入する。

③ 第3段階のコンテンツ配信―VOD[23]：消費者は，自宅にいながら手軽にコンテンツを楽しみたいという欲求を満足させるため，衛星放送やケーブルテレビを契約するケースが多い。

④ 第4段階のコンテンツ配信―プレミアムシリーズ放送：人々は，有料で海外番組など自分が見たいコンテンツを楽しむことができる。

⑤ 第5段階のコンテンツ配信―地上波放送：人々は，無料でコンテンツを楽しめるものの，コンテンツが公開されてから時間が経過している，画質と音質が低下するという制約がある。

上述したように，ウィンドウイングモデルは，コンテンツ配信の質，時間の経過，蓄積性といった差異によって，価格の差別化を図っている。ワールドカップやオリンピックなどの放送も，ウィンドウイングモデルとして展開することが適切であると言えよう。

### ❸　コンテンツビジネスの展開——コンテンツ

　コンテンツ展開方策の理念モデルとして，グッドウィルモデルがある。グッドウィルモデルは，コンテンツビジネスの基本価値が，コンテンツにおけるキャラクター，その名称，付随するストーリーがもちうる顧客吸引力・営業上の信用であるという仮説に基づいている[24]。

　図表9－4に示されるように，グッドウィルモデルの展開は，著作権などの法律によって保護されている権利を背景とする ⇒ 商品化権に代表される二次使用権を細分化して設計する ⇒ ライセンス供与を第三者に行う ⇒ ライセンス料を徴収する，という仕組みの構築が必要である[25]。

　グッドウィルモデルは，スポーツビジネスの領域でも適用できる。近年，ス

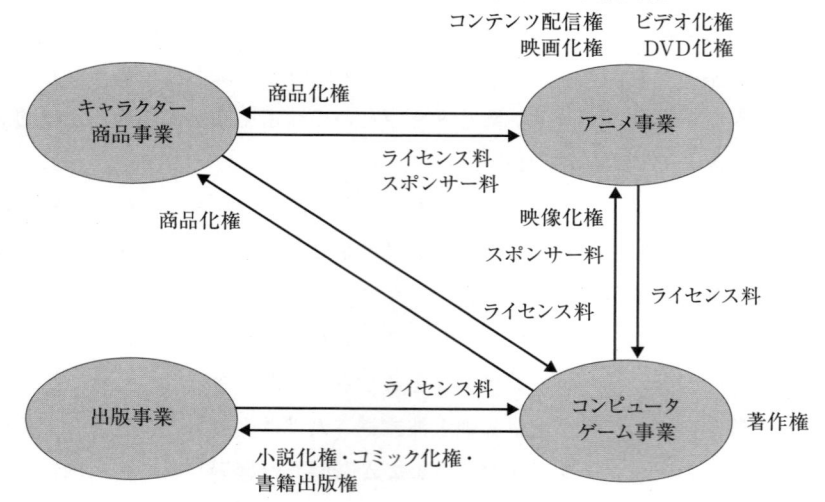

**図表9－4　オリジナルゲーム事業と二次使用権**

(出所)　長谷川＝福冨編[2007]129頁。

ポーツ制作素材の二次使用権をめぐる検討が多い。実際に，いくつかのスポーツにおいて，コンテンツの二次利用はすでに行われている。野球やサッカーでは，一度中継で放送したコンテンツを，もう一度ダイジェストで使用したり，特別番組で使用したりするケースが多い。

野球・サッカー以外のスポーツでは，一度放送された映像素材は，再度使用される機会がほとんどない[26]。例えば，陸上の競技会ではいろいろな競技を行っているので，会場にいれば多くの映像化可能なコンテンツを入手できる。しかし，地上波の番組では限られた時間内に収めなければならないので，撮影してもほとんどの映像は，編集でカットされてしまう。

スポーツの振興やスポーツを普及させるため，いかにインターネットで二次利用を行うかが問題になる。テレビ用の素材をインターネット用に加工することは決して難しいことではない[27]。テレビ局がコンテンツの使用権を開放すれば，簡単に実現できる。素材の二次利用の進展によって，インターネット上で流れるスポーツコンテンツの誕生が期待される。

## 第3節　コミュニティビジネスとしてのスポーツ

### 1　コミュニティビジネスの必要性

細内信孝［1999］によれば，コミュニティビジネスは，「地域住民がよい意味で企業的経営感覚をもち，生活者意識と市民意識のもとに活動する住民主体の地域事業である。あるいは，地域コミュニティ内の問題解決と生活の質の向上を目指す地域コミュニティの元気作りを，ビジネスを通じて実現すること」である[28]。

コミュニティビジネスにおいて，スポーツは大きなテーマとなる。1973年，コミュニティ・スポーツという用語が登場した。コミュニティ・スポーツとは，共通の地域において，共通の施設を利用することを通して，個人の生活水準の

向上はもとより,住民相互の交流・理解を深め,コミュニティへの愛着を高めていくスポーツ活動である[29]。

堀＝木田＝薄井編[2007]によれば,スポーツの特徴は,① 健康と結びついている,② 普遍性の高さ,③ するだけではなく,見ることも楽しい,の3点があげられる[30]。スポーツは,この3つの特徴によって,個々の人の人生・生活を充実するため,他者との関係を大事にしながら,場である地域を魅力的にする。これからのまちづくりの中に,非常にフィットしやすいというのがスポーツであるといえる[31]。

スポーツが地域づくりに貢献するために,それが人々の共同の楽しみとして暮らしに根ざすものにならなければならない。しかし,日本では,上述のような意味での「地域スポーツ」は,未熟である[32]。日本のスポーツは,生活文化として未だに確立しておらず,地域におけるライフスタイルの中に明確に位置づいていない。従って,スポーツが地域生活における楽しみの「社会制度」として成熟することは,スポーツの発展にとっても地域づくりにとっても,極めて重要な課題である[33]。

## ❷ 期待されるスポーツビジネスの効果

先述したように,スポーツは地域と密接な関係を保っている。スポーツを地域再生に活用していく時の形態によって,直接的にスポーツを活用するタイプと間接的にスポーツを活用するタイプの2つに大別できる。それを地域との関わりから,さらに分類すると7つのタイプ区分が可能となる[34]。

＜直接的にスポーツを活用するタイプ＞
① スポーツを「する」タイプ……………プレー型
② スポーツを「見る」タイプ……………ホームタウン型
③ スポーツイベントを開催………………イベント型
④ スポーツを直接「支える」タイプ……支援型

＜間接的にスポーツを活用するタイプ＞
⑤ 自然資源などを活用するタイプ1……スポーツリゾート型
⑥ 自然資源などを活用するタイプ2……キャンプ・合宿型

第9章　多様化するスポーツビジネス

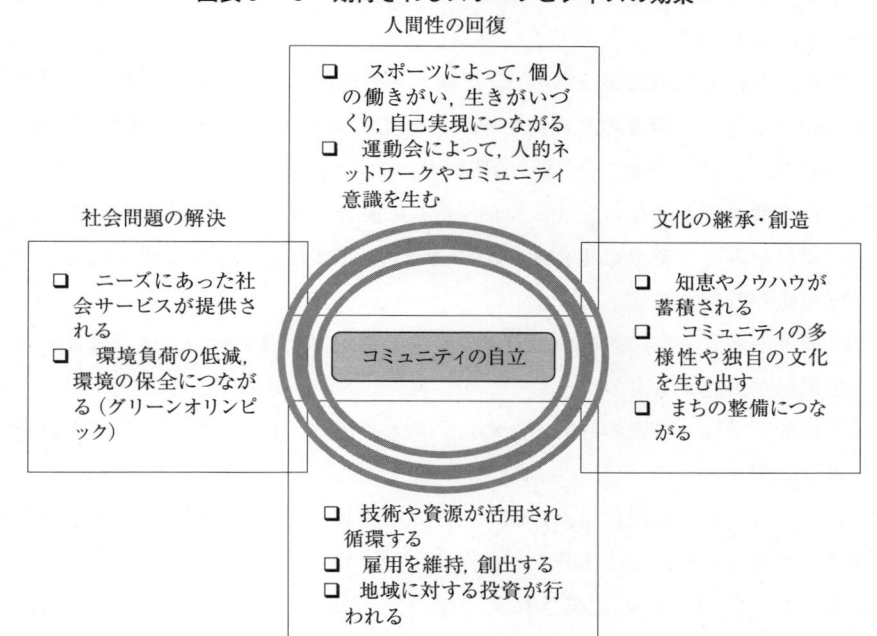

**図表9－5　期待されるスポーツビジネスの効果**

人間性の回復

- スポーツによって，個人の働きがい，生きがいづくり，自己実現につながる
- 運動会によって，人的ネットワークやコミュニティ意識を生む

社会問題の解決

- ニーズにあった社会サービスが提供される
- 環境負荷の低減，環境の保全につながる（グリーンオリンピック）

コミュニティの自立

文化の継承・創造

- 知恵やノウハウが蓄積される
- コミュニティの多様性や独自の文化を生み出す
- まちの整備につながる

- 技術や資源が活用され循環する
- 雇用を維持，創出する
- 地域に対する投資が行われる

経済的基盤の確立

（出所）　細内信孝［1999］56頁に基づいて筆者作成。

⑦　産業資源として活用するタイプ………スポーツ関連産業型

　上記の様々なタイプのスポーツを活用することによって，地域の発展や活性化を図ることができる。

　さらに，細内［1999］によれば，期待されるコミュニティビジネスの効果は，①自己実現，②その地域特有の社会問題の解決，③文化の継承・創造，④経済的基盤の確立，という4つがあげられる[35]。図表9－5に示されるように，この4つの効果は，期待されるスポーツビジネスの効果にも適用できる。

### ❸　収入構造の変化

　通常のビジネスの場合，事業の立ち上げや運営資金の調達方法は，金融機関からの融資が一般的である。しかし，コミュニティビジネスの場合，不動産な

どの担保となる資産をもたない NPO や女性が担い手であるケースが多く，融資を受けるのが難しい[36]。

現在，既存の金融機関・NPO など様々な主体による市民事業のための資金調達の仕組みは，資金の集め方や融資の仕方によって，① 自力型融資，② 組合型融資，③ 提携型融資，④ 目的型融資，の4つに分類できる[37]。

① 自力型融資：既存の金融機関が，自社の融資事業として行うもの。
② 組合型融資：資金は組合が集め，NPO などへの融資は貸金業登録をした別組織が行うもの。
③ 提携型融資：市民組織が融資対象事業の選定，指導を行い，融資は提携金融機関が実施するもの。
④ 目的型融資：特定の目的にために，個人，団体，企業，財団などに寄付を募り分配するもの。

上記4つの資金調達仕組みの他に，スポーツビジネスの活用は，新しい融資タイプとなる。例えば，オリンピックなどのメガスポーツイベントにおいては，社会・経済的効果が重要視され，「開催すれば多くのベネフィットが得られる」というように，ポジティブな側面が注目されることが多い。

様々な効果の中で，経済的な効果に注目する必要がある。図表9－6に示されるように，北京市は，オリンピックによって8億5,100万ドルの放映権収入を獲得した。さらに，チケットの販売収入は，1億4,000万ドルに達し，スポンサーとライセンス収入は，それぞれ2億8,600万ドルと7,000万ドルに達した。

オリンピックのような莫大な集客力と直接・間接的経済効果，開催期間中に世界中へ向け放送されるＴＶ中継による知名度とイメージの向上，閉幕後に観光目的で活用される施設などを考え合わせれば，メガスポーツイベントは，一つの「観光アトラクション」であるとみなすことができる。つまり，オリンピックの開催は，これといった観光資源のない地域にとって，魅力的な観光アトラクションになるといえよう。スポーツイベントを通じて，地域のスポーツ振興を図りながら，地域活性化やまちづくりを進めることができる[38]。

**図表 9－6　北京市におけるオリンピックの社会・経済的効果直接収益**

| 直接収益 | |
|---|---|
| 放映権の販売収入 | 8億5,100万ドル |
| チケットの販売収入 | 1億4,000万ドル |
| スポンサー収入 | 2億8,600万ドル |
| ライセンス収入 | 7,000万ドル |
| その他（助成金・寄付金など） | 未発表 |
| | 合計：約20数億ドル |
| 経済効果（2003～2010年までの推定） | |
| 観光・建設・運輸・通信業全体 | 717億600万ドル |
| 観光分野（開催期間中） | |
| 観光客数（のべ） | 652万人 |
| 海外からの観光客数（のべ） | 38万2,000人 |
| 一日平均のホテル宿泊数 | 7万4,000人～8万8,000人 |
| ホテル稼働率 | 53.0% |
| 社会的効果 | |
| ・中国の国際的イメージの向上　・北京市の都市イメージの向上　・北京市民のモラルの向上　□市民公共モラル指数：65.51（2005年），82.68（2008年）　□路上でタンを吐く人の割合0.75%に減少　□交通機関で席を譲る市民98.0%に向上 | |

（出所）原田宗彦＝木村和彦編[2009]159頁に基づいて，筆者が一部抜粋。

# 第4節　ライセンスビジネスとしてのスポーツ

## ❶　ライセンス管理の必要性

　「ライセンス」は，日常的に使われる用語である。一般の市民生活では，許可・認可・免許などの意味で「ライセンス」がよく使われる。しかし，ビジネスとしてのライセンスは，違う意味をもっている。高橋伸夫＝中野剛治編[2007]によれば，「ライセンスビジネス」において，企業が結ぶライセンス契約の形態は，主に次の3つである[39]。
　つまり，契約の締結を介してビジネスになる。アーウィン＝ストットラ

(Irwin, R. L. = Stotlar, D. K.) [1993]によれば，ライセンシングとは，保護されたロゴ，デザイン，トレードマークを使用する権利を別の集団に付与する行為である[40]。

　草間文彦[2009]によれば，ライセンスビジネスのメリットとして，① 新規参入の障壁が低い，② 低リスク・高リターンの可能性が高い，③ メインのビジネスを助ける，④ モティベーションを与える，⑤ 外部へのメッセージ効果，などがあげられる[41]。一方，ライセンスビジネスは，経済の影響を受けやすい，ライセンシーはライセンサーと比べてリスクが大きいといったデメリットも存在する。

　NFLのライセンシングについてみてみよう。1963年，NFLは，チーム名と記章の保護を管理下に置くためライセンシング・プログラムを作成した[42]。NFLのライセンシングの権利を取得した企業は，自社の製品にNFLのシールド・ロゴやチームのロゴを掲載することが認められ，対価としてロイヤリティを支払う[43]。NFLは，世界的範囲で巨大なファンを獲得しているので，多くの企業がNFLのライセンスを取得しようとする。

　1998年，NFLは，ライセンシング製品から30億ドル，NBAは23億ドル，メジャー・リーグでは18億5,000万ドル，NFLでは約10億ドル強もの売上を稼いだ[44]。このように，スポーツビジネスにおいて，ライセンシングは非常に重要な戦略の1つである。

## ❷　知的財産の種類

　「知的財産権」は，ライセンスビジネスおいて，極めて重要な用語である。知的財産権は，広範囲に及ぶ権利であり，根拠法も複数にわたる。その中で，クラブチームやチームに所属する選手に関わるのは，以下の8点である[45]。

① 　意匠権：クラブチームのロゴ，エンブレムなどのマーク，シンボル・マスコット・キャラクターなどのような，デザイン化がなされたもの。
② 　商標権：クラブチーム会社およびチーム愛称，マスコットの愛称など
③ 　著作権：クラブチームあるいは選手などが刊行する出版物など
④ 　周知の商品形態，ドメインネームなど

第 9 章　多様化するスポーツビジネス

⑤　選手などの肖像権：選手写真の利用など
⑥　パブリシティ権：選手の氏名を第三者に使用されない権利など
⑦　放映権：スポーツイベントを放映する権利など
⑧　施設の命名権：スタジアムに対して名称をつけることのできる権利など

　上述した知的財産の内，選手における肖像権についてみてみよう。図表 9 - 7 は，JOC 加盟団体所属選手・役員の肖像における商業的利用の分類である。図表 9 - 7 に示されるように，IOC，JOC は，これだけのスポンサー企業に支えられている。そして，JOC は，オリンピックの選手強化という名の下に，アマチュア選手の肖像権を一元管理するという構造になっている[46]。

　世界水泳選手権の後，北島康介は，特別認定選手に選ばれた。これは，北島選手が個人で申請をして権利を得たものである。しかし，特別認定選手になったとしても，自由に商品の CM に出演することや，企業と契約する権利をもつわけではない。JOC のスポンサーと競合しない企業に限るという取り決めがあるからである。また，特別認定選手以外の選手たちは，自己のスポンサー以外に，JOC パートナーの選手強化キャンペーンのスポンサーに協力する必要がある[47]。

**図表 9 - 7　JOC 加盟団体所属選手/役員の肖像の商業的利用の分類**

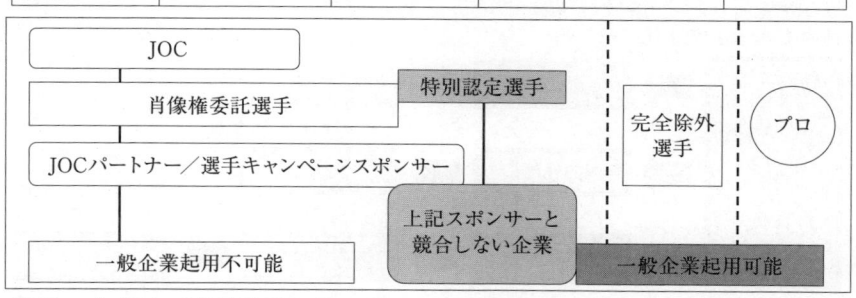

| ワールドワイドパートナー | | JOC スポンサー | | | 選手強化スポンサー |
|---|---|---|---|---|---|
| コカ・コーラ | 三星電子 | ミズノ | EH | クボタ | 日本コカ・コーラ |
| SEMA | スポーツイラストレイテッド | アシックス | トヨタ自動車 | 読売新聞 | |
| ジョン・ハンコック | VISA | デサント | 野村證券 | 味の素 | |
| イーストマン・コダック | ゼロックス | ファーストリテイリング | キリンビール | ウイル・コーポレーション | |
| マクドナルド | スウォッチ | 丸大食品 | 新日本石油 | 佐川急便 | |
| 松下電器 | | | | | |

（出所）　平田竹男 = 中村好男編[2006a]231頁。

このように，スポーツ選手は，リーグのために利益を獲得するだけではなく，CFなどの出演を通じて，人気度の上昇も期待することができる。

## ❸ 日本におけるライセンス市場

世界のライセンス市場は，小売価格ベースで約18兆円におよぶ巨大な市場であると推定される[48]。その内，米国が12兆円（約67％）で1位，日本が3兆円（約17％）で2位を占めている。しかし，ライセンス関係企業数をみると，日本は90社しかなく，下位に位置されている[49]。換言すれば，日本のライセンスビジネス市場は，まだ成長の余地があるといえる。

ライセンスの1つである放映権についてみてみよう。図表9－8は，イベントごとに異なる放映権の流れ，あるいは，日本のテレビ局・代理店において，各イベントの中継権を獲得するルートを現している。プロ野球中継は，基本的には球団と直接契約をしている。サッカーのキリンカップのような日本代表戦は，電通を通して行っている。

サッカーの放映権について，1993年にJリーグが誕生し，各局横並びで放映権を割り振りし，高い視聴率を記録した時代があった。その後，JリーグはNHKと契約を結んで，NHKが放送しない試合のみを民放各社で放送する時代もある。さらに，その時代の後には，NHKとTBSが独占で放送する形になった[50]。

NFLやオリンピックのようなメガイベントは，中継権および放映権の販売

**図表9－8　放映権の流れ**

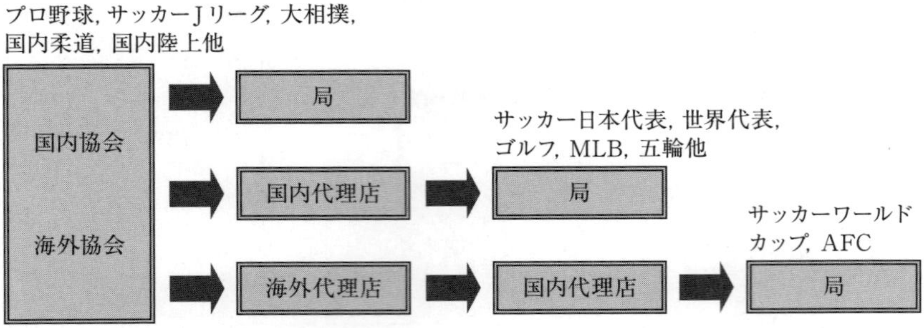

プロ野球，サッカーJリーグ，大相撲，
国内柔道，国内陸上他

国内協会 → 局

海外協会 → 国内代理店 → 局（サッカー日本代表，世界代表，ゴルフ，MLB，五輪他）

→ 海外代理店 → 国内代理店 → 局（サッカーワールドカップ，AFC）

（出所）　平田竹男＝中村好男編[2006b]197頁。

によって，相当な利益を獲得している。それと同時に，電通やNHKのような代理店・テレビ局は，利潤の上がりも期待することができる。

また，ライセンスビジネスの前進には，非常に長い時間がかかる。米国と日本において，スポーツに対する捉え方が大きく異なるからである。種子田[2002]は，その違いを下記のように指摘している[51]。

① 米国におけるスポーツの捉え方

スタジアムに行くと，年をとったおじいさんもおばあさんも，自分たちが応援しているチームのTシャツを着て，必ず食べ物と飲み物を買って，帰りにはお土産を買う。顧客は，自らスポーツイベントに積極的に参加できるようになっている。

② 日本におけるスポーツの捉え方

日本のファンは，「観戦」が目的である。例えば，5時半までネクタイ締めて仕事をしていたサラリーマンは，「野球見物に行くなんて言うと叱られるかな」と考えながら，こそこそとスタジアムに行くとか，もしビールでも買いに行っている間にホームラン出たらどうすればいいかなとか，じっと我慢して見ている。

日本のファンは，試合が終わるとすぐ家に帰る。日本において，試合の観戦は，皆で喜びを共有するものであるという方向に，徐々に変わっている。しかし，なかなか大きな変化がない。こうした大きな変化が起こらないと，日本のライセンスビジネスの発展に抑制されたままになると思われる。

先述したように，日本におけるライセンスビジネスの市場規模は，3兆円に達している。その内，映画やテレビプロパティを含んだキャラクター分野が1.6兆円（5割強）で，圧倒的に大きい割合を占めている[52]。その残りは，ファッション，スポーツなどで構成されているものの，統合的なデータや調査報告がない現状である。スポーツプロパティが，ライセンス市場に占める割合は，非常に少ないと推測される。

今後，スポーツ分野において，積極的なライセンシング戦略を実施し，ライセンスビジネス市場の拡大に貢献すべきである。

## 第5節　楽天のケーススタディ

### ❶　ケース

　本章では，多様化するスポーツビジネスについて概観した。その中で，楽天の多様化するスポーツビジネスは好例といえよう。楽天が取り組むスポーツビジネスについて概観し，楽天が展開するスポーツビジネスにおける問題点および課題について考察する。

　楽天におけるプロスポーツビジネスは，① プロ野球球団の東北楽天ゴールデンイーグルス（以下，楽天イーグルス），② プロサッカークラブのヴィッセル神戸，の2つによって構成される。

　楽天イーグルスは，2004年9月に日本プロフェッショナル野球組織（以下，NPB）への加盟申請を提出した。次いで，2004年11月にNPBの承認を得ると正式的にプロ野球業界に参入した。楽天の社長三木谷浩史は，プロサッカークラブのヴィッセル神戸のオーナーでもある。しかし，楽天イーグルスと違って，ヴィッセル神戸は三木谷氏が個人的に経営する球団である。

　本項では，楽天におけるプロスポーツビジネスに対して，コンテンツビジネス，コミュニティビジネスおよびライセンスビジネスという3つの側面で検討する。

＜コンテンツビジネスの活用＞

　コンテンツビジネスとの関わりについて，テレビ放送およびインターネットの活用という2つの視点がある。試合のテレビ放送は，図表9－9に示されるように，放送時間を合計すると約21時間になる。また，露出回数は966回である。21時間あるいは966回の露出回数の広告をテレビで放送すれば，141億円がかかる。したがって，コンテンツビジネスの活用は楽天グループに対して重要である。

　また，メディアが多様化しつつあり，インターネットの活用機会は，今後ま

図表9－9　全国ネットテレビ放送におけるイーグルス露出（2007年1月～4月）

|  | 放送回数 | 放送時間 |
|---|---|---|
| HHK | 119回 | 7,566秒 |
| NNN（日本テレビ系列） | 259回 | 20,697秒 |
| JNN（TBS系列） | 171回 | 9,569秒 |
| FNS（富士テレビ系列） | 185回 | 16,436秒 |
| ANN（テレビ朝日系列） | 172回 | 15,268秒 |
| TXN（テレビ東京系列） | 60回 | 6,145秒 |
| 合　計 | 966回 | 約21時間 |
|  |  | 141.11億円 |

（出所）　平田＝中村編［2008］115頁。

すます多くなる。楽天イーグルスおよびヴィッセル神戸のホームページでは，チケット・グッズ販売や，試合生中継の無料放送や，試合結果をモバイルへ転送するサービスなど，多岐に及んでいる。

＜コミュニティビジネスの活用＞

　楽天グループは，球団経営に新規参入する場合，地域密着を非常に重視している。地域と共存するために，組織面においては，地域推進部という専門部署を設置し，評価面においては，地域密着貢献度を選手への評価に組み入れている[53]。楽天イーグルスの場合は，シーズン中の試合前に，計6回の学校訪問を行い，ファンサービスの一環として，選手と直接触れ合う機会を提供するなどしている。他にも，野球塾，マーティ塾[54]の開催，地域主催イベントへの参加，ボランティア活動に積極的に取り組んでいる。

＜ライセンスビジネスの活用＞

　ライセンスビジネスとの関わりについて，まず，「フルキャストスタジアム宮城」の設計について議論する。フルキャストスタジアム宮城の特徴は，①顧客のニーズ重視，②スタジアムの雰囲気改善，③顧客収容率の重視，の3つがあげられる[55]。球団のグッズ，観戦用の飲料品，チケットの販売を考えて，楽天イーグルス専用のスタジアムを設計した。専用スタジアムは，今後の大きな収益の柱になる。

また，スポーツビジネスでは，「何を売る」に加え「誰に売る」という観点も同様に重要である。「スポンサー」と「ファン」に分けてみよう[56]。
① スポンサー

スポンサーに対しては，広告看板からスタジアムの命名権まで，あらゆる物を商品化という試みを行っている。楽天イーグルスは，マーチャンダイジングの権利を球団独自で自由に販売できる。あらゆる商品に対して，楽天イーグルスのロゴやマスコットを活用できる権利も一緒に販売できる。

② ファン

ファンは，「コアファン」と「一般ファン」に分類できる。ファンによって，提供する商品は明らかに違う。例えば，楽天イーグルス設立初年度のファン感謝イベントでは，コアファンである有料会員のみ参加無料，その他のファンは参加有料という取り決めをした。

## ❷ 問題点

上述したように，楽天のスポーツビジネスは，コンテンツビジネス，コミュニティビジネスおよび，ライセンスビジネスという3つの点に力を入れている。楽天は，多様なスポーツビジネスにチャレンジしているものの，それぞれに問題点が存在している。

＜コンテンツビジネス＞

現在，楽天イーグルスおよびヴィッセル神戸のホームページにおいて，企業は，様々な情報やサービスを提供している。しかし，顧客は受動的な位置にいるため，提供された情報しか知りえない，

提供したサービスしか利用できないということは，顧客の主動権がないといえる。しかし，Web2.0の時代の到来に伴い，インターネット上で顧客の発信力が強くなる。その特徴を活かして，今後，楽天イーグルスは，新たなマーケティング手段を提供しなければならない。平田竹男＝中村好男編[2008]によれば，マイナースポーツやマイナーチームの場合，自分たちの競技の映像を自主制作し，インターネットで配信できるという発想を提出した[57]。それは，スポーツビジネスの新たな動向といえる。

＜コミュニティビジネス＞

　特定の地域で継続的に開催されるスポーツイベントが，その競技において著名で権威のある世界的大会になると，その開催地域はスポーツ界におけるある種の「聖地」となり，競技者やファンの憧れの地となると共に，様々な社会的な力を結集する場ともなる。その結果，そのイベントは，地域において政治的，経済的，文化的に大きな影響力をもつものとなり，コミュニティ・アイデンティティの醸成に貢献すると共に，地域社会において多様な利害関係をも編成することになる[58]。楽天のスポーツビジネスは，地域密着力を非常に重視しているものの，コミュニティ・アイデンティティの醸成が足りない。

＜ライセンスビジネス＞

　日本と米国のライセンスビジネスはかなり違う。米国のファンは，スタジアムに行く時に，必ずTシャツやグッズなどを買う習慣がある。日本のファンは，その方向へ徐々に変わっているものの，その習慣は，一般的にはまだ広がっていない。したがって，楽天のプロスポーツビジネスは，グッズや飲料品を売りやすくするために，色々なサービス・施設を完備するより，スポーツイベントを開催し，ファンと球団とが一体化する意識の育成が大事である。

## ❸　課　題

　本項では，コンテンツビジネス，コミュニティビジネス，ライセンスビジネスにおける解決策および課題について考察する。

＜コンテンツビジネス＞

　先述したように，コンテンツビジネスにおいて，顧客の主動権がないという問題点がある。原因として，顧客が自由に発信できる場の少なさがあげられる。しかし，楽天グループの中で，「楽天ブログ」および「楽天リンクス」のようなネットコミュニティの場は，元々存在している。これは顧客が自由に発信できる場になれる。さらに，楽天ブログの中で，スポーツの映像を自主制作し，公開できる機能を加えたら，お互いに，付加価値が一層高くなるであろう。

＜コミュニティビジネス＞

　コミュニティビジネスの問題点は，アイデンティティが醸成していないとい

うことである。楽天スポーツビジネスが，楽天トラベルと連動したら，問題が緩和できると考えられる。例えば，楽天トラベルは，豊富なスポーツを中心とする旅行ツアーを開発し，安い値段で提供する。旅行ツアーは，地域の経済効果を高めると共に，文化にも大きな影響を与える。また，旅行ツアーに参加する人々と地域住民との一体感が生まれやすく，コミュニティ・アイデンティティの醸成に有利である。

＜ライセンスビジネス＞

ライセンスビジネスにおいて，スポーツイベントと一体になる意識が薄いという問題点がある。その問題点に対応するために，楽天のスポーツビジネスは，楽天クレジット・ペイメント事業と連動することができる。楽天クレジットカードでスポーツグッズを買う場合，色々なキャンペーンを行い，顧客は買いやすいシステムを構築する。

図表9－10に示されるように，すべての問題点における真因は，楽天グループにおける他のサービスと連動不足である。いくつかの事業を発展する場合，全体的な戦略を立て，Win-Win のような相互的利益だけでなく，Win-Win-

**図表9－10　楽天プロスポーツが抱える問題点と解決策のフローチャート**

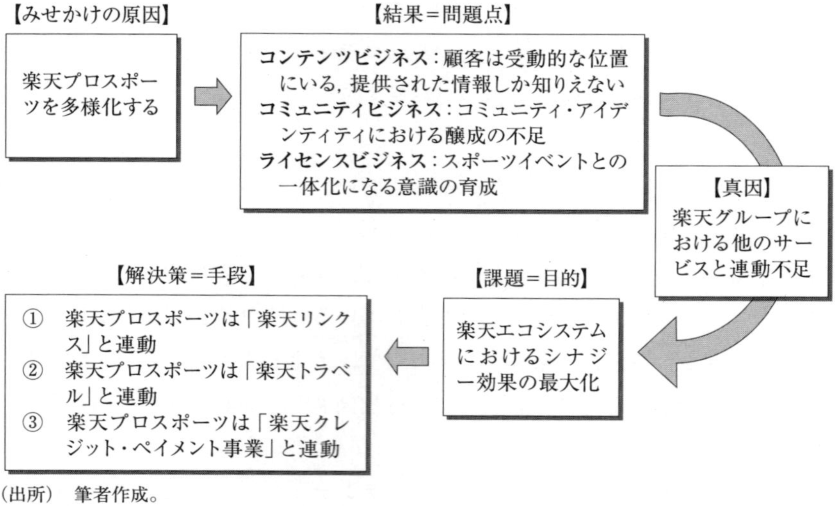

【みせかけの原因】
楽天プロスポーツを多様化する

【結果＝問題点】
コンテンツビジネス：顧客は受動的な位置にいる，提供された情報しか知りえない
コミュニティビジネス：コミュニティ・アイデンティティにおける醸成の不足
ライセンスビジネス：スポーツイベントとの一体化になる意識の育成

【真因】
楽天グループにおける他のサービスと連動不足

【課題＝目的】
楽天エコシステムにおけるシナジー効果の最大化

【解決策＝手段】
① 楽天プロスポーツは「楽天リンクス」と連動
② 楽天プロスポーツは「楽天トラベル」と連動
③ 楽天プロスポーツは「楽天クレジット・ペイメント事業」と連動

（出所）　筆者作成。

第9章　多様化するスポーツビジネス

Win……といったように，全体での相互的メリットを構築することが重要である。つまり，楽天エコシステムにおけるシナジー効果の最大化が非常に大切である。エコシステムにおけるシナジー効果の最大化は，楽天プロスポーツビジネスの最大の課題ともいえる。


注）
1) 通商産業省商業政策局[1990]52-53頁。
2) 平田竹男＝中村好男編[2006a]14頁。
3) 社団法人関西経済同友会＝スポーツ・観光推進委員会[2007]7頁。
4) Peppers, D. ＝ Rogers, M.[1997]訳書v-vi頁。
5) Peppers, D. ＝ Rogers, M.[1993]訳書19頁。
6) 同上書5頁。
7) Guiraud, P.[1951]訳書7頁。
8) 日本記号学会編[1992]101頁。
9) Pitts, B. G. ＝ Stotlar, D. K.[2002]訳書292頁。
10) Pitts, B. G. ＝ Fielding, L. F. ＝ Miller, L. K.[1994]p.15-24（Pitts, B. G. ＝ Stotlar, D. K.[2002]訳書，所収）。
11) 『東洋経済，2010.05.15』80頁。
12) 原田宗彦編[2004]109頁。
13) 岸川善光編[2010c]5頁。
14) 監査法人トーマツ編[2007]372頁。
15) 種子田[2002]36-37頁。
16) 種子田[2007]150頁。
17) 黒田＝内田＝林＝平本[2010]72頁。
18) 同上書73頁。
19) 長谷川文雄＝福冨忠和編[2007]126-127頁。
20) 木村誠[2008]30頁。
21) 長谷川＝福冨編[2007]130頁。
22) 岸川編[2010c]21-22頁。
23) VOD (video on demand) は，ビデオ閲覧サービスである。観たいときに見たいビデオが見られるサービスを指す。
24) 木村[2008]30頁。
25) 長谷川＝福冨編[2007]129頁。
26) 平田＝中村編[2008]77頁。
27) 同上書78頁。
28) 細内信孝[1999]13頁。

29) 江田昌佑監修[1996]93頁。
30) 堀＝木田＝薄井編[2007]17-18頁。
31) 同上書19頁。
32) 佐伯編[2000]9頁。
33) 同上書[2000]9頁。
34) 堀＝木田＝薄井編[2007]63頁。
35) 細内[1999]56頁。
36) 財団法人東京市町村自治調査会[2003]35頁。
37) 同上書。
38) 原田宗彦＝木村和彦編[2009]160-161頁。
39) 高橋伸夫＝中野剛治編[2007]49頁。
40) Irwin, R. L. ＝ Stotlar, D. K. [1993] p.7-16 （Pitts, B. G. ＝ Stotlar, D. K. [2002]訳書455頁，所収)。
41) 草間文彦[2009]17-23頁。
42) Pitts, B. G. ＝ Stotlar, D. K. [2002]訳書455頁。
43) 種子田[2007]181-182頁。
44) Pitts, B. G. ＝ Stotlar, D. K. [2002]訳書456頁。
45) 武藤[2006]320-321頁。
46) 平田＝中村編[2006a]231頁。
47) 同上書。
48) 草間[2009]25頁。
49) 同上書。ライセンス関係企業数：米国は700社，英国は100社，EUは150社である。
50) 平田竹男＝中村好男編[2006b]197頁。
51) 種子田[2002]197頁。
52) 草間[2009]38頁。
53) 平田＝中村編[2006b]83頁。
54) マーティ塾は，チームアドバイザーであるマーティ（Marty, K.）が中学校を積極的に訪問し，文武両道について講話や交流を行う活動である。
55) 平田＝中村編[2006b]74-77頁に基づいて，筆者が一部抜粋。顧客収容率＝平均動員数／最大収容人数
56) 同上書81-82頁。
57) 平田＝中村編[2008]78頁。
58) 佐伯編[2000]18頁。

# 第10章
# スポーツビジネス論の今日的課題

　本章では，スポーツビジネス論の今日的課題について考察する。紙幅の都合もあり，本書では独立した章として扱うことはできなかったものの，今後，教科書の独立した章として記述されるかもしれない重要課題を5つ選択した。

　第一に，スポーツビジネス教育について考察する。まず，統一した学問体系を確立することの必要性について理解する。次に，高等教育機関の拡充について理解を深める。さらに，スポーツ選手のセカンドキャリア問題について言及する。

　第二に，スポーツビジネスにおけるCSRについて考察する。まず，CSRの重要性について理解する。次に，選手におけるドーピング問題について言及する。さらに，八百長問題について理解を深める。

　第三に，スポーツビジネスをめぐる国際環境について考察する。まず，米国におけるスポーツビジネスについて理解を深める。次に，英国におけるスポーツビジネスについて言及する。さらに，わが国におけるスポーツビジネスについて理解を深める。

　第四に，わが国のスポーツ振興について考察する。まず，スポーツ経営学の国際比較について言及する。次に，五輪・W杯誘致活動について理解を深める。さらに，21世紀のスポーツのあり方について理解する。

　第五に，21世紀型スポーツビジネスモデルについて考察する。まず，スポーツにおけるブランド化について理解を深める。次に，スポーツによるコミュニティの再生について理解する。さらに，スポーツビジネスの可能性について言及する。

## 第1節　スポーツビジネス教育

### ❶ 統一した学問体系の確立

　今日，スポーツビジネス関連の学科およびコースを設置する大学が増えつつある。例えば，早稲田大学スポーツ科学部の「スポーツコーチングコース」，「スポーツビジネスコース」，順天堂大学スポーツ健康科学部の「スポーツマネジメント学科」，などがあげられる。2009年時点において，広域関東圏[1]において，48の大学（広域関東圏大学数約300校中）でスポーツビジネス関連科目が設置されていた。スポーツ教育において，スポーツビジネスという学問が導入された背景として，下記の2点があげられる[2]。

① スポーツビジネス業界での仕事に携わりたいと希望する学生が増えつつある。

② 大学および専門学校側も，将来の少子化を見据えて，人気の高いスポーツビジネス系学科，講座を新設している。

　大学におけるスポーツビジネス関連学科では，選手になるための競技力だけでなく，理論の習得にも力を入れている。スポーツビジネス・カリキュラムの基本構成は，①基礎領域，②応用領域，③実習，の3つに区分できる[3]。

① 基礎領域：学部では，マネジメント，コンサルティング，会計学，経済学，財政学，コンピュータサイエンスなどの科目があげられる。大学院では，さらに進んだ内容が必要であり，研究方法および課題研究が必要である。

② 応用領域：基礎的な科目として，スポーツの歴史および哲学，スポーツ文化，スポーツ社会学，スポーツ心理学などがある。専門的な応用領域としては，スポーツ法，スポーツマーケティング，スポーツマネジメント，施設の設計と経営，スポーツの財務および経済学などがある。

③ 実習：パートタイム実習（プラクティカ），フルタイム実習（インターンシップ）に分けられる。北米スポーツ体育連盟スポーツマネジメント部会で

は，学部と大学院ともに，実習を奨励している。

現在，多くの大学における教育は，理論（基礎領域）→演習（応用領域）→実習に沿って行われている。しかし，スポーツビジネス教育は，実務を前提にするため，理論⇄演習⇄実習の方式をとるべきである[4]。スポーツビジネス・カリキュラムは，大学によって大きく異なる。スポーツビジネス教育は，スポーツ選手の育成だけでなく，スポーツ産業に関わる人材を育成するための学問であるといえる。

山下秋二＝畑攻＝冨田幸博編［2000］によれば，日本のスポーツ経営は，欧米と異なり，歴史的にスポーツの競技だけに焦点が絞られていた[5]。また，従来，日本の学校スポーツにおいて，マネジメントの基盤は学校の制度に依存しており，企業スポーツのマネジメントは企業に依存してきた。スポーツ独自のマネジメントは，不十分で未発達な状態であった[6]。それゆえ，わが国のスポーツビジネスにおいて，学校における教育を通じて，スポーツ産業にかかわる人材を育成し，マネジメントレベルを向上させることは急務であるといえよう。

## ❷ 高等教育機関の拡充

図表10-1に示されるように，1985年以降，米国の大学におけるスポーツビジネス・カリキュラムは，急激に発達してきた。米国の大学では，スポーツビジネスを包括的に捉え，アスリート選手の育成だけでなく，スポーツ産業に関わる優秀な人材を育成するためのカリキュラムが組まれている。

早稲田大学スポーツ科学部および東海大学体育学部のカリキュラムは，アスリート選手の育成に重点をおいている。江戸川大学社会学部では，スポーツを経済，経営学の視点で捉え，学際的な学問としてのスポーツビジネス・カリキュラムが構成されている。江戸川大学の取組みは，米国の大学と非常に似ている。すなわち，スポーツビジネスの本質を正確に捉えているといえる。

日本の多くの大学は，単に既存のカリキュラムを再編成し，スポーツビジネスの曖昧さを利用した名ばかりの科目が多く存在している。カリキュラムの改正において，国内外の文献を収集し，教科書を作成していく必要がある他，教官をはじめ，適切な研究・教育体制などの整備が今後の課題である[7]。

**図表10－1　日本・米国の大学におけるカリキュラム比較**

| 国名 | 大学 | カリキュラム | 授業例 |
|---|---|---|---|
| 日本 | 早稲田大学 スポーツ科学部 スポーツ科学科 | ・人間力の向上 ・トレーナーの育成 ・ビジネスマネジャーの育成 | スポーツ教養演習，スポーツ科学概論，スポーツ医科学・スポーツビジネス・スポーツトレーナー・スポーツ文化コース等 |
| | 東海大学 体育学部 体育学科／競技スポーツ学科／生涯スポーツ学科等 | ・スポーツ実践力の場で，優れた指導力を発揮できる人材 ・トップアスリート育成 | スポーツ社会学，スポーツ心理学，英語コミュニケーション，ラグビー・テニス理論および実習，マネジメント概論等 |
| | 江戸川大学 社会学部 経営社会学科 | ・スポーツを経済，経営の視点で学び，ビジネスを作り出す人材育成 | スポーツ経済学，スポーツ・マネジメント，企業スポーツ論，スポーツ・コーチング，スポーツ・マーケティング論，スポーツ・ビジネスコース等 |
| 米国 | コロンビア大学 スポーツマネジメントプログラム | ・スポーツ産業のすべての分野で高度な管理者を育成 | スポーツ金融，スポーツ・マーケティング，スポーツ会計と財務，イベント管理等 |
| | ペンシルベニア大学 ウォートンスポーツビジネスイニシアティブ | ・スポーツ界のリーダー，活躍する業界関係者の育成 ・スポーツ団体や個人の社会貢献 ・ビジネスの社会責任 | 経済，法律，マーケティング，社会学，金融学，ビジネス倫理，経営行動等 |
| | ハーバード大学 法科大学院 | ・スポーツ，エンターテインメント法の融合領域で，スポーツと法の関係性を学ぶ | 米国のメジャーリーグの進化，プロスポーツ選手等 |

（出所）各大学のHPを参考に筆者作成。

　松田義幸[1996]は，大学におけるスポーツビジネス・カリキュラムを，必須科目と関連科目に区分した。さらに，必須科目は，下記の6つに分類できる[8]。
① レジャー産業理論，演習，実習。
② スポーツ産業理論，演習，実習。
③ スポーツ施設・環境デザインの理論，演習，実習。
④ スポーツプログラム・マネジメント理論，演習，実習。

⑤　スポーツイベント理論，演習，実習。
⑥　スポーツ種目別の理論，演習，実習。

　関連科目には，現代スポーツ社会学，スポーツ関連法規，スポーツ情報科学などが含まれる。上述したカリキュラムの分類では，スポーツビジネスにおいて，マネジメント重視の傾向がうかがえる。

　わが国の大学において，スポーツビジネス・カリキュラムの改革は必要不可欠である。すなわち，わが国のスポーツビジネスは，大学という教育現場を利用し，スポーツ産業にかかわる人材を育成するため，スポーツビジネスの本質を捉えたカリキュラムの編成が急務である。

## ❸　セカンドキャリア問題

　近年，スポーツ界におけるセカンドキャリア問題が注目されている。プロスポーツ選手にとって，現役時代は決して長くはない。どんなに優秀なスポーツ選手であっても，引退するときは必ず来る。セカンドキャリアとは，引退後の人生を指し，それは現役時代よりはるかに長い第二の人生である[9]。世界的な不況の影響で，長年にわたり就職氷河期が続いており，競技一筋で生きてきたスポーツ選手にとって，新たな就職先を見つけることは極めて難しい。

　図表10－2に示されるように，プロ野球界では，選手41％を含め，監督・コーチ，解説者，スタッフ等，合計71％の選手が野球に関わる職に就いている。Jリーグ界では，JFL・地域クラブ等移籍，Jクラブスタッフを合わせ69％の選手がサッカーに関わる職に就いている。すなわち，多くの選手が引退後，自らの能力を活かせる職への道を選んでいる。

　Jリーグは，2002年キャリアサポートセンター（CSC）を設立し，選手のセカンドキャリア支援，現役選手に対するキャリアデザインを行っている。主な活動としては，①契約未更新選手への進路相談会，②Jリーグ合同トライアウト（合同入団試験），③サードキャリアのフォロー，④独立開業セミナー，⑤引退選手受け入れ企業の開拓，⑥キャリアサポートマガジン「off the pitch」の発行，などがあげられる[10]。また，日本野球機構は，2007年セカンドキャリアサポートを開設し，選手のセカンドキャリア支援を行っている。

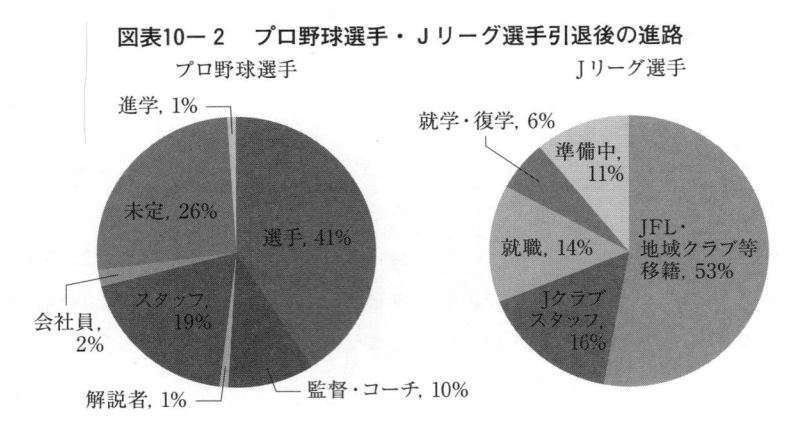

**図表10-2　プロ野球選手・Jリーグ選手引退後の進路**

プロ野球選手：進学 1%、未定 26%、会社員 2%、解説者 1%、スタッフ 19%、監督・コーチ 10%、選手 41%

Jリーグ選手：就学・復学 6%、準備中 11%、就職 14%、Jクラブスタッフ 16%、JFL・地域クラブ等移籍 53%

（出所）　黒田＝内田＝林＝平本［2010］145頁および153頁を参考に筆者作成。

　上述したセカンドキャリアサポート機構によって，選手の不安は低減されるものの，問題が完全に解決されるとはいえない。多くの選手が望む監督・コーチなどの職は，必要とされる人数が限られている。それゆえ，選手は，現役時代から自らのセカンドキャリアについて考える必要がある。一方，セカンドキャリアサポート機構は，下記のような支援を行う必要がある[11]。

① 　トレーニングに専念している期間から，引退後の生活に必要となる知識を習得する機会を提供する。
② 　トップレベルの競技者が指導者として活躍できる研修を実施する。
③ 　選手が引退後，新たな人生を切り開くためのキャリアアップとして，資格の取得，技能を身につけるよう支援を行うとともに，地域におけるスポーツ指導者および学校における部活動の指導者等への活用方策の検討を行う。

　選手は，上で述べたセカンドキャリアサポートを通じて，スポーツビジネス関連知識を習得し，引退後の人生を自らデザインしていくべきである。わが国において，選手は，指導者および様々な学校の先生として採用され，経験をスポーツ振興，スポーツ産業関連人材の育成に活かすことが課題であろう。

第10章　スポーツビジネス論の今日的課題

## 第2節　スポーツビジネスにおける CSR

### ❶　企業の社会的責任とスポーツビジネス

　近年，企業の社会的責任（Corporate Social Responsibility，以下 CSR）に関する関心が高まりつつある。CSR とは，「企業組織と社会の健全な成長を保護し，促進することを目的として，不祥事の発生を未然に防ぐとともに，社会に積極的に貢献していくため，企業内外に働きかける制度的義務と責任である」[12]。図表10−3に示されるように，CSR の基本コンセプトは，ピラミッド形になっており，社会的責任が頂点に位置している。すなわち，CSR において，不祥事防止に留まるのではなく，社会的責任重視の傾向がうかがえる。

　多数の企業は，積極的な CSR 活動として，スポーツ関連事業を行っている。企業がスポーツチームを所有する意義について，社員の士気高揚，社会貢献活動，スポーツの普及などが上位となり，これまで重要とされてきた福利厚生機能，直接的広告効果は下位に位置づけられた[13]。また，企業スポーツは，地域活性化にも大きく貢献している。

　第1章で考察したように，近年，不景気に伴い，多くの企業スポーツは廃部

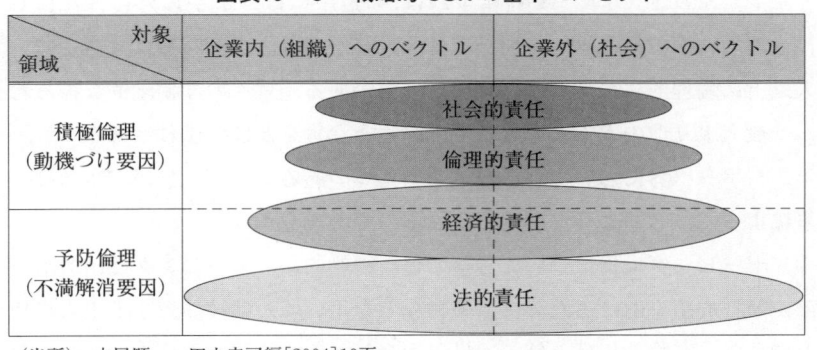

**図表10−3　戦略的 CSR の基本コンセプト**

| 領域＼対象 | 企業内（組織）へのベクトル | 企業外（社会）へのベクトル | |
|---|---|---|---|
| 積極倫理<br>（動機づけ要因） | 社会的責任 | | ↑<br>戦略的要素が強くなる<br>↓ |
| | 倫理的責任 | | |
| 予防倫理<br>（不満解消要因） | 経済的責任 | | |
| | 法的責任 | | |

（出所）　水尾順一＝田中宏司編［2004］10頁。

されている。原田[2008]は，今後，企業スポーツのあり方として，① 所有から支援への移行，② 新しい所有の意味の模索，③ ビジネスパートナーとしての関与，の3点をあげている[14]。特に，②では，企業スポーツをCSRとして経営理念の中に明確に位置づけられる方向性が見られると述べている。

原田[2008]によれば，スポーツ組織におけるCSRは，下記の2つに区別できる[15]。

① スポーツ組織自体のCSR事業：スポーツ組織は，地域で活動する団体であり，地域をよりよいものにするため，貢献できる事業を展開する社会責任を有している。ファンサービス，地域貢献活動の充実は，企業からみたCSR投資対象としてのスポーツ組織の価値創造につながる。

② スポーツ組織によるCSR事業を，スポンサー獲得に結び付けていく戦略：ファンサービス，地域貢献活動によって創造した地域におけるスポーツ組織の価値を，スポンサー獲得と関連づけて，戦略的に展開する。

スポーツ組織は，上で述べた2つの事業を通じて，CSRに関心の高い企業をスポンサーとして獲得することができる。一方，企業は，スポーツ関連事業を通じて，自己価値を高めることができ，CSRの実践も可能になる。上述したWin-Win関係を創出するため，スポーツ組織において，組織自体のCSRおよび組織によるCSRを戦略的に展開していくことが課題であろう。

## ❷ ドーピング問題

サイモン（Simon, R. L.）[1991]によれば，「選手には，選手以外の人々に対して，倫理的に振る舞うべき特別な道徳的責務がある。なぜならば，選手には，一般人以上に倫理的に振舞うべき特別な理由がある，選手の非倫理的な振る舞いは，一般人より他の人々に影響して，いっそう害を及ぼす恐れがある」[16]。

近年，スポーツ界において，不祥事が増えつつある。スポーツビジネスは，不祥事によって，どのような影響を受けるのであろうか。

まず，ドーピング違反について考察する。一般的に，ドーピングは，スポーツ選手が競技成績をあげるために，薬物などを用いて，競技能力を不正に高めることである。薬物使用は，第二次世界大戦後から本格化した。一般人の生涯

所得の数倍を稼ぎ出す年俸および莫大な賞金がドーピングを進化させたといえる[17]。

図表10-4に示されるように，1968年から2004年にかけて，ほとんどのオリンピックでドーピングが発覚されている。1988年，ソウル・オリンピックのベン・ジョンソン（Benjamin Sinclair "Ben" Johnson）選手のドーピング違反事件が有名である。1987年世界陸上選手権で，ベン・ジョンソンは，カール・ルイス（Frederick Carlton "Carl" Lewis）（ロサンゼルスオリンピック以降，陸上競技のスター選手）を破って，世界新記録を出した。そして，ソウル・オリンピックの100メートル走で，ベン・ジョンソンが優勝した。しかし，レース後，ベン・ジョンソンは，薬物ドーピングによって失格とされ，世界新記録も取り消された。ベン・ジョンソン事件以降，それを教訓として薬物ドーピング検査方法および罰則が強化された[18]。

国際的に，1999年11月，国際オリンピック委員会を中心に，スポーツ界，政府，競技者，学識経験者などの協力のもと，世界アンチ・ドーピング機構（World Anti-Doping Agency，以下WADA）が設立された。WADAは，国際的なドーピング検査の基準，ドーピング違反に対する制裁手続きの統一，アン

図表10-4　オリンピックドーピング検査数・陽性率推移

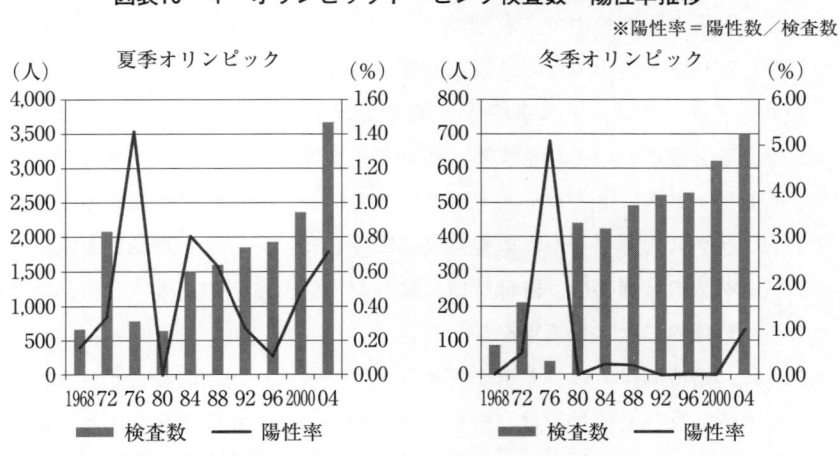

※陽性率＝陽性数／検査数

(出所)　JOCのHPを参考に筆者作成〈http://www.joc.or.jp/anti_doping/about/index02.html〉．

チ・ドーピング活動に関する教育・啓発活動の推進を目的としている[19]。わが国でも，2001年9月，㈶日本アンチ・ドーピング機構（Japan Anti-Doping Agency）が設立された。

このように，現在，アンチ・ドーピング推進体制が整備されつつある。ドーピング違反は，選手および指導者の知識不足によって頻発している。重要なことは，ドーピングの定義および検出されたドーピング数ではなく，ドーピングが社会，スポーツ界に与える影響である。特別な社会的責任，道徳的な役割モデルを担う選手の不祥事は，社会の混乱を招くと同時に，スポンサー企業の価値低下要因にもなりうる。それゆえ，選手だけでなく，関連指導者にドーピングの危険性を認識させ，アンチ・ドーピングに関する教育を積極的に推進すべきである。

## ❸　八百長問題

サイモン［1991］によれば，スポーツ競争は，「適切な条件下で行われれば，重要な価値を表したり，望ましい性格特性を強化するといった有益な効果をもたらす。スポーツ競争には，1つの枠組みとしての内在的価値があり，その枠組みの中で，人間として自己表現し，卓越性への相互追求の中で人間として他人に対応する」と述べている[20]。しかし，ではなぜ八百長がおこるのか。現実には，各種の競技の中で，真剣に争っているようにみせながら，事前に示し合わせた通りに勝負をつける八百長問題が多発している。

まず，ブラックソックス事件[21]を取り上げ，八百長問題がスポーツビジネスに与える影響について考察する。1919年，シンシナティ・レッズとシカゴ・ホワイトソックスによるワールドシリーズで，レッズの優勝が決まった後，ホワイトソックスの選手が不正敗退行為に関与したという事実が発覚した。ホワイトソックスの8選手は，野球賭博に関与していたものの，8人とも無罪判決となり，野球界に大きな衝撃を与えた。

さらに，賭博師は，マフィアやギャングといった反社会的勢力とつながりをもっている。反社会的勢力は，資金調達のために，野球賭博を利用し，選手も不正敗退行為に関与した。それゆえ，メジャーリーグの商品価値は大きく下落

した。不正疑惑の審理が終了した直後，1921年のメジャーリーグの観客総数は前年比5.6%減の約861万人，ホワイトソックスは同じく34.9%減の約54万人となった[22]。

1969年から1971年にわたり，日本プロ野球界の黒い霧事件が大騒ぎになった。日本野球連盟は，八百長に関与したとされた選手たちに対して，永久出場停止処分および長期間の出場停止，年俸の減額などの罰を施した。黒い霧事件西鉄ライオンズの観客動員数は激変し，球団の経営も難しくなった。

2010年5月に発覚した大相撲野球賭博事件は，賭博および維持員席問題など，大相撲と暴力団が関わっていたことを露呈した。ステークホルダーは，テレビ中継の中止による損失，スポンサーの中止など，様々な影響を受けている。

ドーピング問題，八百長問題は，スポーツビジネスの社会性および公共性に反したものである。不祥事に関わる選手たちは，勝利至上主義および現金至上主義に左右され，利益の獲得を最優先している。スポーツビジネスは，営利的側面および非営利的側面を備えている。それゆえ，スポーツビジネスにおいて，単にドーピング，八百長などの不祥事をなくすことを考えるのではなく，スポーツビジネスの本質を認識することが急務であろう。

## 第3節　スポーツビジネスをめぐる国際環境の比較

### ❶　米国におけるスポーツビジネス環境

米国において，スポーツビジネスとは，「試合観戦日の経験（Game-day Experience）を売る商売である。つまり，見せるスポーツで取り扱われる商品は，試合ではなくて，試合観戦を通して得られる経験である」[23]。試合観戦経験は，試合会場の雰囲気，家から会場までの距離，など様々な要因に左右される主観的なものである。

米国の4大メジャーリーグにおいて，いかに充実した内容の試合を見せるか

がポイントになっている。換言すれば，観客を楽しませることによって，収入が得られるというビジネスである。すでに第4章で考察したように，スポーツリーグは，サラリーキャップ，レベニューシェアリングといった制度を導入し，チーム間の勢力均衡を図り，より良い競技ができるよう心掛けている。また，プレーオフ形式によって，優勝争いに絡むチームが少しでも多くなるような大会方式が導入されている。この勢力均衡と，優勝争いに関わるチーム数を増やす試みが，試合という商品の魅力を高めている。

米国のスポーツビジネスは，ある意味で，放映権ビジネスであるといっても過言ではない[24]。FIFAでは収入の約60％，オリンピックでは収入の45％が，放映権料によって占められている[25]。スポーツビジネスにおいて，スタジアムでの入場者数を増やし，利益を向上させるのは重要であるものの，観客数はスタジアムの大きさに左右される。しかし，映像の放映は，スタジアムの大きさに関係なく，多くのファンが観戦できる。放映権料は，試合およびリーグの人気度によって，大きく異なる。

リーグ別の放映権料についてみてみよう。NFLは，8年契約で総額176億ドル，MLBは，6年契約で約34億ドル，NBAは約9億ドルである。上で述べたように，米国の放映権料は非常に高い。放映権料の高さは，視聴率に裏打ちされている。

NFLは，莫大な放映権料で収益を得ているものの，近年，新市場開拓の必要性が生まれてきた。種子田[2002]によれば，NFLは，米国市場において飽和状態に達しており，グローバル化が迫られた。また，NFLを外国で定着させるために，以下の3つのコンセプトが欠かせないと述べている[26]。

① 米国フットボールそのものを普及し，各地での定着をはかる。NFLはブランドである前にスポーツであるので，スポーツそのものを定着させないと失敗してしまう。
② ファンを自ら開拓し，ファンとの長期的な関係を維持するための活動を行う。
③ NFLというブランド価値を意識させる。

NFLは，グローバルフットボール構想を掲げ，英国，日本などに進出しつ

第10章　スポーツビジネス論の今日的課題

つある。上述した新市場開拓の問題は，NFLだけでなく，他のリーグにおいても考えなければならない問題であろう。すなわち，スポーツリーグが成長・発展していくために，新規市場開拓は非常に重要である。

## ❷ 欧州におけるスポーツビジネス環境

現在，英国のプレミアリーグ，イタリアのセリエA，ドイツのブンデスリーガ，スペインのリーガエスパニョーラ，フランスのリーグアンは，ビッグ5として世界のサッカー界をリードしている。ビッグ5のうち，プレミアリーグは，世界の最高レベルとして知られている。プレミアリーグの成功は，メディアからの高額な放送権料が獲得できたからである[27]。2003-2004年シーズンで，プレミアリーグの放映権料は，全収入の約45%を占めている[28]。

図表10-5に示されるように，英国のプレミアリーグの収入は，NFLの半分ぐらいで，世界4位に位置されている。しかし，シマンスキー＝ジンバリスト[2005]によれば，欧州のサッカーは，財政危機に見舞われており，その原因

図表10-5　国内外におけるプロリーグ収入ランキング

| 順位 | リーグ名 | シーズン | 国名 | 収入（億円） |
|---|---|---|---|---|
| 1 | NFL（アメリカンフットボール） | 05-06 | 米国 | 6,955 |
| 2 | MLB（野球） | 07 | 米国 | 6,500 |
| 3 | F1（モータースポーツ） | 07 | 世界 | 4,173 |
| 4 | プレミアリーグ（サッカー） | 06-07 | 英国 | 3,796 |
| 5 | NBA（バスケットボール） | 05-06 | 米国 | 3,621 |
| 6 | ブンデスリーガ（サッカー） | 06-07 | ドイツ | 2,303 |
| 7 | プリメラディビシオン（サッカー） | 06-07 | スペイン | 2,214 |
| 8 | セリアA（サッカー） | 06-07 | イタリア | 1,942 |
| 9 | プロ野球（野球） | 07年度 | 日本 | 約1,200 |
| 10 | Jリーグ（サッカー） | 06年度 | 日本 | 736 |
| 11 | 大相撲（相撲） | 07年度 | 日本 | 113 |
| 12 | アジアリーグアイスホッケー（アイスホッケー） | 07年度 | 日本・中国・韓国 | 2 |

（出所）『週刊ダイヤモンド』2008.08.02, 50頁を筆者が一部修正。

として下記の4つがあげられる[29]。
① 地域的,全国的,超国家的な統治機構を土台に築き上げられた階層的な統治。
② 昇格・降格制度を介して結びついている階層的なリーグ戦。
③ 非営利組織としてのクラブ運営。
④ 投資と財政救済に関しての地域的および国家的な政治支援への依存。

サッカーの継続的な発展を維持するためには,戦力を均衡させる構造の改革が必要であろう。

## ❸ わが国におけるスポーツビジネス

図表10-5に示されるように,米国および英国と比べると,日本のスポーツリーグの収入は圧倒的に少ない。また,図表10-6に示されるように,2005年日本のGDPは,米国次の世界2位に位置されている。しかし,1996～2006年10年間の総メダル獲得数は,82個として12位に位置されている。上述したよう

図表10-6　国力とオリンピックメダル数

| 順位 | 国名 | 1996-2006年メダル獲得数 | 2005年GDP（億ドル） | 2005年1人当たりGDP（ドル） |
|---|---|---|---|---|
| 1 | 米国 | 368 | 124,551 | 41,235 |
| 2 | ロシア | 293 | 7,637 | 5,311 |
| 3 | ドイツ | 261 | 27,819 | 33,751 |
| 4 | 中国 | 199 | 22,289 | 1,785 |
| 5 | オーストラリア | 151 | 7,007 | 36,662 |
| 6 | フランス | 134 | 21,102 | 34,179 |
| 7 | イタリア | 133 | 17,230 | 30,312 |
| 8 | 韓国 | 103 | 7,876 | 17,649 |
| 9 | カナダ | 101 | 11,152 | 35,102 |
| 10 | オランダ | 92 | 5,948 | 39,104 |
| 11 | ノルウェー | 91 | 2,839 | 65,105 |
| 12 | 日本 | 82 | 45,059 | 35,675 |

（出所）大坪[2007]43頁,統計局ホームページを参考に筆者作成。

に，日本のスポーツビジネスは，まだ未熟な段階にあるといえる。

　スポーツビジネスの4大収入源（チケット収入，放送権収入，スポンサーシップ収入，グッズ・飲食収入）のうち，放映権料が成功のカギを握っている[30]。わが国にけるメディアのオリンピック放送権料についてみてみよう。放映権料は，1960年の5万ドルから1984年の1,850万ドル，2008年18,000万ドルへと高騰してきた。2006年，Jリーグにおいて，放映権料は53億円と全収入の約40%を占めている。先述した米国および英国と比べれば，全収入に占める放映権料の割合はほとんど同じであるものの，放映権料の差は非常に大きい。欧米では，気軽にスポーツを楽しむ文化が定着しており，家計に占めるプロ・スポーツ観戦の支出の割合が日本より高いからである[31]。

　日米の1人当たりGDPにはあまり差がない（図表10-6参照）ものの，日本の主要プロスポーツの年間収入が米国の6分の1（図表10-5参照）ということは，日本のプロスポーツにまだ成長の余力があるといえる[32]。しかし，わが国のスポーツには，問題が非常に多い。種子田[2002]は，わが国におけるスポーツの危機として，下記の3つをあげている[33]。

① 　少子化：少子化によって，スポーツをする人が少なくなっている。これはあらゆるスポーツにおける共通の問題である。

② 　スポーツの主流であった企業スポーツの崩壊：不景気に伴い，企業はスポーツチームを抱えることができなくなった。

③ 　教育システムの大きな変化：従来，日本の教育システムは，スポーツ団体の普及という面では有効であった。今日，教育の自由化が進み，学校の週休2日制も始まり，体育の時間が減り，スポーツに触れるチャンスが減少してきた。

　わが国におけるスポーツビジネスを促進させ，米国・英国に追いつくために，上述した問題を可及的速やかに解決していくことが急務であろう。

# 第4節　わが国のスポーツ振興へ向けて

## ❶ スポーツ経営学の国際比較

　スポーツビジネスの研究基盤は，スポーツ研究と企業経営学に端を発している[34]。そこで，本項では，スポーツと経営学がリンクしたスポーツ経営学について考察する。図表10－7に示されるように，米国，欧州，日本におけるスポーツ経営学には，それぞれの特徴がある。異同点についてみてみよう。

<共通点>
① スポーツ経営学研究における領域，対象の幅が広い。
② マーケティング，組織管理および組織行動についての研究が半分以上を占

**図表10－7　スポーツ経営学研究の国際比較**

| | 研究領域 | 研究対象 | 研究目的 |
|---|---|---|---|
| 米国 | ・マーケティング41%<br>・組織管理と組織行動29%<br>・スポーツ経営学のカリキュラム7%<br>・スポーツ倫理5%<br>・スポーツ法と政策5% | ・大学スポーツ30%<br>・プロスポーツ24%<br>・ナショナルスポーツ組織5%<br>・非営利スポーツ組織5% | ・理論の適応<br>・理論から導かれた仮説の検証 |
| 欧州 | ・組織管理と組織行動29%<br>・マーケティング21%<br>・スポーツ法と政策19% | ・ナショナルスポーツ組織および地域スポーツ行政組織についての研究が非常に多い | ・研究対象として興味深いスポーツ組織が選ばれる<br>・研究対象に関する問題点を解明するため，組織行動論などを適用し，研究が進められる |
| 日本 | ・マーケティング26%<br>・組織管理と組織行動25%<br>・施設・イベントマネジメント6%<br>・スポーツ法4% | ・学校体育16%<br>・地域スポーツクラブ11%<br>・スポーツイベント9%<br>・民間スポーツ組織9%<br>・プロスポーツ6% | ・注目されるトピックを研究課題とする<br>・記述的研究が多く，理論的な裏付けが欠落 |

（出所）　山下秋二＝畑攻＝冨田幸博編[2000]343-348頁に基づいて筆者作成。

## 第10章　スポーツビジネス論の今日的課題

めている。
③　研究対象としては，学校スポーツが最も多い。
④　世間で注目を集めているトピックを研究課題とする。これは欧州と日本における傾向である。

＜違い＞
①　欧州では，スポーツ法および政策についての研究が多い。欧州ならではの特徴である。
②　米国では理論的研究が重視されているものの，日本では記述的な研究のみに主眼が置かれている。日本において，多くの研究に理論的な裏付けが欠けている。

理論的研究の促進と実践者に対する貢献は，スポーツ経営学の重要な課題である[35]。なぜならば，理論的研究と実践的研究は，ダイナミックな相互関係にあるからである。実践に貢献できない理論的研究は意味がない。また，研究領域に関する知識がない実践者も価値がない[36]。

スポーツビジネスにおいて，理論（知識）と実践の永続的発展のために，スポーツマネジメントの研究者，科学者，実務家の間での観点の統合と協働が必要である[37]。換言すれば，「理論と実践の融合」は極めて重要である。わが国において，理論的研究の充実，「理論と実践の融合」が急務であるといえよう。

次に，わが国におけるスポーツビジネス教育について考察する。わが国において，スポーツビジネスの教育環境は未だ整っていない。教育を集中的に行うビジネスを学ぶためのビジネススクール，法律を学ぶためのロースクールなど，専門性を兼ね合わせた大学が多く存在している。各分野に特化した人材を育てるためである。しかし，スポーツビジネススクールは存在していない。将来的に，スポーツ産業に係わる人材を育成するために，スポーツビジネス専門学校の創設が必要である。

松田［1996］は，スポーツマネジメント大学院連合構想を提示し，その背景として下記の2つをあげている[38]。
①　スポーツ産業は，モノ，サービス，場によって構成される複合的な産業であり，産業にかかわる人材育成は，その内容の広さ，専門性ゆえに，産・

学・教・官[39]の協力が必要である。

② 体育系大学において，教員需要の縮小問題に対応するには，新しい研究と教育分野としてスポーツ産業が欠かせない。

上で述べた2つの要因を同時に満たす方法として，スポーツマネジメント大学院連合構想が考えられる。わが国のスポーツビジネスにおいて，未だスポーツと経営学が強く結びついていない。それゆえ，経営学的な理論研究に重点を置きながら，いち早く理論的研究と実践的研究との融合を実践することが課題である。

## ❷ 五輪・W杯誘致活動へ向けて

2005年9月に石原慎太郎東京都知事が，都議会で2016年オリンピック招致を正式に表明して以来，東京都は5年にわたり，誘致活動を行ってきた。しかし，その結果は，2009年10月に開催された国際オリンピック委員会（IOC）総会で，東京の落選が決定された。2016年オリンピック開催地は，南米初のリオデジャネイロが選ばれた[40]。今回東京がオリンピック誘致に要した金額は，約150億円に達している。巨額の資金を投じて行われてきた誘致活動が，落選した敗因は何であろうか。

黒田次郎＝内田勇人＝林恒宏＝平本譲[2010]によれば，オリンピック開催国になるため，①国民（住民）からの強い支持，②開催地域の安全の確保，③交通等のインフラ整備，の3要素が不可欠である[41]。わが国は，1988年大会の名古屋，2008年大会の大阪，2016年大会の東京と連続して五輪招致に失敗した。名古屋，大阪，東京，いずれの都市も，安全およびインフラについては評価されたものの，国民の支持については，最終選考においてIOCから厳しい評価を受けた。

谷口[2009]は，東京五輪誘致の敗因は，「東京は，五輪招致についての明確な動機や理由が希薄で，市民の関心を呼び起こせなかった。それゆえリオデジャネイロやマドリードのように，市民の強い支持を得られなかった」と述べている[42]。換言すれば，東京五輪誘致が失敗した大きな原因は，五輪招致について，国民の関心を引き起こすことができなかったことにある。

すでに第1章で考察したように，スポーツイベントを招致・開催することは，地域に，① 社会資本の蓄積，② 消費の誘導，③ 地域連帯感の向上，④ 都市イメージの向上，の4つの経済的・社会的インパクトを与える。すなわち，オリンピックの開催は，道路の建設，施設の建設などインフラの整備による社会的効果，GDPの向上などの経済効果をもたらし，国力を増強することができる。

わが国において，国民に，イベントの開催がもたらす効果を認識させ，五輪・W杯誘致についての関心を高めることが課題である。国民の支持を得ると同時に，五輪・W杯誘致による国威の向上も期待できる。

## ❸ 21世紀のスポーツのあり方

スポーツのグローバル化について考察する。内海[2004]によれば，スポーツのグローバル化とは，国際化[43]を前提として内包しつつ，国家間の総和レベルではなく，越境的ネットワーク，テレビを媒介にしながら，世界的規模での市場化，放映化を経営戦略とした段階の成立をさす[44]。サッカー，野球，ラグビー，テニスなどは，グローバル化しつつある。スポーツグローバル化の課題として，下記5つがあげられる[45]。

① スポーツグローバル化の指標：選手のプロ化，市場化，テレビ放映化。
② スポーツ種目別のグローバル化。
③ 政治的ナショナリズムとスポーツ的ナショナリズムの関連。
④ プロ選手の国際移動の究明。
⑤ スポーツ・フォー・オールとの関わり。

スポーツのグローバル化は，新規市場の開拓において回避できない課題である。特に，わが国のスポーツビジネスにおいて，伝統的な大相撲などを国際化させ，さらにグローバル化させることによって，存続・発展を図るべきであろう。

図表10－8に示されるように，今後のスポーツは，従来のスポーツと比べ，大会方式，対象，価値観など様々な面において大きく異なる。地域密着型のスポーツクラブを推進することによって，国民の生涯スポーツを保証し，スポーツの普及を図ることが出来る。さらに，地域活性化は，子供の体力向上，国際

図表10-8　スポーツにおける変化

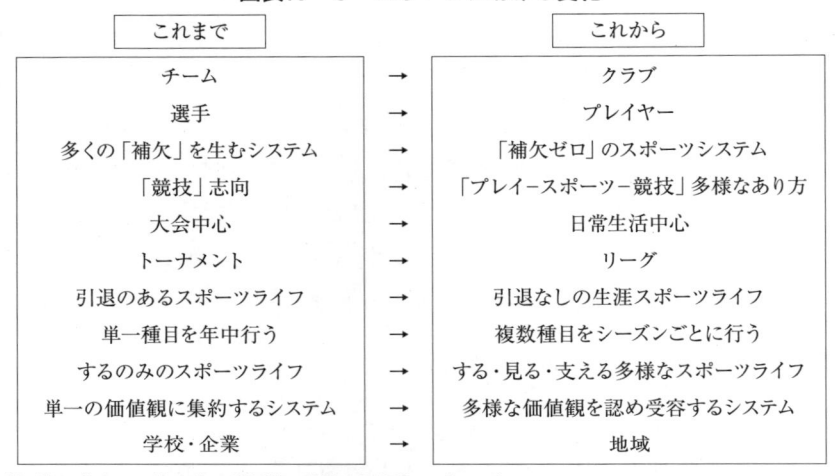

| これまで | | これから |
|---|---|---|
| チーム | → | クラブ |
| 選手 | → | プレイヤー |
| 多くの「補欠」を生むシステム | → | 「補欠ゼロ」のスポーツシステム |
| 「競技」志向 | → | 「プレイ-スポーツ-競技」多様なあり方 |
| 大会中心 | → | 日常生活中心 |
| トーナメント | → | リーグ |
| 引退のあるスポーツライフ | → | 引退なしの生涯スポーツライフ |
| 単一種目を年中行う | → | 複数種目をシーズンごとに行う |
| するのみのスポーツライフ | → | する・見る・支える多様なスポーツライフ |
| 単一の価値観に集約するシステム | → | 多様な価値観を認め受容するシステム |
| 学校・企業 | → | 地域 |

（出所）　菊幸一＝清水諭＝仲澤眞＝松村和則編[2006]175頁。

競争力の向上につながり，国の活性化にも大きな影響を与える。現在，わが国において，スポーツクラブ事業を担っているのは文部科学省である。スポーツ省（庁）設立の必要性が高まりつつある。地域活性化，わが国の活性化につながる事業・政策を，スポーツ省（庁）主導によって推進していくことが期待される。

## 第5節　21世紀型スポーツビジネスモデル

### ❶　ブランド化

　一般的に，ブランドとは，ある売り手または売り手集団の財・サービスを競争相手のものから識別し差別化するための，名前，用語，サイン，シンボル，デザイン，あるいはその組合せであると定義されている。スポーツ世界にも多くのブランドが存在するものの，特徴は，ブランドとしてのリーグ，チーム，

クラブ，選手がもつ大きな資産価値である[46]。例えば，NFLのようなプロリーグ，ニューヨーク・ヤンキースのような名門チーム，ウッズ（Woods, E. T.)のような有名選手，これらはブランド化されたスポーツ製品である。

　商品およびサービスのブランド化の意義としては，① 商品の標準化と品質の均一性，② 商品の品質保証と商品機能の表明，③ 商品機能以外の付加価値，④ 固定客の確保，の4つがあげられる[47]。

　スポーツにおけるブランドの進化について考察する。スポーツにおけるブランドは，様々な経験を積み重ねていくことによって，機能としてのブランドから，社会評価としてのブランドに進化する。進化と共に，ブランド・ロイヤルティ，すなわち，愛着心，忠誠心などは高まる傾向にある。スポーツビジネスにおける消費者は，ファンになれば，スポーツチームへのコミットが強くなり応援し続ける。

　次に，NFLブランドについて考察する。NFLは，下記の2つの組織を通じて，ブランドが強化されてきた[48]。

① NFLフィルムズ：フィルムズは，NFLに関連する映像の撮影を行っている。映像は，スポーツビジネスにおいて，重要な資産である。NFLでは，映像を外部のメディアに頼るのではなく，自ら撮影・管理している。このことによって，NFLのブランドは強化され，収入を増やす。新たな映像は，新たな資産となり，その積み上げがブランドをさらに強化させる。

② NFLプロパティーズ：プロパティーズは，NFLおよびチームの版権管理を行う。試合から派生した様々なグッズの版権を管理している。グッズのイメージとNFLのイメージが一致しなければならない。NFLのロゴが付けてあるグッズは，大きな収入をもたらす。

　NFLは，ブランドを通じてファンを維持・獲得している。機能としてのブランドを社会的評価としてのブランドに進化させ，消費者のブランド・ロイヤルティを高めていくことは非常に重要である。NFLだけでなく，他のスポーツリーグにおいてブランド化，中でも，グローバルブランド化が課題である。ブランド化によって，ファンを増やすことができ，収益の増加につながる。

## ❷ スポーツによるコミュニティの再生

　高寄昇三[2002]によれば，コミュニティビジネスは，地域社会の活性力，自治体改革の推進力，日本経済再生の刺激剤と期待されている。また，経済社会の発展に不可欠な原動力となりつつある[49]。コミュニティビジネスの台頭，また，企業スポーツの衰退に伴い，スポーツによる地域コミュニティの再生が期待される。

　すでに第9章で考察したように，これからのまちづくりの中に，フィットしやすいのがスポーツである。従来，まちづくりにおいて，施設建設，インフラストラクチャー（社会基盤）などハード整備が優先されてきた。住民間にコミュニティとしての意識が欠落し，自治意識も薄れ，サービスされることに慣れ

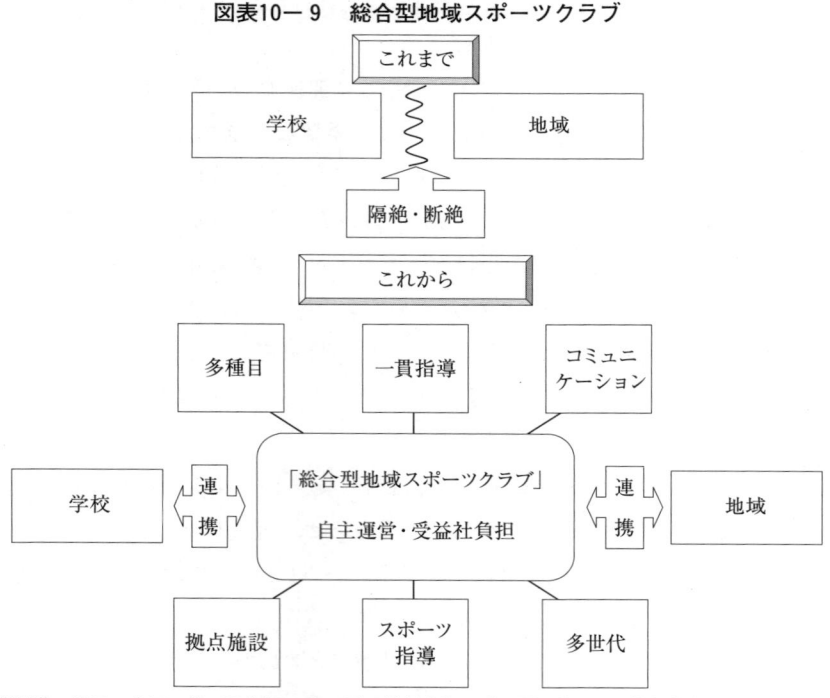

**図表10－9　総合型地域スポーツクラブ**

これまで：学校／地域　→　隔絶・断絶

これから：「総合型地域スポーツクラブ」自主運営・受益者負担
- 多種目
- 一貫指導
- コミュニケーション
- 学校（連携）
- 地域（連携）
- 拠点施設
- スポーツ指導
- 多世代

（出所）　黒田＝内田＝林＝平本[2010]135頁，黒須充[2007]35頁に基づいて筆者作成。

きった人々が多い現在，支えるスポーツによるスポーツ振興が期待される[50]。

図表10－9に示されるように，総合型地域スポーツクラブによって，学校と地域が連携できる。総合型地域スポーツクラブとは，多世代（ジュニアと成人，ジュニアと中・高年齢者，青年と中・高齢者など），多種目（2種以上のスポーツ活動）によって，活動している公益性のあるクラブを指す[51]。従来のスポーツクラブは，性別，年齢，種目などが限られており，いつでも，どこでも，誰でも自分が好きなスポーツができる環境にはなかった。総合型地域スポーツクラブは，上述した問題を克服し，学校と地域の連携によって，地域の連帯意識の高揚，世代間交流などの地域社会の活性化や再生に寄与できる。

また，総合型地域スポーツクラブは，地域住民の交流の場と期待され，地域コミュニティの再生に大きな役割を果たしている。総合型地域スポーツクラブは，地域におけるスポーツ行政，スポーツ団体のあり方を含め，これからの地域スポーツの振興の仕組みの改革を目指す未来像である[52]。総合型地域スポーツクラブの育成によって，いち早く生涯スポーツ社会を実践するのが課題である。

## ❸ スポーツビジネスの可能性

佐伯［2006a］によれば，21世紀日本のスポーツは，① エコロジカルスポーツ，② テクノロジカルスポーツ，③ コミュニティスポーツ，の3つによって構成される[53]。

① エコロジカルスポーツ：大地，山，海，川，湖，空，水，風などの生命の故郷である自然環境との豊かな触れ合い，樹木，草，花などの植物や小鳥などの動物との自然な出会いと交流を楽しみ，享受するスポーツである。
② テクノロジカルスポーツ：発展する文明，進歩するテクノロジーとの出会い，触れ合い，交流を楽しむスポーツである。
③ コミュニティスポーツ：人との出会いと交流，暮らしの歴史や文化との触れ合いを楽しみ，享受するスポーツである。

テクノロジーの発展，環境に関する関心の高まりなどによって，上述したスポーツの発展が予測される。今後，エコロジカルスポーツ，テクノロジカルス

ポーツ，コミュニティスポーツ，の3つを統合的に考慮した，スポーツビジネスの展開が期待される。

諏訪伸夫＝井上洋一＝齊藤健司＝出雲輝彦編[2008]によれば体育・スポーツ界における問題と課題は，下記の9個があげられる[54)]。

① 民族問題，ナショナリズムにかかわる問題
② 政治あるいは政治的イデオロギーにかかわる問題
③ 宗教，人種にかかわる問題
④ 南北（経済格差）問題
⑤ 環境，すなわち，エコロジカル問題
⑥ 国際化，すなわち，グローバリゼーションにかかわる問題
⑦ 超高齢化社会，障碍者をめぐる問題
⑧ ジェンダーをめぐる問題
⑨ メディアと情報に関する問題

上述したスポーツ界に存在している問題を解決するために，新しいスポーツ

**図表10—10　スポーツビジネスの特性**

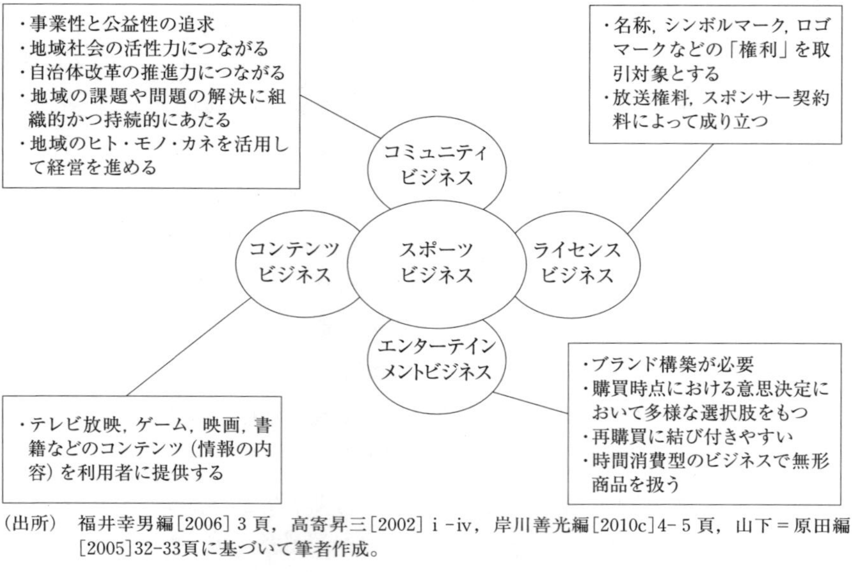
・事業性と公益性の追求
・地域社会の活性力につながる
・自治体改革の推進力につながる
・地域の課題や問題の解決に組織的かつ持続的にあたる
・地域のヒト・モノ・カネを活用して経営を進める
・名称，シンボルマーク，ロゴマークなどの「権利」を取引対象とする
・放送権料，スポンサー契約料によって成り立つ
コミュニティビジネス
コンテンツビジネス
スポーツビジネス
ライセンスビジネス
エンターテインメントビジネス
・テレビ放映，ゲーム，映画，書籍などのコンテンツ（情報の内容）を利用者に提供する
・ブランド構築が必要
・購買時点における意思決定において多様な選択肢をもつ
・再購買に結び付きやすい
・時間消費型のビジネスで無形商品を扱う

（出所）　福井幸男編[2006]3頁，高寄昇三[2002]ⅰ-ⅳ，岸川善光編[2010c]4-5頁，山下＝原田編[2005]32-33頁に基づいて筆者作成。

ビジネスモデルの構築が必要不可欠である。図表10-10に示されるように，スポーツビジネスは，コミュニティビジネス，コンテンツビジネス，ライセンスビジネス，エンターテインメントビジネスの特徴を兼ね備えた融合体であるといえる。

今日，スポーツビジネスは，国や地方の政策，社会構造や国民のライフスタイルの変化などに伴い，スポーツビジネス自体も変化，あるいは発展していくべきであり，様々な切り口から捉えられる必要があるといえる。換言すれば，スポーツビジネスは，社会変化に柔軟に対応していく必要がある。今後，日本のスポーツビジネスは，大きく躍進することが予想される。

**注)**
1) 広域関東圏は，関東経済産業局管内1都10県－茨城県，栃木県，群馬県，埼玉県，千葉県，東京都，神奈川県，新潟県，長野県，山梨県，静岡県，を含めている。
2) 経済産業省関東経済産業局[2009]26頁。
3) Parkhouse, B. L.[1991]訳書19-21頁。
4) 松田[1996]226頁。
5) 山下＝畑＝冨田編[2000]24頁援用。
6) 広瀬編[2009]17-21頁。
7) 通商産業省産業政策局[1990]171頁。
8) 松田[1996]226-227頁。
9) 中村敏雄編[2005b]71頁を援用。
10) 同上書90-93頁。
11) 文部科学省HP〈http://www.mext.go.jp/a_menu/sports/plan/06031014/006.htm〉。
12) 日本CSR協議会[2005]156頁。
13) SSF笹川スポーツ財団[2006a]102頁。
14) 原田[2008]252-253頁。
15) 同上書152-153頁。
16) Simon, R. L.[1991]訳書196-197頁を援用。
17) 友添秀則編[2008]180頁。
18) 友添＝近藤[2000]54頁。
19) 文部科学省のHP〈http://www.mext.go.jp/a_menu/sports/plan/06031014/007.htm〉。
20) Simon, R. L.[1991]訳書50頁。

21) 鈴村裕輔[2008]48-51頁。
22) 同上書。
23) 佐野＝町田[2006]54頁。
24) 種子田[2002]19頁。
25) 大坪[2007]211頁，種子田[2002]32頁。
26) 種子田[2002]163-166頁。
27) 黒田＝内田＝林＝平本[2010]89頁を援用。
28) 大坪[2007]203頁。
29) Szymanski, S. ＝ Zimbalist, A. [2005]訳書243頁。
30) 黒田＝内田＝林＝平本[2010]72頁。
31) 同上書86頁。
32) 経済産業省関東経済産業局[2009]15-16頁。
33) 種子田[2002]167-171頁。
34) Parkhouse, B. L. [1991]訳書24頁。
35) 山下＝畑＝冨田編[2000]348頁。
36) Chelladurai, P. [1992]215-219頁（山下＝畑＝冨田編[2000]348頁，所収）。
37) Parkhouse, B. L. [1991]訳書29頁。
38) 松田[1996]225頁。
39) 産：スポーツ関連企業，学：スポーツ産業学会およびレジャー・レクリエーション教：体育系大学，官：文部科学省，経済産業省（旧通商産業省）。
40) 玉木正之[2010]111頁。
41) 黒田＝内田＝林＝平本[2010]127頁。
42) 谷口[2009]54頁。
43) スポーツの国際化は，スポーツの国際的普及のレベルであり，国家間の交渉の成立を意味する。。
44) 内海[2004]180頁。
45) 同上書178-179頁。
46) 原田[2008]157頁。
47) 山下＝畑＝冨田編[2000]74-76頁。
48) 種子田[2002]134-142頁。
49) 高寄昇三[2002]3頁。
50) 山下＝畑＝冨田編[2000]295頁を援用。
51) 黒田＝内田＝林＝平本[2010]134頁。
52) 文部科学省[2001]78頁。
53) 佐伯[2006a]315-318頁。
54) 諏訪伸夫＝井上洋一＝齊藤健司＝出雲輝彦編[2008]26-27頁。

# 参考文献

## ＜欧文文献＞

Aaker, D. A. [1984], *Strategic Market Management*, John Wiley & Sons.（野中郁次郎＝北洞忠宏＝嶋口充輝＝石井淳蔵訳[1986]『戦略市場経営』ダイヤモンド社）

Aaker, D. A. [1991], *Managing Brand Equity*, The Free Press.（陶山計介他訳[1994]『ブランド・エクイティ戦略』ダイヤモンド社）

Aaker, D. A. [1996], *Building Strong Brands*, The Free Press.（陶山計介他訳[1997]『ブランド優位の戦略』ダイヤモンド社）

Abell, D. F. = Hammond, J. S. [1979], *Strategic Market Planning*, Prentice-Hall.（片岡一郎＝古川公成＝滝沢茂＝嶋口充輝＝和田充夫訳[1982]『戦略市場計画』ダイヤモンド社）

Abell, D. F. [1980], *Defining the Business : The Starting Point of Strategic Planning*, Prentice-Hall.（石井淳蔵[1984]『事業の定義』千倉書房）

Ansoff, H. I. [1965], *Corporate Strategy : An Analytic Approach to Business Policy for Growth and Expansion*, McGraw-Hill.（広田寿亮訳[1969]『企業戦略論』産業能率大学出版部）

Ansoff, H. I. [1988], *The New Corporate Strategy*, John Wiley & Sons.（中村元一＝黒田哲彦訳[1990]『最新・戦略経営』産能大学出版部）

Bain, J. S. [1968], *Industrial Organization*, 2nd ed., John Wiley & Sons.（宮澤健一監訳[1970]『産業組織論（上・下）』丸善）

Barnard, C. I. [1938], *The Functions of the Executive*, Harvard University Press.（山本安次郎＝田杉競＝飯野春樹訳[1968]『新訳 経営者の役割』ダイヤモンド社）

Barney, J. B. [2002a], *Gaining and Sustaining Competitive Advantage*, Prentice-Hall.（岡田正大訳[2003]『企業戦略論（上）基本編 競争優位の構築と持続』ダイヤモンド社）

Barney, J. B. [2002b], *Gaining and Sustaining Competitive Advantage*, Prentice-Hall.（岡田正大訳[2003]『企業戦略論（中）事業戦略編 競争優位の構築と持続』ダイヤモンド社）

Barney, J. B. [2002c], *Gaining and Sustaining Competitive Advantage*, Prentice-Hall.（岡田正大訳[2003]『企業戦略論（下）全社戦略編 競争優位の構築と持続』ダイヤモンド社）

Bratton, J. = Gold, J. [2003], *Human Resource Management : Theory and Practice*, 3rd. ed., Palgrave Macmillan.（上林憲雄他訳[2009]『人的資源管理 理論と実践 第3版』文眞堂）

Brooks, C. M. [1994], *Sports Marketing-Competitive Business Strategies*, Prentice-Hall.（浪越信夫編訳[1998]『スポーツ・マーケティング―スポーツビジネスの競

争戦略』文化書房博文社)

Carlzon, J. [1985], *Riv Pyramiderna*, Albert Bonniers Förlag AB. (堤猶二訳[1990]『真実の瞬間』ダイヤモンド社)

Carron, A. V. = Hausenblas, H. A. [1998], *Group Dynamics in Sport*, 2nd. ed., Fitness Information Technology.

Case, B. [1978], "Leadership in Sport : A Field Test of The Situational Leadership Theory", *International Journal of Sport Psychology 18(4)*.

Chandler, A. D. Jr. [1962], *Strategy and Structure : Chapters in the History of the Industrial Enterprise*, The M.I.T. Press. (三菱経済研究所訳[1967]『経営戦略と組織』実業之日本社)

Crompton, J. L. = Lamb, C. W. Jr. [1986], *Marketing Government and Social Services*, John Wiley & Sons. (原田宗彦訳[1991]『公共サービスのマーケティング』遊時創造)

Davis, S. M. [2000], *Brand Asset Management*, Jossey-Bass Inc. (青木幸弘監訳[2002]『ブランド資産価値経営』日本経済新聞社)

Drucker, P. F. [1954a], *The Practice of Management*, Harper & Row. (上田惇生訳[2006]『ドラッカー名著集 現代の経営 (上)』ダイヤモンド社)

Drucker, P. F. [1954b], *The Practice of Management*, Harper & Row. (上田惇生訳[2006]『ドラッカー名著集 現代の経営 (下)』ダイヤモンド社)

Drucker, P. F. [1973], *Management*, Harper & Row. (上田惇生訳[2008]『マネジメント:課題・責任・実践 (上・中・下)』ダイヤモンド社)

Drucker, P. F. [1993], *Post-Capitalist Society*, Harper Business. (上田惇生訳[2007]『ポスト資本主義社会』ダイヤモンド社)

Drucker, P. F. [1998], *Peter Drucker on the Profession of Management*, Harvard Business School Press. (上田惇生訳[1998]『P. F. ドラッカー経営論集』ダイヤモンド社)

Dunning, E. = Sheard, K. [1979], *Barbarians, Gentlemen and Players*, Martin Robertson and Company Ltd. (大西鉄之祐=大沼賢治訳[1983]『ラグビーとイギリス人―ラグビーフットボール発達の社会学的研究』ベースボール・マガジン社)

Esty, D. C. = Winston, A. S. [2006], *Green to Gold: How Smart Companies Use Environmental Strategy to Innovate, Create Value, and Build Competitive Advantage*, Yale University Press. (村井章子訳[2008]『グリーントゥゴールド』アスペクト)

Evans, P. = Wurster, T. S. [1999], *BLOWN to BITS*, Harvard Business School Press. (ボストン・コンサルティング・グループ訳[1999])『ネット資本主義の企業戦略』ダイヤモンド社)

Fisk, R. P. = Grove, S. J. = John, J. [2004], *Interactive Services Marketing*, 2nd.

ed., Houghton Mifflin Company. (小川孔輔=戸谷圭子訳[2005]『サービス・マーケティング入門』法政大学出版局)

Gershuny, J. I. = Miles. I. D. [1983], *The New Service Economy : The Transformation of Employment in Industrial Societies,* Frances Pinter. (阿部真也監訳[1987]『現代のサービス経済』ミネルヴァ書房)

Grant, R. M. [2007], *Contemporary Strategy Analysis,* 6th. ed., Blackwell. (加瀬公夫監訳[2008]『現代戦略分析』中央経済社)

Guiraud, P. [1951], *La Semiologie,* Press Universitaires de France. (佐藤信夫訳[1972]『記号学』白水社)

Gummesson, E. [1999], *Total Relationship Marketing,* 2nd. ed., Butterworth-Heineman. (若林靖永=太田真治=崔容熏=藤岡章子訳[2007]『リレーションシップ・マーケティングビジネスの発想を変える30の関係性』中央経済社)

Hagger, M. = Chatzisarantis, N. [2005], *The Social Psychology of Exercise and Sport,* Open University Press. (湯川進太郎=泊真児=大石千歳監訳[2007]『スポーツ社会心理学』北大路書房)

Hamel, G. = Prahalad, C. K. [1994], *Competing for the Future,* Harvard Business School Press. (一條和生訳[1995]『コア・コンピタンス経営』日本経済新聞社)

Hersey, P. = Blanchard, K. H. = Johnson, D. E. [1996], *Management of Organizational Behavior* 7th. ed., Prentice-Hall. (山本成二=山本あづさ訳[2000]『行動科学の展開 人的資源の活用』生産性出版)

Heskett, J. L. = Sasser, W. E. Jr. = Schlesinger, L. A. [1997], *The Service Profit Chain,* The Free Press. (島田陽介訳[1998]『カスタマー・ロイヤルティの経営』日本経済新聞社)

Hicks, H. G. [1966], *The Management of organizations,* McGraw-Hill. (影山裕子訳[1969]『人間行動と組織 行動科学と経営管理論の統合』産業能率大学出版部)

Hofer, C. W. = Schendel, D. [1978], *Strategy Formulation : Analytical Concepts,* West Publishing. (奥村昭博=榊原清則=野中郁次郎共訳[1981]『戦略策定』千倉書房)

Iacobucci, D. = Calder, B. J. [2003], *Kellogg on Integrated Marketing,* John Wiley & Sons. (小林保彦=広瀬哲治監訳[2003]『統合マーケティング戦略論』ダイヤモンド社)

Irwin, R. L. = Stotlar, D. K. [1993], "Operational Protocol Analysis of Sport and Collegiate Licensing Programs", *Sport Merketing Quartely 2(1).*

James, G. = James, R. C. [1992], *Mathematics Dictionary,* 5th. ed., Wadsworth, Inc. (一松信=伊藤雄二監訳[1993]『数学辞典』朝倉書店)

Jarvis, M. [1999], *Sport Psychology,* Routledge. (工藤和俊=平田智秋訳[2006]『スポーツ心理学入門』新曜社)

Keller, K. L. [2003], *Strategic Brand Management and Best Practice in Branding*

*Cases*, 2nd ed., Pearson Education. (恩蔵直人研究室訳[2003]『ケラーの戦略的ブランディング―戦略的ブランド・マネジメント増補版』東急エージェンシー出版部)

Kline, S. J. [1990], *Innovation Styles*, Stanford University. (鳴原文七訳[1992]『イノベーション・スタイル』アグネ承風社)

Kotler, P. [1980], *Marketing Management : Analysis, Planning, and Control*, 4th. ed., Prentice-Hall. (村田昭治監修[1983]『マーケティング・マネジメント 第4版 競争的戦略時代の発想と展開』プレジデント社)

Kotler, P. = Andreasen, A. R. [1982], *Strategic Marketing for Nonprofit Organizations*, 6th. ed., Pearson Education. (井関利明監訳[2005]『非営利組織のマーケティング戦略』第一法規)

Kotler, P. = Armstrong, G. [1989], *Principles of Marketing*, 4th. ed., Prentice-Hall. (和田充夫=青井倫一訳[1995]『マーケティング原理―戦略的行動の基本と実践』ダイヤモンド社)

Kotler, P. = Armstrong, G. [1997], *Marketing : An Introduction*, 4th. ed., Prentice-Hall. (月谷真紀訳[1999]『コトラーのマーケティング入門 第4版』ピアソンエデュケーション)

Kotler, P. [1999], *Kotler on Marketing : How to Create, Win, and Dominate Markets*, The Free Press. (木村達也訳[2000]『コトラーの戦略的マーケティング いかに市場を創造し，攻略し，支配するか』ダイヤモンド社)

Kotler, P. [2000], *Marketing Management : Millennium Edition*, 10th. ed., Prentice-Hall. (恩蔵直人監修[2001]『コトラーのマーケティング・マネジメント ミレニアム版 第10版』ピアソン・エデュケーション)

Kotler, P. = Armstrong, G. [2001], *Principles of Marketing*, 9th ed., Prentice-Hall. (和田充夫監訳[2003]『マーケティング原理 第9版 基礎理論から実践戦略まで』ダイヤモンド社)

Kotler, P. = Hayes, T. = Bloom, P. N. [2002], *Marketing Professional Services*, 2nd. ed., Learning Network Direct Inc. (平林祥訳[2002]『コトラーのプロフェッショナル・サービス・マーケティング』ピアソン・エデュケーション)

Kotler, P. = Bowen, J. R. = Makens, J. C. [2003], *Marketing for Hospitality Tourism*, 3rd. ed., Pearson Education. (平林祥訳[2003]『コトラーのホスピタリティ&ツーリズム・マーケティング』ピアソンエデュケーション)

Kotler, P. = Keller, K. L. [2006], *Marketing Management*, 12th. ed., Pearson Education. (月谷真紀訳[2008]『コトラー&ケラーのマーケティング・マネジメント 第12版』ピアソン・エデュケーション)

Kotler, P. = Keller, K. L. [2007], *A Framework for Marketing Management*, 3rd. ed., Pearson Education. (月谷真紀訳[2008]『コトラー&ケラーのマーケティング・マネジメント基本編 第3版』ピアソン・エデュケーション)

Kotter, J. P. = Heskett, J. L. [1992], *Corporate Culture and Performance*, The Free Press. (梅津祐良[1994]『企業文化が高業績を生む―競争を勝ち抜く「先見のリーダーシップ」』ダイヤモンド社)

Levitt, T. [1960], "Marketing Myopia", *Harvard Business Review*.

Levitt, T. [1969], *Marketing For Business Growth*, McGraw-Hill. (土岐坤訳[1975]『発展のマーケティング―「マーケティング発想法」再考―』ダイヤモンド社)

Levitt, T. [2001], *Theodore Levitt on Marketing*, Harvard Business School Press. (有賀裕子 = DIAMOND ハーバード・ビジネス・レビュー編集部訳[2007]『T. レビットマーケティング論』ダイヤモンド社)

Lewin, K. = Lippitt, R. = Whit, R. K. [1939], "Patterns of Aggressive Behavior in Experimentally Created Social Climates", *Journal of Social Psychology 10*.

Lewis, M. [2003], *Moneyball : The Art of Winning an Unfair Game*, W. W. Norton & Co. Inc. (中山宥訳[2006]『マネー・ボール』ランダムハウス講談社)

Looy, B. V. = Gemmel, P. = Dierdonck, R. V. [2003], *Services Management an Integrated Approach*, 2nd. ed., Pearson Education. (白井義男監修[2004]『サービス・マネジメント―統合的アプローチ（上・中・下）』ピアソン・エデュケーション)

Loy, J. W. Jr. = Kenyon, G. S. = McPherson, B. D. [1981], *Sport, Culture and Society*, Lea & Febiger. (粂野豊編訳[1988]『スポーツと文化・社会』ベースボール・マガジン社)

March, J. G. = Simon, H. A. [1958], *Organizations*, John Wiley & Sons. (土屋守章訳[1977]『オーガニゼーションズ』ダイヤモンド社)

Martens, R. [1987], *Coaches Guide to Sport Psychology*, Human Kinetics Publishers. (猪俣公宏監訳[1991]『コーチング・マニュアル　メンタル・トレーニング』大修館書店)

Mason, T. [1988], *Sport in Britain*, Faber and Faber. (松村高夫 = 山内文明訳[1991]『英国スポーツの文化』同文舘出版)

Mathis, R. L. = Jackson, J. H. [2007], *Human Resource Management : Essential Perspectives*, 4th. ed., South-Western, A Part of Cengage Learning. (西川清之 = 江口尚文 = 西村香織訳[2008]『人的資源管理論のエッセンス』中央経済社)

Payne, M. [2006], *Olympic Turnaround : How the Olympic Games Stepped Back from the Brink of Extinction to Become the World's Best Known Brand*, London Business Press. (保科京子 = 本間恵子訳[2008]『オリンピックはなぜ，世界最大のイベントに成長したのか』グランドライン)

Parkhouse, B. L. [1991], *The Management of Sport : Its Foundation and Application*, Mosby-Year Book. (日本スポーツ産業学会訳[1995]『スポーツ・マネジメント』大修館書店)

Peppers, D. = Rogers, M. [1993], *The One-to-One Future*, Doubleday. (井関利明

監訳[1995]『ONE to ONE マーケティング―顧客リレーションシップ戦略』ダイヤモンド社)

Peppers, D. = Rogers, M. [1997], *Enterprise One to One*, Doubleday. (井関利明監訳[1999]『One to One 企業戦略―顧客主導型ビジネスの実践法』ダイヤモンド社)

Peters, T. J. = Waterman, R. H. Jr. [1982], *In Search of Excellence*, Harper & Row. (大前研一訳[1983]『エクセレント・カンパニー』講談社)

Pine, B. J. II = Gilmore, J. H. [1999], *The Experience Economy*, Harvard Business School Press. (岡本慶一=小高尚子訳[2005]『[新訳]経験経済』ダイヤモンド社)

Pitts, B. G. = Fielding, L. F. = Miller, L. K. [1994], "Industry Segmentation Theory and the Sport Industry : Developing a Sport Industry Segment Model", *Sport Marketing Quarterly*.

Pitts, B. G. = Stotlar, D. K. [2002], *Fundamentals of Sport Marketing*, 2nd. ed., Fitness Information Technology. (首藤禎史=伊藤友章訳[2006]『スポート・マーケティングの基礎 第2版』白桃書房)

Porter, M. E. [1980], *Competitive Strategy*, The Free Press. (土岐坤=中辻萬治=服部照夫訳[1982]『競争の戦略』ダイヤモンド社)

Porter, M. E. [1985], *Competitive Advantage*, The Free Press. (土岐坤=中辻萬治=小野寺武夫訳[1985]『競争優位の戦略』ダイヤモンド社)

Porter, M. E. [1990], *The Competitive Advantage of Nations*, The Free Press. (土岐坤=中辻萬治=小野寺武夫=戸成富美子訳[1992]『国の競争優位』ダイヤモンド社)

Porter, M. E. [1998], *On Competition*, Harvard Business School Press. (竹内弘高訳[1999]『競争戦略論(Ⅰ・Ⅱ)』ダイヤモンド社)

Power, J. D. IV = Denove, C. [2006], *Satisfaction*, Portfolio. (蓮見南海男訳[2006]『J.D. パワー顧客満足のすべて』ダイヤモンド社)

Rogers, E. M. [1983], *Diffusion of Innovation*, The Free Press. (青池愼一=宇野善康訳[1990]『イノベーション普及学』産能大学出版部)

Shapiro, C. = Varian, H. R. [1998], *Information Rules : A Strategic Guide to the Network Economy*, Harvard Business School Press. (千本倖生監訳[1999]『ネットワーク経済の法則』IDG コミュニケーションズ)

Shy, O. [2001], *The Economics of Network Industries*, Cambridge University Press. (吉田和男監訳[2003]『ネットワーク産業の経済学』シュプリンガー・フェアラーク東京)

Simon, H. A. [1945], *Administrative Behavior : A Study of Decision-making Processes in Administrative Organizations*, The Macmillan Company. (松田武彦=高柳暁=二村敏子訳[1965]『経営行動』ダイヤモンド社)

Simon, H. A. [1977], *The New Science of Management Decision*, Revised ed., Prentice-Hall.（稲葉元吉＝倉井武夫訳[1979]『意思決定の科学』産業能率大学出版部）

Simon, R. L. [1991], *Fair Play-Sports, Values & Society*, Westview Press.（近藤良享＝友添秀則[1994]『スポーツ倫理学入門』不昧堂出版）

Slywotzky, A. [2002], *The Art of Profitability*, Warner Books, Inc.（中川治子訳[2002]『ザ・プロフィット　利益はどのようにして生まれるのか』ダイヤモンド社）

Stogdill, R. M. [1948], "Personal Factors Associated with Leadership", *Journal of Psychology 25*.

Strasser, J. B. = Becklund, L. [1992], *Swoosh : The Story of Nike and The Men Who Played There*, Harcourt Brace&Company.（白土孝訳[1998]『NIKE―裏社史　挑戦と危機と革新の真実』祥伝社）

Slatter, S. = Lovett, D. [1999], *Corporate Turnaround*, Penguin.（ターンアラウンド・マネジメント・リミテッドジャパン訳[2003]『ターンアラウンド・マネジメント』ダイヤモンド社）

Szymanski, S. = Zimbalist, A. [2005], *National Pastime*, Brookings Institution.（田村勝省訳[2006]『サッカーで燃える国，野球で儲ける国』ダイヤモンド社）

Wahl, A. [1990], *La Balle Au Pied Histoire Du Football*, Gallimard.（大住良之監修[2002]『サッカーの歴史』創元社）

Wankel, L. M. = Berger, B. G. [1990], "The Psychological and Social Benefit of Sport and Physical Activity", *Journal of Leisure Research 22*.

Watkins, K. E. = Marsick, V. J. [1993], *Sculpting the Learning Organization*, Jossey Bass.（神田良＝岩崎尚人[1995]『学習する組織をつくる』日本能率協会マネジメントセンター）

Welch, J. F. Jr. = Byrne, J. A. [2001], *Jack : Straight from the Gut*, Warner Books Inc.（宮本喜一訳[2001]『わが経営（上・下）』日本経済新聞社）

Wren, D. A. [1979], *The Evolution of Management Thought*, 2nd. ed., John Wiley & Sons.（車戸實監訳[1982]『現代経営管理思想（上・下）』マグロウヒル好学社）

＜和文文献＞

アーサーアンダーセン[2000]『図解ｅビジネス』東洋経済新報社
青柳領[2005]『スポーツ統計学概論　増補版』九州大学出版会
荒井久[2000]『顔が見えるCRM―トップ走る富士通の秘密』日経BP企画
有山輝雄[1997]『甲子園野球と日本人―メディアのつくったイベント』吉川弘文館
石井淳蔵＝加護野忠男＝奥村昭博＝野中郁次郎[1996]『経営戦略論』有斐閣
石井淳蔵編[2001]『マーケティング』八千代出版

伊丹敬之[1984]『新・経営戦略の論理』日本経済新聞社
伊丹敬之[1999]『場のマネジメント』NTT出版
伊丹敬之＝西口敏宏＝野中郁次郎編[2000]『場のダイナミズムと企業』東洋経済新報社
伊丹敬之[2003]『経営戦略の論理 第3版』日本経済新聞社
伊丹敬之[2005]『場の論理とマネジメント』東洋経済新報社
伊藤伸一郎[2005]『バレンタイン監督の人材活用術』ぱる出版
稲垣正浩＝谷釜了正編[1995]『スポーツ史講義』大修館書店
イベント学会・堺屋太一編[2008]『イベント学のすすめ』ぎょうせい
今井賢一＝伊丹敬之＝小池和男[1982]『内部組織の経済学』東洋経済新報社
今井賢一編[1986]『イノベーションと組織』東洋経済新報社
今井賢一＝金子郁容[1988]『ネットワーク組織論』岩波書店
今田高俊[1986]『自己組織性　社会理論の復活』創文社
上西康文編[2000]『ゼミナール　現代日本のスポーツビジネス戦略』大修館書店
内海和雄[2004]『プロ・スポーツ論——スポーツ文化の開拓者』創文企画
内海和雄[2009]『スポーツ研究論』創文企画
SSF笹川スポーツ財団[1996]『スポーツ白書：2001年のスポーツ・フォア・オールに向けて〜』SSF笹川スポーツ財団
SSF笹川スポーツ財団[2001]『スポーツ白書：スポーツ・フォー・オールからスポーツ・フォー・エブリワンへ』SSF笹川スポーツ財団
SSF笹川スポーツ財団[2006a]『スポーツ白書：スポーツの新たな価値の発見』SSF笹川スポーツ財団
SSF笹川スポーツ財団[1998]『スポーツライフ・データ 1998』SSF笹川スポーツ財団
SSF笹川スポーツ財団[2000]『スポーツライフ・データ 2000』SSF笹川スポーツ財団
SSF笹川スポーツ財団[2002]『スポーツライフ・データ 2002』SSF笹川スポーツ財団
SSF笹川スポーツ財団[2004]『スポーツライフ・データ 2004』SSF笹川スポーツ財団
SSF笹川スポーツ財団[2006b]『スポーツライフ・データ 2006』SSF笹川スポーツ財団
SSF笹川スポーツ財団[2009]『スポーツライフ・データ 2008』SSF笹川スポーツ財団
江田昌佑監修[1996]『スポーツ学の視点』昭和堂
海老塚修[2001]『スポーツ・マーケティングの世紀』電通
大鋸順[1999]『スポーツの文化経済学』芙蓉書房出版
黄順姫編[2003]『W杯サッカーの熱狂と遺産』世界思想社

# 参考文献

岡田武史＝平尾誠二＝古田敦也[2003]『勝利のチームメイク』日本経済新聞社
小倉純二[2004]『サッカーの国際政治学』講談社
大澤清二編[2000]『スポーツの統計学』朝倉書店
太田眞一[2002]『メジャーリーグ・ビジネス大研究』太陽企画出版
大坪正則[2002]『メジャー野球の経営学』集英社
大坪正則[2007]『スポーツと国力　巨人はなぜ勝てない』朝日新聞社
大野晃[1996]『現代スポーツ批判―スポーツ報道最前線からのレポート』大修館書店
大渕憲一編[1994]『現代のエスプリ　暴力の行動科学』至文堂
小笹芳央[2006]『モチベーション・リーダーシップ　組織を率いるための30の原則』 PHPビジネス新書
恩蔵直人[1995]『競争優位のブランド戦略』日本経済新聞社
片山孝重＝木村和彦＝浪越一喜編[1999]『現代スポーツ経営論』アイオーエム
加藤鉱[2005]『トヨタが「プロ野球」を持たない理由』宝島社
兼子春三＝安彦正一編[1996]『マネジメントの基礎』多賀出版
金芳保之編[1989]『生活スポーツの科学』大修館書店
上條典夫[2002]『スポーツ経済効果で元気になった街と国』講談社プラスアルファ新書
神谷宗之介[2005]『スポーツ法』三省堂
亀川雅人＝高岡美佳編[2007]『CSRと企業経営』学文社
川井圭司[2003]『プロスポーツ選手の法的地位』成文堂
川淵三郎[2009]『Jの履歴書―日本サッカーとともに』日本経済新聞出版社
監査法人トーマツ編[2003]『コンテンツビジネスマネジメント』日本経済新聞社
監査法人トーマツ編[2004]『通信コンテンツマネジメント』日本経済新聞社
監査法人トーマツ編[2007]『コンテンツビジネスマネジメント Ver.2.0』日本経済新聞出版社
神原直幸[2001]『メディアスポーツの視点　擬似環境の中のスポーツと人』学文社
菊幸一＝清水諭＝仲澤眞＝松村和則編[2006]『現代スポーツのパースペクティブ』大修館書店
岸川善光[1999]『経営管理入門』同文舘出版
岸川善光他[2003]『環境問題と経営診断』同友館
岸川善光編[2004]『イノベーション要論』同文舘出版
岸川善光[2006]『経営戦略要論』同文舘出版
岸川善光編[2007a]『ケースブック経営診断要論』同文舘出版
岸川善光[2007b]『経営診断要論』同文舘出版
岸川善光編[2008]『ベンチャー・ビジネス要論（改訂版）』同文舘出版
岸川善光[2009a]『図説経営学演習（改訂版）』同文舘出版
岸川善光編[2009b]『ケースブック経営管理要論』同文舘出版

岸川善光編[2010a]『エコビジネス特論』学文社
岸川善光編[2010b]『アグリビジネス特論』学文社
岸川善光編[2010c]『コンテンツビジネス特論』学文社
岸川善光編[2011]『サービスビジネス特論』学文社
橘川武郎＝奈良堂史[2009]『ファンから観たプロ野球の歴史』日本経済評論社
清川正二[1987]『スポーツと政治』ベースボール・マガジン社
日下裕弘＝加納弘二[2010]『生涯スポーツの理論と実際改訂版―豊かなスポーツライフを実現するために』大修館書店
草間文彦[2009]『実践ライセンスビジネス・マネジメント』日本経済新聞出版社
グロービス・マネジメント・インスティテュート編[1999]『MBA 経営戦略』ダイヤモンド社
グロービス・マネジメント・インスティテュート編[2005]『MBA クリティカル・シンキング』ダイヤモンド社
グロービス・マネジメント・インスティテュート編[2005]『MBA マーケティング』ダイヤモンド社
グロービス・マネジメント・インスティテュート編[2006]『MBA リーダーシップ』ダイヤモンド社
グロービス経営大学院編[2007]『MBA 組織と人材マネジメント』ダイヤモンド社
グロービス経営大学院編[2008a]『MBA アカウンティング』ダイヤモンド社
グロービス経営大学院編[2008b]『MBA マネジメントブック』ダイヤモンド社
黒須充[2007]『総合型地域スポーツクラブの時代―第1巻　部活とクラブとの協働』創文企画
黒須充[2008]『総合型地域スポーツクラブの時代―第2巻　行政とクラブとの協働』創文企画
黒田次郎＝内田勇人＝林恒宏＝平本譲[2010]『最新スポーツビジネスの動向とからくりがよ～くわかる本』秀和システム
木暮至[2004]『現代経営の管理と組織』同文舘出版
小寺昇二[2009]『スポーツビジネスマネジメント』日本経済新聞出版社
小林淑一[2009]『スポーツビジネス・マジック―歓声のマーケティング』電通
近藤隆雄[2007]『サービス・マネジメント入門―ものづくりから価値づくりの視点へ』生産性出版
近藤良享[2004]『スポーツ倫理の探求』大修館書店
財団法人東京市町村自治調査会[2003]『コミュニティビジネスがもたらす元気な街づくり～コミュニティビジネス研究会報告書～』財団法人東京市町村自治調査会
佐伯聰夫編[2000]『スポーツイベントの展開と地域社会形成―ウインブルドン・テニスからブンデスリーガ・サッカーまで』不昧堂出版
佐伯年詩雄[2004]『現代企業スポーツ論』不昧堂出版
佐伯年詩雄[2006a]『現代スポーツを読む―スポーツ考現学の試み―』世界思想社

佐伯年詩雄監修[2006b]『スポーツプロモーション論』明和出版
榊原清則[1992]『企業ドメインの戦略論』中央公論社
榊原清則＝大滝精一＝沼上幹[1989]『事業創造のダイナミクス』白桃書房
佐久間信夫＝坪井順一編[2002]『現代の経営管理論』学文社
佐々木主浩[2009]『知識ゼロからのメジャーリーグ入門』幻冬舎
佐竹弘靖[2009]『スポーツの源流』文化書房博文社
佐野毅彦＝町田光[2006]『Ｊリーグの挑戦とNFLの軌跡』ベースボール・マガジン社
澤野雅彦[2005]『企業スポーツの栄光と挫折』青弓社
嶋口充輝[1994]『顧客満足型マーケティングの構図』有斐閣
嶋口充輝＝竹内弘高＝片平秀貴＝石井淳蔵編[1998]『マーケティング革新の時代1——顧客創造』有斐閣
島崎英純[2007]『ビッグクラブ』講談社
島田亨[2006]『本質眼　楽天イーグルス，黒字化への軌跡』アメーバブックス
新庄浩二[1995]『産業組織論』有斐閣
新庄浩二編[2003]『産業組織論新版』有斐閣
新宅純二郎[1994]『日本企業の競争戦略』有斐閣
杉野欽吾他[1999]『人間関係を学ぶ心理学』福村出版
杉原隆＝船越正康＝工藤孝幾＝中込四郎[2000]『スポーツ心理学の世界』福村出版
杉本厚夫編[1997]『スポーツファンの社会学』世界思想社
杉山茂＝岡崎満義＝上柿和生編[2009]『企業スポーツの撤退と混迷する日本のスポーツ』創文企画
鈴村裕輔[2008]『メジャーリーガーが使いきれないほどの給料をもらえるのはなぜか？』アスペクト
諏訪伸夫＝井上洋一＝齊藤健司＝出雲輝彦編[2008]『スポーツ政策の現代的課題』日本評論社
関春南＝唐木國彦編[1995]『スポーツは誰のために』大修館書店
全国大学・短期大学実務教育協会編[1999]『ビジネス実務総論　付加価値創造のための基礎実務論』紀伊國屋書店
大修館書店編集部編[2010]『最新スポーツルール百科〈2010〉』大修館書店
高橋伸夫＝中野剛治編[2007]『ライセンシング戦略——日本企業の知財ビジネス』有斐閣
高橋ひとみ編[2001]『体育・スポーツ史』西日本法規出版
高寄昇三[2002]『コミュニティビジネスと自治体活性化』学陽書房
高津勝＝尾崎正峰編[2006]『越境するスポーツ　グローバリゼーションとローカリティ』創文企画
滝口隆司[2008]『スポーツ報道論』創文企画
田口貞善編[2007]『スポーツの百科事典』丸善

匠英一［2007］『顧客見える化』同友館
武田薫［2008］『オリンピック全大会』朝日新聞社
田中秀明［2008］『プロスポーツに学ぶJリーグ流マーケティング』イズムインターナショナル
田中洋＝清水聰編［2006］『消費者・コミュニケーション戦略』有斐閣
田中洋［2008］『消費者行動論体系』中央経済社
谷口源太郎［2009］『スポーツ立国の虚像―スポーツを殺すもの part2』花伝社
谷本寛治編［2004］『CSR経営―企業の社会的責任とステイクホルダー』中央経済社
谷本寛治編［2006a］『ソーシャル・エンタープライズ』中央経済社
谷本寛治［2006b］『CSR：企業と社会を考える』NTT出版
谷本寛治編［2007］『SRIと新しい企業・金融』東洋経済新報社
種子田穣［2002］『史上最も成功したスポーツビジネス』毎日新聞社
種子田穣［2007］『アメリカンスポーツビジネス NFLの経営学』角川学芸出版
玉木正之［2010］『続・スポーツ解体新書』財界展望新社
通商産業省産業政策局［1990］『スポーツビジョン21　スポーツ産業研究会報告書』経済産業調査会
同志社スポーツ政策フォーラム編［2001］『スポーツの法と政策』ミネルヴァ書房
土井教之編［2008］『産業組織論入門』ミネルヴァ書房
友添秀則＝近藤良享［2000］『スポーツ倫理を問う』大修館書店
友添秀則編［2006］『現代スポーツ評論14―変貌する大学スポーツ』創文企画
友添秀則編［2008］『スポーツのいまを考える』創文企画
友添秀則編［2009］『現代スポーツ評論20―スポーツの現在を検証する』創文企画
内閣府大臣官房政府広報室［2009］『体力・スポーツに関する世論調査』内閣府大臣官房政府広報室
中嶋和郎［1996］『ルネサンス理想都市』講談社
中島隆信［2003］『大相撲の経済学』東洋経済新報社
中村敏雄編［2005a］『スポーツ文化論シリーズ13：スポーツにおける名誉や称号』創文企画
中村敏雄編［2005b］『スポーツ文化論シリーズ14：二十世紀スポーツの実像』創文企画
中村敏雄編［2006］『現代スポーツ評論15：スポーツの経営戦略を問う』創文企画
西川清之［1997］『人的資源管理入門』学文社
西野努［2007］『なぜ浦和レッズだけが世界に認められるのか』東邦出版
二宮清純［2004］『勝者の組織改革』PHP研究所
日本CSR協議会［2005］『実践CSR経営』創成社
日本記号学会編［1992］『ポストモダンの記号論―情報と類像（記号学研究12）』東海大学出版会
日本経済新聞運動部編［2004］『リーダーの研究』日本経済新聞社

日本スポーツ社会学会編[1998]『変容する現代社会とスポーツ』世界思想社
日本スポーツ心理学会編[1998]『コーチングの心理 Q&A』不昧堂出版
日本生産性本部[2009]『レジャー白書2009 不況下のレジャー・フロンティア』日本生産性本部
日本生産性本部[2010]『レジャー白書2010 2020年の余暇人口減少社会への挑戦』日本生産性本部
日本体育学会監修[2006]『最新スポーツ科学事典』平凡社
日本体育学会第50回記念大会特別委員会編[2000]『21世紀と体育・スポーツ科学の発展』杏林書院
日本体育協会[1987]『最新スポーツ大事典』大修館書店
丹羽清[2006]『技術経営論』東京大学出版会
野口智雄[1994]『マーケティングの基本』日本経済新聞社
野中郁次郎[1990]『知識創造の経営』日本経済新聞社
野中郁次郎=竹内弘高[1996]『知識創造企業』東洋経済新報社
野中郁次郎=紺野登[1999]『知識経営のすすめ』筑摩書房
野中郁次郎=紺野登[2003]『知識創造の方法論』東洋経済新報社
野村総合研究所[2005]『第三の消費スタイル 日本人独自の"利便性消費"を解くマーケティング戦略』野村総合研究所広報部
橋本純一編[2010]『スポーツ観戦学 熱狂のステージの構造と意味』世界思想社
長谷川文雄=福冨忠和編[2007]『コンテンツ学』世界思想社
花枝英樹[2005]『企業財務入門』白桃書房
早川武彦編[2006]『グローバル化するスポーツとメディア・ビジネス』創文企画
林信吾=葛岡智恭[2004]『野球型 VS サッカー型』平凡社
林伸二[1993]『人材を活かす業績評価システム』同友館
林倬史他[2006]『経営戦略と競争優位』税務経理協会
原田宗彦編[1995]『スポーツ産業論入門』杏林書院
原田宗彦[2002]『スポーツイベントの経済学 メガイベントとホームチームが都市を変える』平凡社
原田宗彦[2003]『スポーツ産業論入門 第3版』杏林書院
原田宗彦編[2004]『スポーツ・マーケティング』大修館書店
原田宗彦[2008]『スポーツ・マーケティング』大修館書店
原田宗彦=小笠原悦子編[2008]『スポーツ・マネジメント』大修館書店
原田宗彦=木村和彦[2009]『スポーツ・ヘルスツーリズム』大修館書店
平井肇[2000]『スポーツで読むアジア』世界思想社
平田竹男=中村好男編[2004]『トップスポーツビジネスの最前線』友人社
平田竹男=中村好男編[2005]『トップスポーツビジネスの最前線2』現代図書
平田竹男=中村好男編[2006a]『トップスポーツビジネスの最前線──「勝利」「マーケット」「普及」のトリプルミッション』講談社

平田竹男＝中村好男編[2006b]『トップスポーツビジネスの最前線——スポーツライティングから放映権ビジネスまで』講談社
平田竹男＝中村好男編[2008]『トップスポーツビジネスの最前線2008』講談社
平田竹男＝中村好男編[2009]『トップスポーツビジネスの最前線2009』講談社
平野文彦＝幸田浩文編[2003]『人的資源管理』学文社
広岡勲[2006]『ヤンキース流広報術』日本経済新聞社
広瀬一郎[2000]『ドットコム・スポーツ—IT時代のスポーツ・マーケティング』ティビーエスブリタニカ
広瀬一郎[2004]『Jリーグのマネジメント』東洋経済新報社
広瀬一郎[2005]『スポーツ・マネジメント入門』東洋経済新報社
広瀬一郎編[2006]『スポーツMBA』創文企画
広瀬一郎編[2007]『スポーツマーケティングを学ぶ』創文企画
広瀬一郎編[2009]『スポーツ・マネジメント 理論と実務』東洋経済新報社
福井幸男編[2006]『新時代のコミュニティ・ビジネス』御茶の水書房
福岡孝純[1988]『スポーツビジネス』日本経済新聞社
藤井政則[1998]『スポーツの崩壊—旧東ドイツスポーツの悲劇』不昧堂出版
二村敏子編[2004]『現代ミクロ組織論—その発展と課題』有斐閣
古内義明[2009]『メジャーリーグのWBC世界戦略』PHP研究所
細内信孝[1999]『コミュニティ・ビジネス』中央大学出版部
北海道日本ハムファイターズ[2007]『ROADMAP to VICTORY 1973-2007』株式会社北海道日本ハムファイターズ
堀内圭子[2001]『「快楽消費」の追求』白桃書房
堀繁＝木田悟＝薄井充裕編[2007]『スポーツで地域をつくる』東京大学出版会
堀公俊＝加藤彰＝加留部貴行[2007]『チーム・ビルディング 人と人を「つなぐ」技法』日本経済新聞社
松江宏編[1989]『現代マーケティングと消費者行動』創成社
松田義幸[1996]『スポーツ産業論』大修館書店
松野将宏[2005]『地域プロデューサーの時代—地域密着型スポーツクラブ展開への理論と実践—』東北大学出版会
松本芳明＝野々宮徹＝高木勇夫編[2001]『近代スポーツの超克—ニュースポーツ・身体・気』叢文社
間宮聰夫[1995]『スポーツビジネスの戦略と知恵』ベースボール・マガジン社
丸山富雄編[2000]『スポーツ社会学ノート 現代スポーツ論』中央法規出版
水尾順一＝田中宏司編[2004]『CSRマネジメント—ステークホルダーとの共生と企業の社会的責任』生産性出版
水野和英[2001]『スポーツと国家：スポーツ社会学確立のために』文芸社
三隅二不二[1966]『新しいリーダーシップ—集団指導の行動科学』ダイヤモンド社
三隅二不二[1986]『リーダーシップの科学』講談社

三原徹=鈴木友也[2003]『スポーツ経営学ガイドBOOK』ベースボール・マガジン社
宮川公男編[2004]『経営情報システム 第3版』中央経済社
宮澤永光=城田吉孝=江尻行男編[2009]『現代マーケティング』ナカニシヤ出版
宮下充正編[1996]『スポーツインテリジェンス』大修館書店
武藤泰明[2006]『プロスポーツクラブのマネジメント―戦略の策定から実行まで』東洋経済新報社
村岡健次=川北稔=鈴木利章編[1995]『ジェントルマン・その周辺とイギリス近代』ミネルヴァ書房
森本三男[1978]『経営学の原理』中央経済社
森本三男[1994]『企業社会責任の経営学的研究』白桃書房
森亘[1986]『スポーツ東京大学公開講座』東京大学出版会
文部科学省編[2005]『データからみる日本の教育2005』国立印刷局
文部科学省[2001]『クラブつくりの4つのドア―総合型地域スポーツクラブ育成マニュアル』文部科学省
八木田恭輔編[2002]『スポーツ社会学』嵯峨野書院
谷塚哲[2008]『地域スポーツクラブのマネジメント クラブ設立から運営マニュアルまで』カンゼン
山口泰雄編[1996]『フィットネスシリーズ・1 健康・スポーツの社会学』建帛社
山口泰雄編[2004]『スポーツ・ボランティアへの招待』世界思想社
山下秋二=畑攻=冨田幸博編[2000]『スポーツ経営学』大修館書店
山下秋二=原田宗彦編[2005]『図解 スポーツマネジメント』大修館書店
山下秋二=中西純司=畑攻=冨田幸博編[2006]『スポーツ経営学改訂版』大修館書店
山本徳郎=杉山重利監修[2006]『多様な身体への目覚め―身体訓練の歴史に学ぶ』アイオーエム
結城和香子[2004]『オリンピック物語 古代ギリシャから現代まで』中央公論新社
湯浅健二[2008]『ボールのないところで勝負は決まる』出版芸術社
渡辺保[2004]『現代スポーツ産業論―スポーツビジネスの史的展開とマネジメントを中心に』同友館
渡部憲一[2003]『人間とスポーツの歴史』高菅出版
和田充夫[1998]『関係性マーケティングの構図』有斐閣
和田充夫[1999]『関係性マーケティングと演劇消費―熱烈ファンの創造と維持の構図』ダイヤモンド社

<雑誌・論文>

『Sport Management Review 2006 Vol.1』プレジデント社
『Sport Management Review 2006 Vol.2』プレジデント社
『Sport Management Review 2006 Vol.3』プレジデント社

『Sport Management Review 2007 Vol.4』プレジデント社
『Sport Management Review 2007 Vol.6』プレジデント社
『財経詳報，2004.03.15』財経詳報社
『週刊ダイヤモンド，2008.08.02』ダイヤモンド社
『スラッガー，2008.01』日本スポーツ企画出版社
『東洋経済，2010.05.15』東洋経済社
『日経ビジネス，1999.07.05』日経BP社
『日経ビジネス Associe，2010.09.21』日経BPマーケティング
日本経済新聞，2005年6月27日朝刊，日本経済新聞社
青木純一郎[1989]「生涯スポーツと健康・体力つくり」『日本体育学会大会号』社団法人日本体育学会
井関利明[1997]「ワン・トゥ・ワン・マーケティングの発想と戦略」『Diamond ハーバード・ビジネス』1997年5月号，ダイヤモンド社
木村誠[2008]「コンテンツビジネスのアーキテクチャー」『ハイライフ研究10号』ハイライフ研究所
経済産業省関東経済産業局[2009]「広域関東圏におけるスポーツビジネスを核とした新しい地域活性のあり方に係る調査」
国土庁・㈶日本システム開発研究所[1995]「スポーツを核とした地域活性化に関する調査―スポーツフロンティア21」
財団法人日本体育協会[2008]「21世紀の国民スポーツ振興方策―スポーツ振興2008―」
佐藤仁美他[2003]「スポーツ・ボランティアの期待と満足度：FIFAワールドカップ神戸大会のケーススタディ」『日本体育学会大会号(54)，2003.08.26』社団法人日本体育学会
高橋伸次[2001]「スポーツにおけるボランティア指導者の実態とその課題」『地域政策研究，2001年2月第3巻第3号』高崎経済大学地域政策学会
丹羽劭昭[1978]「運動部の集団機能とPMリーダーシップとの関係」『体育社会学研究7』道和書院
野川春夫＝工藤康宏[2002]「スポーツツーリズムにおける研究枠組みに関する研究」『順天堂大学スポーツ健康科学研究第6号』順天堂大学
一橋大学イノベーション研究センター編[2009]「一橋ビジネスレビュー　2009年SPR.」東洋経済新報社
松岡宏高＝藤本淳也＝James, J.[2002]「プロスポーツの観戦動機に関する研究Ⅰ：観戦動機の構造と測定尺度の開発」『日本体育学会大会号(53)』社団法人日本体育学会
万井正人[1983]「総括：スポーツと健康」『体力科学』日本体力医学会
文部科学省[2006]「スポーツ振興基本計画改訂」(http://www.mext.go.jp/a_menu/sports/plan/06031014.htm)

吉村哲夫［1996］「英国におけるスポーツと教育の関係についての一考察　The Consideration of the Relationship between Sports and Education in the Great Britain」『東海大学紀要，体育学部（25）』東海大学

＜URL 等＞

AFPBB News HP 〈http://www.afpbb.com/article/economy/2373503/2799291〉
COLUMBIA UNIVERTSITY HP 〈http://ce.columbia.edu/Sports-Management〉
Harvard Law School HP 〈http://www.law.harvard.edu/academics/courses/2010-11〉
JOC 公式 HP 〈http://www.joc.or.jp/anti_doping/about/index02.html〉
Jリーグ公式 HP 〈http://www.j-league.or.jp/aboutj/jclub/keiei.html〉
Jリーグホームページ〈http://www.j-league.or.jp/aboutj/organization/〉
NFL 日本公式サイト〈http://www.nfljapan.com/team/profile/ari.html〉
NIKE ID サイト〈http://nikeid.nike.com/〉
SSF 笹川スポーツ財団 HP 〈http://www.SSF.or.jp/sfen/opinion/opinion_060912_3.html〉
University of Pennsylvania Wharton School HP 〈http://wsb.wharton.upenn.edu/〉
浦和レッズ HP 〈http://www.urawa-reds.co.jp/club/managdata.html〉
江戸川大学 HP 〈www.wdogawa-u.ac.jp〉
カシマスポーツボランティア HP 〈http://www.sopia.or.jp/kcs/suports/〉
川崎フロンターレ HP 〈http://www.frontale.co.jp/volunteer/contents.html〉
関西経済同友会［2007］『提言：日本初のスポーツコミッションを大阪に〜都市集客と都市マーケティング推進に向けて〜』〈http://www.kansaidoyukai.or.jp/LinkClick.aspx?fileticket=ijPo34t5FDM%3d&tabid=57&mid=528〉
国際ニュースサイト〈http://www.afpbb.com/article/economy/2373503/2799291〉
教育基本法改正情報センター HP 〈http://www.stop-ner.jp/0711saisei.html〉
SSF 笹川スポーツ財団 HP 〈http://www.SSF.or.jp/sfen/symposium/index.html〉
スポーツ総合研究所 HP 〈http://www.sports-soken.com/blog/archives/2005/06/〉
電通リサーチ HP 〈http://www.dentsuresearch.co.jp/topics/pdf/2004-07_olympic.pdf〉
東海大学 HP 〈http://www.u-tokai.ac.jp/undergraduate/physical_education/index.html〉
ナイキ HP 〈http://www.nikebiz.com/〉
日経ビジネス On Line 〈http://business.nikkeibp.co.jp/article/manage/20090817/202660/〉
日本テレビ社史〈http://www.ntv.co.jp/info/history/table50.html〉
日本テレビ放送網株式会社 HP 〈http://www.ntv.co.jp/info/news/346.html〉
日本プロ野球選手会 HP 〈http://jpbpa.net/topics/〉

日本野球機構公式 HP〈http://www.npb.or.jp/schedule/2010cl_09.html〉
文部科学省 HP〈http://www.mext.go.jp/〉
読売巨人軍公式 HP〈http://www.giants.jp/G/schedule/〉
読売巨人軍 G-Po 公式 HP〈http://www.club-g-po.jp/privilege.html〉
早稲田大学 HP〈http://www.waseda.jp/sports/supoka/index.html〉
早稲田大学スポーツビジネス研究所 HP〈http://www.waseda.jp/prj-risb/jindex.htm〉

# 索　引

## あ　行

意思決定過程　148
意思決定のプロセス　147
イベントの経済効果　83
ウィンドウイングモデル　216
ウェーバー制ドラフト　90
STP分析　190
NELのケーススタディ　98
大相撲　97
オリンピックメダル数　248

## か　行

カスタマー・リレーションシップ・マネジメント　92,197
カネの管理　91
ガバナンス　150
関係性マーケティング　199,200
管理機能　138
管理的意思決定　148
企業の社会的責任　241
機能的定義　113
機能別戦略　120
機能別組織　134
キャリアデザイン　239
競技力の向上　89
競争戦略　106
業務的意思決定　149
業務評価　173
共有された価値観　136
近代スポーツ　34
クオリティ・オブ・ライフ　5
グッドウィルモデル　218
クラブのトリプルミッション　67
グループの行動規範　136
グローバル戦略　124
経営管理　137
経営資源の管理　91
経験　107,108
　──産業　108
経済価値　107
経済環境とスポーツ　21
経済波及効果　84
現代オリンピック　31
現代社会とスポーツ　23
広告塔　158
顧客維持　197
顧客志向　196
顧客の創造　193
国際オリンピック委員会　36,80
国際サッカー連盟　80
国際政治とスポーツ　20
国際的スポーツイベント　41
コスト構造　121
古代オリンピック　31
古代スポーツ　28
コミュニティの再生　256
コミュニティビジネス　219
五輪・W杯誘致活動　252
コロンビア大学スポーツマネジメントプログラム　238
コンテンツビジネス　214

## さ　行

サービス・エンカウンター　194
財務構造　18
財務戦略　120
支えるスポーツ　6,57
　──産業　4
サラリーキャップ　99
　──制度　90
産業的側面　15
CRM　197
GDSP　40
Jリーグ　95
　──浦和レッズのケーススタディ　125
資源管理　138
指導者　70
状況適合リーダーシップ　166
消費者行動　195
消費者心理　195
情報の管理　91
真実の瞬間　194
人的資源管理　158

ステークホルダー　13,66,88,141
スポーツ
　——イベント　41
　——運営団体　80
　——経営学　250
　——産業の伝統的領域　58
　——実施状況　62
　——指導者　70
　——政策　38
　——組織　132,143
　——と政治　44
　——に含まれる領域　210
　——の公共性　15
　——の社会的・経済的効果　17
　——の情報化　37
スポーツビジネス
　——・カリキュラム　238
　——環境　245
　——教育　236
　——の可能性　257
　——の多様化　210,211
　——の対象　3
　——の定義　2,5
　——の特性　16,258
　——の領域　5,58
　——論　49
スポーツ・ボランティア　57
　——実施率　58
スポーツ・マーケティング　184
　——の構造　187
　——の発展　185
　——の領域　185
スポーツリーグ　85,94
　——の運営　88
するスポーツ　6,55,81,185
成果主義　174
政府の支援体制　71
セカンドキャリア問題　239
セグメンテーション　190
戦略的意思決定　148
戦力の均衡　89
組織構造　133
組織文化　135

た　行

ターゲッティング　191
地域の支援体制　72
知的財産　224
千葉ロッテマリーンズのケーススタディ　151
チーム分権化　95
中世スポーツ　32
直接効果　84
ドーピング問題　242
ドメイン　111
　——戦略　111
　——の再定義　112
トリプルミッション　6,10

な　行

ナイキのケーススタディ　202
ニューヨーク・ヤンキースのケーススタディ　176
年俸　162

は　行

場のマネジメント　114
ヒトの管理　91
複合領域　59
物理的定義　113
ブランド　115
　——・エクイティ　116
　——化　254
　——価値　119
　——戦略　118
プロモーション戦略　122
プロ野球　94
プロリーグ収入ランキング　247
文化的側面　15
ペンシルベニア大学ウォートンスポーツビジネスイニシアティブ　238
ポジショニング　191
ボランティアスタッフ　160,169

ま　行

マーケティング・マネジメント　188
マーケティング・ミックス　192
マネジリアル・マーケティング　200
見るスポーツ　6,54,81,185

――産業　4
目標管理　172
モティベーション　160, 167
　――・マネジメント　167
モノの管理　91

**や　行**

八百長問題　244
4C　190
4P　190

**ら　行**

ライセンス管理の必要性　223
ライセンス市場　226
ライセンスビジネス　223

楽天のケーススタディ　228
リーグ運営　86
リーグ集権型　96
リスク管理　140
リーダーシップ　162
リバニューシェアリング　99
　――制度　90
リレーションシップ・マネジメント　199
理論と実践の融合　251
ロングラン興行　19

**わ　行**

早稲田大学スポーツ科学部　236
ワン・トゥ・ワン・マーケティング　20

＜編著者略歴＞

岸川善光（KISHIKAWA, Zenko）
・学　　歴：東京大学大学院工学系研究科博士課程（先端学際工学専攻）修了。博士（学術）。
・職　　歴：産業能率大学経営コンサルティングセンター主幹研究員，日本総合研究所経営システム研究部長，同理事，東亜大学大学院教授，久留米大学教授（商学部・大学院ビジネス研究科）を経て，現在，横浜市立大学教授（国際総合科学部・大学院国際マネジメント研究科）。その間，通産省（現経済産業省）監修『情報サービス産業白書』白書部会長を歴任。1981年，経営コンサルタント・オブ・ザ・イヤーとして「通産大臣賞」受賞。
・主要著書：『ロジスティクス戦略と情報システム』産業能率大学，『ゼロベース計画と予算編成』（共訳）産能大学出版部，『経営管理入門』同文舘出版，『図説経営学演習（改訂版）』同文舘出版，『環境問題と経営診断』（共著）同友館（日本経営診断学会・学会賞受賞），『ベンチャー・ビジネス要論（改訂版）』（編著）同文舘出版，『イノベーション要論』（編著）同文舘出版，『ビジネス研究のニューフロンティア』（共著）五弦社，『経営戦略要論』同文舘出版，『経営診断要論』同文舘出版（日本経営診断学会・学会賞（優秀賞）受賞），『ケースブック経営診断要論』（編著）同文舘出版，『ケースブック経営管理要論』（編著）同文舘出版，『エコビジネス特論』（編著）学文社，『アグリビジネス特論』（編著）学文社，『コンテンツビジネス特論』（編著）学文社，『サービス・ビジネス特論』（編著）学文社など多数。

## スポーツビジネス特論

2012年2月20日　第一版第一刷発行

編著者　岸　川　善　光
発行所　株式会社　学　文　社
発行者　田　中　千津子

〒153-0064　東京都目黒区下目黒3-6-1
電話(03)3715-1501(代表)　振替 00130-9-98842
http://www.gakubunsha.com

落丁，乱丁本は，本社にてお取り替え致します。
定価は，売上カード，カバーに表示してあります。

印刷／東光整版印刷㈱
＜検印省略＞

ISBN 978-4-7620-2080-3
© 2011 KISHIKAWA Zenko Printed in Japan

岸川善光 編著

## 特論シリーズ（全5巻）

従来のビジネス論、マネジメント（経営管理）理論を超える5つのテーマに着眼。数百冊におよぶ内外の先行研究を網羅し、体系的な総論に基づいた各論とケーススタディにより今日的課題を検証。豊富な図表と併せた立体的な記述スタイルで「理論と実践の融合」をめざす全5冊。

### ■エコビジネス特論
岸川善光 編著／朴 慶心 編著補
本体 3000 円　ISBN978-4-7620-2076-6

### ■アグリビジネス特論
岸川善光 編著／朴 慶心 編著補
本体 3000 円　ISBN978-4-7620-2077-3

### ■コンテンツビジネス特論
岸川善光 編著
本体 3000 円　ISBN978-4-7620-2078-0

### ■サービス・ビジネス特論
岸川善光 編著
本体 3000 円　ISBN978-4-7620-2079-7

### ■スポーツビジネス特論
岸川善光 編著
本体 3100 円　ISBN978-4-7620-2080-3